ロッテを創った男

重光武雄論

辛格浩

松崎隆司◉著

ダイヤモンド社

はじめに――故郷に錦を飾る

◉湖底に沈んだ故郷の集落

慶尚南《キョンサンナム》道《ド》蔚州《ウルジュ》郡三同面《サムドンミョン》芼《トゥン》基《ギ》里《リ》。この集落の630番地に「ロッテを創った男」重光武雄、韓国名辛格《シンキョク》浩《ホ》の生まれた家があった。

1969（昭和44）年、その7年前に指定された蔚山《ウルサン》特定工業地区の工業用水を賄うため、大巌《デアム》ダムが建設され、80戸ほどの集落が湖底に沈んだ。湖底に沈んだ集落の住民は、ほんのわずかな世帯が向かいの丘の上に移り、残りの多くは各地に散らばっていった。

重光は故郷の人々を捜し回り、自らの一族である霊山《ヨンサン》辛氏のほか、宝城宣《ポソンソン》氏、廣州《クァンジュ》李《イ》氏の一家が中心となって「芼期《ドゥンギ》会」を結成した。そして71（昭和46）年5月から、毎年原則として5月の第一日曜日に芼期会の集まりを持つようになった。

翌72（昭和47）年、重光はダム湖畔に別荘をつくり、4月16日の落成式では「遅ればせながら故郷にこのような建物を建てた。少しでも（故郷の）助けになってほしい」と語った。ここは自らの子どもたちなど家族が集う場にもなる。

ダムの湖底に沈んだ故郷の集落

花期会は、初めは数十人が集まるささやかな宴会だった。それがのちには1700人以上が集まるほどの盛会となった。会員たちに子孫が生まれ、町に住んでいる住人も参加するようになり、参加者が飛躍的に増えたからである。故郷が生んだ最大の成功者の姿を一目見ようと来る人も多かった。ただでさえ目立つことが嫌いで、マスコミの前にもまず姿を現すことはないだけに、生身の重光に触れる機会に誰しも興味津々だったのだ。

この花期会は、2014（平成26）年4月16日、修学旅行中の檀園《タヌオン》高校の生徒を中心に300人以上が犠牲となったセウォル号沈没事故の大惨事を受けて中止になるまで、40年以上も続いた。この翌年、重光自身にも災厄が降り注いだ。のちに触れるが、それは晩年の悲劇の始まりでもあった。

◉ 衣錦還郷志向の本質

88（昭和63）年の茬期会に参加したジャーナリストの鄭淳台《チョンスンテ》は、著書でその様子をこう描いている。[*1]

「宴会前日の午前、すでに公園の隅で牝牛2匹を屠《ほうむ》る。すぐ隣には大きな釜が4、5個置いてあって、10人の奥さんたちが一晩中ずっと火を焚き、牛肉汁を作る。公園の隅々にはロッテ七星《チルソン》の商品が入っている自動販売機が設置される。適切な言葉が見つからなかったので『自動販売機』と書いたが、自動販売機の飲み物はもちろんすべてただである。臨時で作られた台所の前には大きい日よけを何個か並べている」

「茬期会の会員たちは、水も、山も、空気も、すべてがきれいな公園の中で繰り広げられた酒盛りで、歌い、踊りながら楽しい一日を過ごす。主催側から何か演説のようなことをしたり、みんなで何かをすることは一切ない。改まったものを非常に嫌がる辛格浩の性格がそのまま表れているようだ。会員のみんなはそれぞれ各々の方法で楽しむ非常にナチュラルな雰囲気だ。昼食は抜群にうまい。36時間ぐらい煮込んだ牛肉汁、マクジャン（韓国のみそ）をつけて食べる香ばしいセリ、ヨルムキムチ、イカの一夜干しの炒め、そして、一杯のご飯だけだが、ソウルでは絶対味わえない格別な味がする。辛格浩の故郷はもともと牛肉とセリの味で有名な地域である」

1 鄭淳台『辛格浩の秘密』（未訳）

２００９（平成21）年から料理は出張サービスに替わったが、最後となった２０１３（平成25）年の様子を家族の記録からたどってみよう。

宴は午前９時から始まった。招待された住民たちは、準備された食べ物を食べて、歌を歌いながら楽しい時間を過ごした。出席者にはロッテが準備した商品などプレゼントセット、旅費などが支給された。重光総括会長は、村の祭りに直接姿を現さなかったが、すぐ隣の別荘に滞在し、客を迎えた。（中略）近隣の軍部隊の協力を受けて臨時駐車場を用意し、会場まではシャトルバスも運行されていた。

重光は故郷の人々に近づき、手を握り、非常に低い声で挨拶した。誰がどこに住んでいた、あの家はどこにあったという話もした。そのときの様子は、家族の目には、いまは水に沈んでしまった故郷の集落を歩いているように見えたという。

河明生《ハミョンセン》は、「『一世』起業者は児童期に学んだ『朝鮮儒教』の孝思想に基づき郷里への錦を飾らなければならなかったのである」と断じた上で、同じ論文の中で以下のように分析している。[*2]

「郷里の人々は植民地被支配体験により感情的には白紙で臨めない日本に移民し、長きにわたり孝の実践を放棄した『一世』に対して寛大ではなかった。『一世』がその道徳的負目を払拭し、郷里の人々に同胞として受け入れられるためには、郷里に対して何らかの物質的貢献をしなければならなかったのである。これが衣錦還郷《いきんかんきょう》志向の本質であり、それは『朝鮮儒教』の孝思想からすれば人間としての責務であると考えられる。（中略）例えば、私費五億ウォンを投じて同郷出身者二千

2 河明生「日本におけるマイノリティの起業者活動 在日一世朝鮮人の事例分析」『経営史学』経営史学会、1996年1月

人を対象とする互助会を組織し、毎年五月に同郷出身者を一堂に集め、湖底に沈んだ村を偲ぶロッテの重光」と例示している。

朝鮮儒教の中で育った重光は、それに反発して日本に出奔するが、在日一世として事業に成功してからは、衣錦還郷を実践していくのだった。

98歳での大往生

2020（令和2）年1月18日の夕方、前日までは何ともなかった肺が細菌性の肺炎に侵されて真っ白になり、重光は突然危篤状態に陥る。「深夜3時までしかもたない」という担当医からの連絡を受け、東京にいた妻と2人の息子は翌19日に急遽ソウルに向かった。長男である重光宏之は朝一番の便で昼には到着し、二男の重光昭夫は午後3時頃に着いたその足で重光の病院に駆け付けた。妻であるハツ子は体調が悪かったこともあり、夕方に到着した。

重光は、ずっと付き添っていた長女の英子《ヨンジャ》、2人の息子の到着を確認したかのように、19日の午後4時半、息を引き取った。享年98。戸籍上は1922（大正11）年10月4日（旧暦では11月3日）生まれだが、実際はその前年に生を受けていた。家族に漏らしたところによると、生まれた日には雪が降っていたらしく、前年末が本当の誕生日だったと見られる。

重光武雄と辛格浩。日本と韓国それぞれで地歩を築いた巨大企業「ロッテ」を創った男は、生涯

峨山病院（ソウル）での通夜・告別式の様子（2020年1月）

2つの名前を使い分けた。

日本に渡り、早稲田で学び、会社を興して大手菓子メーカーを中心とする日本のロッテグループを築いたのは、重光武雄である。在日本大韓民国民団（民団）の支援者として中央本部の顧問を務め、日本から資金を送って韓国に巨大なコングロマリットを築いたのは、辛格浩だった。

最も経済的に成功した在日一世であり、韓国社会の近代化の礎を築いた最後の第1世代創業企業家、つまりは財閥の創始者でもある。日本に帰化することなく、その生涯を終えている。

翌日、日本での訃報は多くの新聞で3段組程度の扱いだったが、韓国ではテレビニュースでも新聞でも連日大きく扱われ、その葬儀の様子も詳しく伝えられた。

韓国ロッテグループが現在、韓国第5位の資産規模を誇る巨大財閥であることもそうだが、文在寅《ムンジェイン》政権の下で一族が横領や脱税の罪に問われ、高齢のため収監はされなかったものの、懲役3年の実刑が確定するなど、重光が波乱の晩年を送ったからでもある。

朝鮮戦争の後、最貧国から這い上がる祖国の発展に日本から投資することで尽くしたが、「ロッテは日本企業」という罵りを受け続けるなど、2つの国の狭間で苦しんだことも背景にはある。

◉──「四日葬」の後、故郷で埋葬

韓国では病院に葬儀室が併設されており、そこで通夜や告別式を行うのが一般的だ。病床数2700を数える現代《ヒョンデ》グループ系のソウル峨山《アサン》病院は、松坡《ソンパ》区風納洞《プンナットン》にある。ちなみに、重光と同じ現代グループの第1世代創業企業家である鄭周永《チョンジュヨン》が飛躍のきっかけをつかんだ現代造船所（現・現代重工業）を造ったのは重光の故郷である現在の蔚山広域市だった。

大邱《テグ》での集団感染が発覚し、韓国全土が新型コロナウイルスで大騒ぎとなるのは2月に入ってからのことである。亡くなった日から出棺する日までの四日葬の間に、弔問の列が絶えることはなかった。

家族葬と会社葬が一緒に執り行われ、22日早朝、安置されていた病院から出棺された。重光は晩年、後継者問題に翻弄された。胸に白黒の喪主章をつけて並び立った長男と二男は、お互いに言葉

重光最後の作品「ロッテワールドタワー」

を交わすこともなく終始無言だった。

この病院の北東1キロほどには、ロッテワールド直結の地下鉄蚕室《チャムシル》駅がある。この駅から地上に出ると、目の前には高さ555メートルのロッテワールドタワーがそびえたつ。2017（平成29）年開業の韓国で最も高いこのビルは、重光にとって最後のビッグプロジェクトでもあった。

告別式は22日午前7時からロッテワールドモールの8階にあるロッテコンサートホールで行われた。そして、故郷である蔚山広域市蔚州郡[*3]にある墓地に埋葬された。

韓国には、同じ代の男の親族が揃って同じ漢字1文字を名前に使う「行列字《ハンニョルチャ》」という習慣がある。辛格浩の4人の弟はいずれも「浩《ホ》」がついている。子どもの世代の男のいとこ同士は「東《ドン》」で揃っている。

一方、9ページの家系図のように、妹たちの名前はバラバラでまとまりがない。韓国では夫婦別姓となるが、それは父系で記される一族の系譜「族譜《チョクポ》」が男性主体のものだからである。

日本の朝鮮総督府を通じた統治下で、男は忠・孝・雄、女は貞・節という字を名前に使うことが多くなる。30年代以降は、朝鮮の女性名ではそれまで使われることのなかった「子」をつける動き

3 釜山広域市の北70キロにある韓国第一の工業都市「蔚山」は、1997年に広域市に昇格した。1962年に蔚山特定工業地区に指定された地域はのちに蔚山市となった区部で、韓国高速鉄道（KTX）の蔚山駅のある山間部は蔚州郡に改称された。重光が生まれたのは蔚州郡の三同面であり、通った学校は彦陽邑にあった。

辛一族家系図（霊山辛氏／慶尚南道昌寧郡）

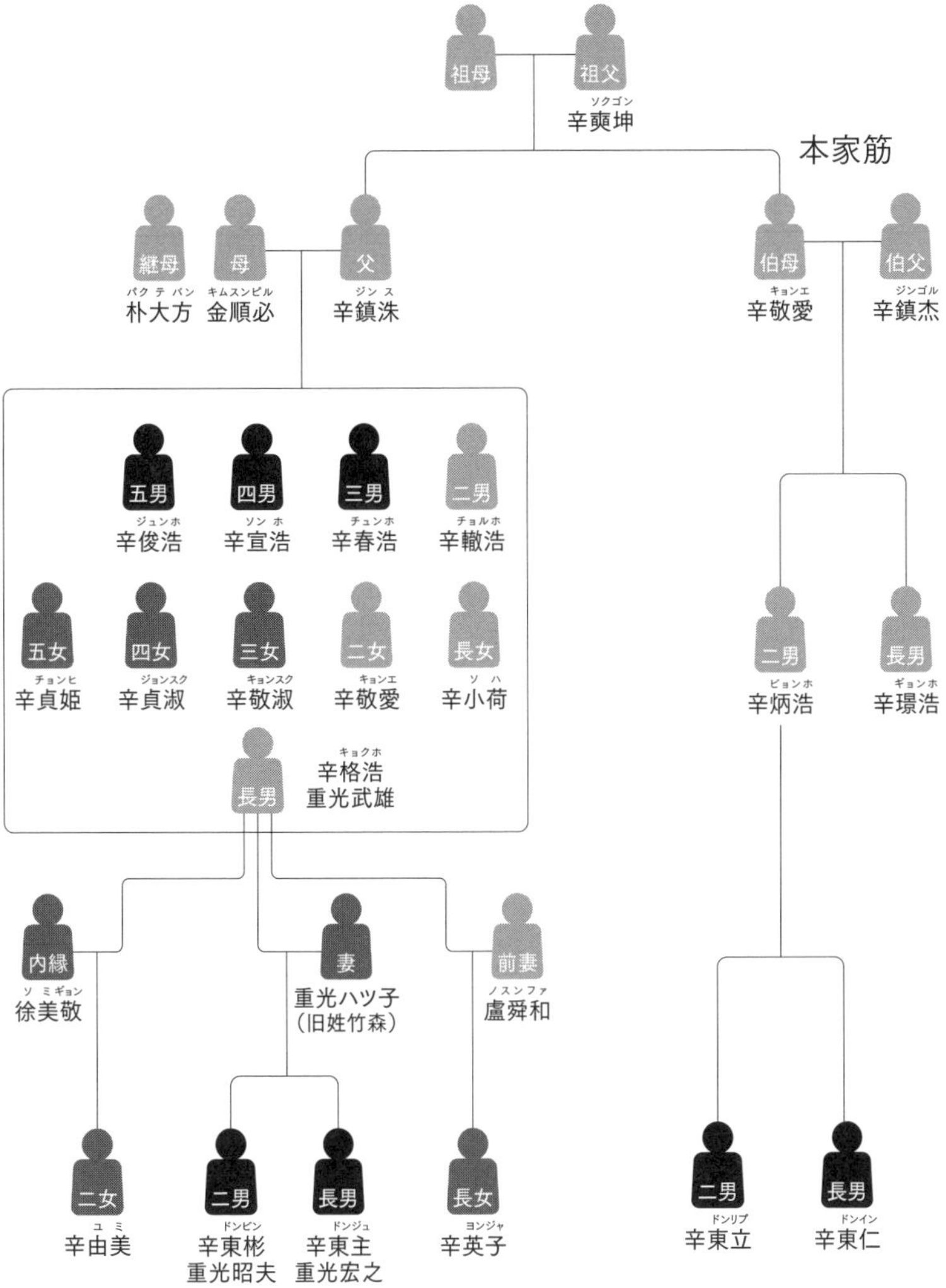

も広まっており、重光の長女の名前にもそれが反映されている。

合わせて9人の弟妹がいた重光は、両班《ヤンバン》の家門を受け継ぐ長男であり、父親亡き後は家長であり、社会的には日韓にまたがる巨大企業グループの代表者だった。

「永遠の家長」とも呼ぶべき重光が、家族・親族間の争いを招いてしまった側面もある。一代で企業を起こし、財を成した創業者によく見られることだが、自分と比べると、兄弟や息子などがどうしても物足りなく感じてしまう。そこから後継者問題が生まれ、事業承継を難しくする。そのことを晩年、重光は身をもって体験することになる。

秘密のベールに包まれた姿

晩年とは、死したのちに振り返って初めて分かるものだ。

当日はソウルに滞在していたものの、東日本大震災（2011年3月11日）に重光は衝撃を受けた。飛行機に乗ることも好きではないが、生まれ育った地では経験したことがない地震は大嫌いだった。余震も続いたことから、日本への足が遠のいてしまう。

その結果、2人の息子に任せつつ、日韓それぞれのロッテグループの総括会長として日韓を往復していた重光のあり方が崩れてしまう。

重光にとっての晩年とは、亡くなるまで滞在し続けたソウルでの日々が該当するのだろうか。東

取締役会に合わせた最後の日本訪問でソウルを発つ重光一行（2015年7月）

日本大震災の後、日本を訪れたのはわずかに4回で、最後は日本ロッテの取締役会にチャーター機で乗り込んだ2015（平成27）年7月27日のことだった。このとき、日韓ロッテの会長の地位を外され、名誉会長に据えられている。

『晋書』劉毅伝にある「蓋棺事定《がいかんじてい》」とは、人事《じんじ》は棺《かん》を蓋《お》うて定まる、つまり人間の真価は死んでから決まるという格言だ。

しかし、日韓をまたいで大きな足跡を残した不世出の企業人である重光の本当の姿は、いまだにほとんど知られていないといっていい。寡黙な重光は人前で話をすることがあまり好きではなかったし、メディアのインタビューを受けることもまれだった。自分が目立つことを嫌ったからである。

日本のロッテが非上場企業ということもあり、マスコミへの露出は極力抑えられていた。千葉ロッテマリーンズ（旧・ロッテオリオンズ）と韓国ロッテ・ジャイアンツという日韓2つのプロ野球球団のオーナーを務めても、前面に立つことはなかった。

そんなこともあって、重光はさまざまな「伝説」に覆われていた。日本政府を代表して連合国に対する降伏調印を行った外務大臣、重光葵《まもる》の一族であるという噂もその一つである。それはロッテという巨大企業に関しても同様で、いずれも著書や記録の類いは数少なく、長い間神秘のベールに包まれてきた。

本人が積極的に語らなかったこともあり、公刊された書籍や新聞・雑誌のインタビュー記事などは諸説が入り乱れている。例えば、いつ重光が日本に渡ってきたのか、という点である。ある新聞では「14歳」とあり、「15歳のとき」と聞いている人もいる。比較的多いのは「18歳」の説なのだが、実際のところはどうなのか。そうした点についても、合理性を重んじながら、場合によっては異説も付記するようにした。

日韓関係の表も裏も知る

太平洋戦争に突入する年の初めに日本に渡り、早稲田で学んだ応用化学の知識を生かして最初の成功をつかんだ頃、重光は将来、自分が在日一世で最大の成功者になるとは夢にも思っていなかったことだろう。

戦後の日韓関係の中で、重光もまた政治の渦中に巻き込まれていく。日本では岸信介以来、歴代の総理大臣と親交を結んだ。与党政治家を中心に支援した者も少なからずいる。こうした政治人脈があったから、高度成長期の日本人に最も人気があったプロ野球球団を、日本国籍のない重光が引き受けてオーナーとなることができた。

朝鮮戦争が休戦となり、南北の分断が固定化した朝鮮半島で、農業主体だった南の韓国が世界最貧国から抜け出す過程で、故郷に錦を飾りたい在日一世からの外貨流入は極めて重要な役割を果たした。民団顧問を長く務めた重光は、時には制度の裏をかいくぐるようにしてまで、祖国に資金を送った。

60~70年代、開発独裁により韓国の中進国入りを実現した朴正熙《パクチョンヒ》政権とも、祖国への投資を通じて親しい関係を築いた。日韓国交正常化に向け十数年間の交渉が繰り広げられる中、そこには表面化しなかった生々しい動きもあった。重光もまた、その中で重要な役割を担っている。

国際水準のホテルの一つとしてソウルに造られたロッテホテル、韓国の流通革命の端緒となったロッテ百貨店、世界最大級の屋内遊園施設としてソウル五輪の後に花を添える形で登場したロッテワールドなどは、重光の苦労と工夫、そして成功を物語って余りあるものだろう。歴代の日本の総理大臣が開業を祝うテープカットに並ぶ様子からは、重光の日韓関係における存在の重みを感じることができる。

◉――「後発者」としての経営手腕

経営者としての重光を見た場合、いくつかの特徴がうかがえる。

まず、「発明」よりは「改良」に重きを置き、品質でトップを目指すものづくりへのこだわりである。その根底には沈思黙考して得られたアイデアがある。これは日本企業に多く見られた「模倣と工夫」の精神に通ずるものだが、それを徹底した。重光の真面目で働き者という性格が背景にある。

また、戦後にデビューした後発メーカーとして、いかにして先発の日本の大企業と競っていくかを念頭に置きながら、新規事業への進出の前には徹底した調査と事前準備を惜しまなかった。

しかし、いざ打って出るときには、マーケティング、特に宣伝で卓越した動きを見せている。これは、伝説となったさまざまなキャンペーンと自社製品のための独自流通網の構築からもうかがえるだろう。既存メーカーと伍して自らを差別化していくための周到な計算が根底にある。

投資の際の慎重さもロッテの経営を通じて垣間見ることができるはずだ。草創期には在日韓国人企業家として、日本の金融機関から辛く当たられた記憶があるし、不動産や株式投資で失敗したときの自らの経験も反映されているかもしれない。

65（昭和40）年の日韓国交正常化の前後から、成功した在日一世として故国に錦を飾るべく、投資を始める。日本から持ち出した資金は日本に還流させることなく、韓国での事業に専ら充てた。そこには投資効率を考えれば当時の韓国の方が有利という判断も働いている。

とはいえ、日本に資金源を持つロッテは、韓国経済が大きく傾いた97（平成9）年のＩＭＦ通貨危機の際にも優位に動くことができ、財閥としてのランクを当時の10位前後から一気に引き上げることに成功している。

日本と韓国の経済発展段階のギャップを背景に、いわゆる「タイムマシーン経営」[*4]を実践して、韓国での事業を成功に導いていきた。それは、日本の商社や流通企業などからスカウトした専門家の助力を効果的に受けることができたからでもある。成長期のロッテと重光には人を見る目が備わっていたのだろう。

重光は自らの成功の要因を「一生懸命に働いたこと」「誠実であること」「嘘をつかないこと」と繰り返している。特別なものはない、日常の心掛けと実践の積み重ねが大切なのだという。それでも、節目での決断の際には、オーナー社長らしい思い切りの良さが見られる。

本書では重光武雄の経営者としての人生を通して、ロッテがいかに育まれていったのか、隠された秘密を可能な限り解き明かしていきたい。そこでは、重光と関係した重要な人物の証言を多数交えてある。これまで知られていなかった重光の本当の姿にぜひ触れていただきたい。

なお、本文中の敬称は略させていただいた。断りがない場合、「重光」とは重光武雄のことを指している。

4 重光武雄は、日本と韓国の経済発展段階の時間差を利用して先行者利益を得ることで、韓国での事業を成功に導いた。ソフトバンク創業者の孫正義氏がこの経営手法を「タイムマシーン経営」と命名したとされる。韓国ロッテは「元祖・タイムマシーン経営」といえる。

年表｜重光武雄（辛格浩）とロッテ

数え年	年		出来事
1	1922	大正11	朝鮮慶尚南道蔚州郡で誕生(戸籍上 10 月 4 日)
7	1928	昭和3	苍基義塾で学ぶ
8	1929	昭和4	三同公立普通学校入学
12	1933	昭和8	彦陽公立普通学校入学
15	1936	昭和11	蔚山公立農業実修学校入学
17	1938	昭和13	明川種羊場で羊技術者指導員見習いに
18	1939	昭和14	慶尚南道立種羊場に就職/盧舜和と結婚
20	1941	昭和16	渡日/早稲田実業学校入学
22	1943	昭和18	早稲田高等工学校応用化学科入学
24	1945	昭和20	空襲で切削油工場全焼(4 月大森、8 月八王子)
25	1946	昭和21	ひかり特殊化学研究所設立
27	1948	昭和23	株式会社ロッテ設立(6 月 28 日)
29	1950	昭和25	新宿区百人町に移転/大阪屋買収/竹森ハツ子と結婚
30	1951	昭和26	自転車直売部隊を編成
31	1952	昭和27	「カーボーイガム」発売
32	1953	昭和28	ミスロッテ応募イベント実施
33	1954	昭和29	初の板ガム「バーブミントガム」発売
34	1955	昭和30	ロッテ会結成
36	1957	昭和32	板ガム「グリーンガム」発売
37	1958	昭和33	「ロッテ歌のアルバム」放映開始/ロッテ設立[韓国]
38	1959	昭和34	ロッテ商事設立/「ジューシィミントガム」発売
40	1961	昭和36	LHP 制度導入/ 1000 万円天然チクル記念セール/ガムのシェアで国内トップに
41	1962	昭和37	21 年振りの里帰り[韓国]/囲碁棋士・趙治勲の支援開始/戸田工場完成
43	1964	昭和39	日本チウインガム協会会長に就任/「ガーナミルクチョコレート」/浦和工場完成
45	1966	昭和41	在日本大韓民国民団顧問に就任/石油化学事業コンペ落選[韓国]
46	1967	昭和42	製鉄業進出取り消し[韓国]/ロッテ製菓設立[韓国]
48	1969	昭和44	東京オリオンズに出資・支援/狭山工場完成
49	1970	昭和45	ソフトキャンディ「ココロール」発売
50	1971	昭和46	ロッテオリオンズ買収/苍期会創設[韓国]
51	1972	昭和47	アイスクリーム「イタリアーノ」発売/ロッテリア開業
53	1974	昭和49	ハードキャンディ「小梅」発売/ロッテ七星飲料設立[韓国]
54	1975	昭和50	ロッテ・ジャイアンツ設立[韓国]
55	1976	昭和51	ビスケット「マザー」発売
57	1978	昭和53	韓国ロッテグループ総合管理の運営本部発足[韓国]/平和建設(現・ロッテ建設)買収[韓国]
58	1979	昭和54	湖南石油化学に出資[韓国]/ロッテホテル、ロッテ百貨店開業[韓国]
63	1984	昭和59	製菓業界売上げトップに
67	1988	昭和63	ロッテホテル新館、ロッテホテル蚕室開業[韓国]
68	1989	平成元	ロッテワールド・アドベンチャー開業[韓国]
73	1994	平成6	コリアセブン買収[韓国]
76	1997	平成9	釜山ロッテワールド開業[韓国]/ロッテワールド東京建設計画発表(2001 年凍結)
86	2007	平成19	ロッテホールディングス(ロッテ HD)に改称、持株会社化
88	2009	平成21	ロッテ HD 会長に就任
90	2011	平成23	韓国ロッテグループ「総括会長」に[韓国]
92	2013	平成25	ロッテホテル内の自室で倒れ、全身麻酔の股関節手術[韓国]
94	2015	平成27	ロッテ HD 会長解任、名誉会長就任
96	2017	平成29	ロッテ HD 取締役解任
97	2018	平成30	懲役 3 年の実刑判決[韓国]
99	2020	令和2	ソウルで死去(1 月 19 日)

ロッテを創った男　重光武雄論

目次

II 「ガム」でつかんだ成功 79

第5章　板ガム進出と流通販売網の整備――132

III ガーナチョコレートと韓国進出

IV 日韓逆転の1980年代

V　韓国有数の財閥への道

I

＊

青雲の志を胸に

第1章　貧困にあえぐ名門に生まれて

重光武雄の眠る故郷

重光武雄が辛格浩《シンキョクホ》として永遠の眠りについた故郷は、慶尚南道《キョンサンナムド》蔚州《ウルジュ》郡三同面《サムドンミョン》芚基里《トゥンギリ》にある。日本風にいえば、面は村であり、里は字《あざ》で集落を表す。

現在は蔚山《ウルサン》広域市の一部となり、ソウルと釜山《プサン》を結ぶ韓国高速鉄道（ＫＴＸ）の蔚山駅も車で十数分のところにできたとはいえ、１００年前の芚基里は山間にある80戸ほどの集落に過ぎなかった。

韓国の姓は金《キム》、李《イ》、朴《パク》の上位３つに人口の半分近くを占めるほど集中している。そんなこともあって、発祥を同じくする同一父系氏族集団の本貫《ポングワン》で語られることが一般的だ。

辛一族の本貫は、同じ慶尚南道の東北部、大邱《テグ》広域市と接する昌寧《チャンニョ》郡が発祥の霊山《ヨンサン》辛氏である。伝承によると中国西部に起源を持つ一族なのだが、詳しいことは分からない。重光の長男である宏之が28代目にあたるのだという。

ただ、朝鮮総督府の統治下で、１９４０（昭和15）年から創氏・改名が進められる中、本貫に意味を求めて日本風の名前を持つことはあった。紀元前2世紀に記された字典『爾雅《イア》』に「在辛日重

子どもを抱いているのが父親の辛鎮洙、その左が重光。蔚山に兄弟姉妹が揃って撮影した1枚

光」という一節がある。霊山辛氏ではこれに範を取り、重光に創氏したという。

重光は、02（明治35）年生まれの父・辛鎮洙《シンジンス》、母・金順必《キムスンビル》の長子として生まれた。戦前は乳児死亡率が現在と比べてはるかに高かったこともあり、子どもが生まれてもすぐに役場に届け出ないことはよくあった。本書では混乱を避けるため、以下の記述は戸籍上の生年月である22（大正11）年10月生まれとしたい。

重光には4人の弟と5人の妹がいる。詳しくは9ページの辛一族の家系図をご参照いただきたい。五男の俊浩《ジュンホ》は重光が日本に渡った41（昭和16）年生まれで、五女の貞姫《チョンヒ》は重光が早稲田を卒業した46（昭和21）年に生まれている。親子ほども年が離れた10人の兄弟姉妹が一つ屋根の下で生活を共にしたことはなかった。

重光は玄界灘を渡るとき、同じ歳の身重の妻である盧舜和《ノスンファ》を故郷に残してきた。長女である英子《ヨンジャ》は41（昭和16）年中に生まれたはずなのだが、戸籍上は42（昭和17）年10月16日生まれとなっている。その理由は分からない。

重光の母は朝鮮戦争開戦の50（昭和25）年に、盧舜和は夫と再会することなく60（昭和35）年7月25日にそれぞれ亡くなっている。

●両班の家に生まれて

重光の祖父である辛奭坤《ソクゴン》は1872（明治5）年に生まれ、44（昭和19）年に亡くなっている。

奭坤が生まれた頃は500年続いた李氏朝鮮の末期だった。李成桂《イソンゲ》が建国したこの李朝は、儒教の中でも朱子学を重んじた。徳川幕府も朱子学を採用したが、李朝はそれを徹底した。その支配体制を支えたのが、中国の科挙を取り入れ、官僚機構を担った貴族階級にあたる両班《ヤンバン》である。李朝の時代から韓国は極端な中央集権国家である。土地の保有が一つの目安にはなるかもしれないが、同じ両班であっても、中央と地方で貧富の差は激しい。

李朝の昌徳宮《チャンドックン》や景福宮《キョンボックン》などにも近く、大統領府「青瓦台《チョンワデ》」の東側の丘に広がる北村《プッチョン》には、京都など日本の古都に残る町家のような韓屋《ハノク》が多く残る。古くから王族や王宮に仕えた両班が居を構えてきた地域で、北岳山《プガクサン》南麓にかけて、いまでは韓国の財閥オーナーなどが豪邸を構えている。

半ば冗談とはいえ、自分の先祖に両班の血筋が入っていると語る人は珍しくないようだ。しかし、李朝の社会には良民（両班、中人《チュンイン》、常民《サンミン》）と賤民（奴婢、白丁《ペクチョン》）という身分制度が厳然とあった。

19世紀末、４度にわたり朝鮮を訪れた英国人旅行家のイザベラ・バードは、当時の封建的な社会の様子、朝鮮女性の地位について触れている。[*1]

「朝鮮の農婦は、家族の衣類を全て作る。料理を全て調理する。どっしりと重い杵と乳鉢で籾殻を取り、奇麗にする。重い荷物を頭に載せて市に運ぶ。水を汲む。遠く離れた地区に在る田畑で働く。朝早く起きて夜おそく寝る。紡ぎ、編む。一般にたくさんの子供を抱えている。子供は三歳になるまで乳離れしない。

朝鮮の農婦には楽しみは何一つ無い、と言えるかも知れない。単調で辛い仕事を少し息子の妻（嫁）に任せるようになるまで、奴隷のように働かされる人以外の何者でもない。三十歳で五十歳に見える」

両班つまり貴族という特権階級の男は自らの生活のために働かないが、身内に生活を支えてもらうのは恥とはならない。農村部でも知識階級である両班の男と、その妻である女とのあまりの境遇の違い、徹底した男尊女卑のありようは重光の両親にもそのままあてはまる。貧しい両班の家では、妻がこっそり内職をして生活を支えている場合も少なくなかったという。

重光が故郷で生まれ育った20～30年代は、すでに日本統治下だったとはいえ、こうした李朝の気風がまだ残っていた。重光はのちに、自分の息子たちに彼らの祖父にあたる辛鎮洙のことを次のように話し伝えている。

1　イザベラ・バード『朝鮮奥地紀行２』平凡社、1994年

「両班の父は全く仕事をしなくて、下僕（小作人）1人で農作業をした。計算上では集落で3番目の富豪だったが、下僕が耕作した分を家族で食べると少し残るぐらいだった」と。

一家が所有した耕作地は「田15斗落《とらく》、畑35斗落、山林8反歩《たんぶ》」と記録が残る。斗落とは耳慣れない単位だが、朝鮮独特の耕地面積の表示法で、1斗（約18リットル）の種子を蒔く面積を示す。その土地の様子によって面積に幅があり、田の場合は150～300坪とされる。山間の地といえども結構な広さである。

日本の稲作では1人が1年間に食べる米の量が1石《こく》で、そのために必要な耕作面積は1反、つまり300坪（約1000平方メートル）となる。もし、耕作に精を出していたら、富農となりうるだけの土地を持っていたことが分かる。

重光が生まれ育った生家の周辺は、半世紀前にできた大巌《デアム》ダムの湖底に沈んでしまった。当時すでに日本のロッテグループのオーナーとして、功成り名遂げていた重光は、その直前に、柱や垂木、土台の石に至るまで生家をそのままダム湖の向かいの丘に移築している。

実物を目にすると、拍子抜けするくらい普通の農家の建屋である。

周囲は土と石で作られた土壁に囲まれ、竹を編んで作った門から庭に入ると、左側には男性の使用する舎廊《サランチェ》がある。ここは一家の長である重光の祖父が主に使い、客を接待した建物だが、大人2人が横になるにも狭い。

隣に牛の飼料を煮る釜と飼葉桶が入った納屋がある。牛は庭で放し飼いにされ、建物の間に休め

故郷の復元された生家

舎廊

母屋

母屋の内部

る場所も設けられていた。

門と向かい合う母屋は3間合わせても10畳程度の小さな建物だった。家族が暮らす2つの部屋と板の間、台所があり、下僕の小部屋もあった。ここに多いときは10人以上もが暮らしていたわけで、決して豊かではない田舎での生活ぶりがうかがえる。

一方、重光の父の10歳年長の兄で伯父にあたる鎮杰《ジンゴル》は、苦学して蔚州郡の財務、測量技師、村の事務所長などの公職を務めた。その後、不動産売買などで財を成し、田100斗落を所有する集落一の地主となっている。下僕も数人いたようだ。

朱子学は商行為を低く見る。蔑んでいるといってもいい。李朝の気風が残る重光の祖父奭坤は、長男の鎮杰が金貸しで稼いでいるという噂を聞きつけると、厳しく叱った後、利子を返して歩いたという。

本来ならば長男と同居するはずのこの強烈な祖父は、二男である鎮洙の一家と暮らしていた。その姿は重光など子どもたちの目にはどのように映ったのだろうか。

白い麻韓服の父と一家を支えた母

三男で30（昭和5）年生まれの春浩《チュンホ》は、自著にこう記している。[*2]
「儒教家門の伝統を受け継いだため、父も典型的な学者の風貌を守った。月の明るい日など青年た

2 辛春浩『哲学を持つ者は幸せだ』（未訳）

ちが集まり、夜遅くまで歌いながらにぎやかに遊ぶのを見ると、彼らを呼び付けて説教した。また、若者たちが大人たちを見て見ぬふりをしたり、煙管をくわえて歩くのを見たら、欠かさず呼び止めて、言い聞かせた。農業には人夫を雇いながらも特別な場合でないと手に土をつけなかった。未明に起きて家を見て、大広間に閉じこもって本を読んだり、書堂《ソダン》（寺子屋）と郷校《ヒャンギョ》の出入りなどで終始した。外出するときは、きれいにアイロンされた礼服を着た。謹厳な姿とともにいまもそのとき好んで着ていた白い布の裾が記憶に生々しい」

　両班が身に着ける白い麻韓服を着て、長いパイプでたばこを楽しむ父とは対照的に、母は一家の暮らしを支えるため、年中働いていた。当時の韓国の典型的な母親像である。

「幼い頃、私は母が気楽に休んでいる姿を見たことがない」と春浩は言い、思い出を語る。

　1年365日、母は先頭に立って稲作や畑作を自ら管理した。麦畑から始まり、春から秋までは田畑の草取り、収穫期には脱穀を人手だけで行っていた。他にも麻で機《はた》織りをしたり、蚕を飼ったり、綿を植えて木綿づくりまでしなければならなかった。

　子どもたちがみな眠っている夜中遅くまで絹や布を整えるのに余念がなかった。生活費の足しに、麻布や繭、卵を彦陽《オニャン》の市で売った。

　家族全員の新しい着物を作って祭礼に使う料理の準備をし、秋夕《チュソク》や旧正月《ソルラル》のような祝日にも休む暇はなかった。末っ子の貞姫《チョンヒ》は織機の下で産んだほどだという。

　農閑期にたまに実家に行くことが母の唯一の休みだった。箪笥の奥にしまっておいたきれいな伝統衣装を取り出して着た。町でもきれいな女性だと噂されていた母が、そんなにきれいな伝統衣装を着た日は家の中が明るくなるようだった。熊手のように荒れた手でなければ、誰も母をそのように苦労している田舎の女だと考えなかったはずだ。

これだけ身を粉にして働いても、大家族を養うには十分ではなかったようだ。春浩は続ける。

「田植えの季節が来る頃にはほとんどの家で糧食が切れ、春窮期が迫ってきた。辛一家でも、まだ十分に熟していない麦を切り、不足した糧食に加えたりした。黒い釜で米を少しだけ混ぜた麦飯を炊くと、家族のお皿にご飯を満たす前に、もう釜のご飯がなくなった。自然に母の取り分は冷飯の塊やおこげだった。当時いつもお腹が痛いと言っていた母の病の原因だったと思うといまでも心が痛い。こんな環境の中で母は結核にかかった二男轍浩《チョルホ》の介護までしたので、二重三重の苦労をした」

重光はこうした家族の暮らしぶりについてあまり言葉を残していない。ただ、祖父については、「お爺さんが一番の権力者だった。何が何でも彼の言うとおりにしなければならなかった。話をする機会すらもらえなかった」と語っている。

◉——一番の理解者だった伯父の鎮杰

重光が故郷を離れ、18歳で日本に向かうまでにはいろいろな人々との出会いがあった。その最初の、そして一番身近な存在として彼に強く影響を与えたのは、伯父の鎮杰だろう。

復元された生家の近くに、辛一族の菩提寺と並んで、重光が造った芚基里の会館が残っている。その脇に立つ大きな石碑には伯父について、おおよそこのようなことが記されていた。

官職を捨てて郷里の教育事業に専念し、莫大な私財を投じて芚基義塾を開き、優秀な教師陣を構成して弘益人間の理念で鋭敏な秀才を育成し、特にその時代に用意しにくい広々としたサッカー場を造成し、挙国的な競技をするにも遜色のない運動場を備えた。

のちに三・一運動と呼ばれる独立運動が起きた19（大正8）年に伯父は公職を退き、その翌年には郷里に芚基義塾を開いている。まだ27歳の青年がである。義塾とは、日本の「慶應義塾」などと同様、公益を目的に義捐金を集めて設立した教育機関である。一般的には、歴史、国語、算術、地理などが教えられていたという。重光もここに半年間通っている。

開塾から7年後、新聞に伯父が取り上げられた。[*3]

「慶尚南道蔚州郡三同面芚基里にいる辛鎮杰氏は、私学の育英機関がないことを恨嘆していまから約6年前に設立し、誠心誠意で地方無産児童20名を集め、孫永琪《ソンヨンギ》、李岩宙《イアムジュ》、金洙森《キムスサム》など3教員が交代で熱心に教授していた」

この記事が出る少し前の9月、三同公立普通学校（小学校）が設立されている。翌28（昭和3）年5月5日に設立認可が下り、8月23日には朴誠烈《パクソンヨル》が校長として赴任し、9月12日に正式に開校し

3『中外日報』1927年11月3日付

た。伯父は苙基義塾の教材や資機材などすべてを開校したばかりのこの学校に寄付し、後進の指導を託した。

不動産売買や養蚕・養蜂も行った伯父は、両班家門の異端児であった。次に手掛けたのは貧困にあえぐ農村の救済である。農民の貯金を管理して営農資金を融資する私設金融組合「苙基勧農組合」を苙基義塾の跡地に設立した。39(昭和14)年5月2日付の『東亜日報』によると、組合員240人余りのうち160人余りの出席の下、第11回定期総会を開いたとある。

伯父は経済に明るく、数理にも優れた才能を持っていたようで、特段数学の勉強をしたこともないのに、複雑な複利計算を暗算と算木だけで済ませたという。後年、データにこだわって考え抜く重光の姿がそこに重なる。

朝鮮総督府が推進した普通学校

朝鮮総督府の下、朝鮮半島でも初等教育のための学校造りが広められていく。それまでは、書堂に村の郷吏の子弟が通い、科挙を目指す両班の子弟は各地に設置された郷校の予備校である書院と呼ばれる私塾で漢籍を学んでいた。

05(明治38)年9月にポーツマス条約が結ばれたその2カ月後、第2次日韓協約の締結により、当時の大韓帝国は日本の保護国と化した。このとき設けられた韓国統監府の初代統監で、その4年

石碑「私立芚基義塾生存同窓生」(1982年)

後に暗殺される伊藤博文は、大韓帝国の官僚に対して学校建設を最優先課題として推進するよう指示している。植民地経営の必要上出たこととはいえ、日韓併合後に設立が進んだ普通学校（小学校）は、結果として、当時の朝鮮人の識字率の大幅な向上や社会の近代化に貢献した。

三同公立普通学校が28（昭和3）年9月に開校したことは先述した。第一期生は、1年生が43人、2年生が32人、3年生が20人の計95人だった。しかし、そこには就学年齢に達していた重光の名前はなかった。

男尊女卑の世相では、「男女7歳にして席を同じうせず」は常識であり、男女共学の普通学校に対する集落の大人たちの反感は大きかった。当時を思い出して重光は、このように語っている。[*4]

「父は僕を小学校に行かせないつもりだった。村全体の雰囲気がそうだった。学校に行かせるのは子どもを見捨てることと思って行かせなかった。特に、同級生の女の子のために息子がだめになるという理由を挙げていた。ただ、幼い僕でも、実は貧乏でお金がもったいないから学校に行かせないのだということを知っていた」

伯父はこの学校に義塾のすべてを託すほど期待していたが、肝心の甥っ子が進学を阻まれてしまった。進学できない本当の原因は貧しさである。集落の中で就学年齢だった10人のうち、入学できたのは3人で、女子は1人だけだった。

重光にとっては人生最初の試練である。結局、半年遅れで入学することができた。伯父が、教育は受けさせなければならないと強く主張したからだった。もしさらに半年遅れたら、年齢制限で入

4 晩年のインタビューより

学できなかったかもしれない。のちに重光はこう漏らしている。「半歳の差で学校に通えて本当に運が良かった」と。

重光にとってはいとこにあたるが、伯父には2人の息子がいた。長男璟《ギョン》浩《ホ》は中等教育機関である東《ドン》莱《レ》高等普通学校在学中の31（昭和6）年に肺結核で亡くなってしまう。重光より5つ年上の二男炳《ビョン》浩《ホ》は90歳の天寿を全うするが、若い頃は病弱だった。

そんなこともあって、伯父は弟夫婦に、「子どもたちはいくらでも生みなさい。勉強は私が責任を持つ」と勧めるほどだった。[*5] 甥っ子たちを養子にしようと思ったこともあったという。もしかすると重光のことを、東京留学を前に他界した自分の長男と重ねて見ていたのかもしれない。

三同公立普通学校の熱血校長

29（昭和4）年4月1日、重光は三同公立普通学校に入学した。開校半年後のことである。自宅から学校までは1里（約4キロ）ほど離れている。しかも峠を越え、3つの小川を渡らなければならなかった。当時を重光はこう振り返る。

「友だちと3人で一緒に通学したが、一度は狼が現れ、本を包んだふろしきを投げつけたこともあった」

「雨がたくさん降ってきたら、両親が小川のほとりで待っていてくれた。私が川に流されるのでは

5 鄭淳台『辛格浩の秘密』（未訳）

ないかと心配したからだ。飛び石の上まで水が溢れると、冬でもゴム長靴と足袋を脱いで渡らなければならなかった。とても寒くて足が震えた。確かにただ事ではなかった」

苦労しながら通った4年間だが、重光にとっては楽しい思い出が多かった。教師に恵まれたからである。この学校には、校長の朴誠烈と権小植《グォンソシク》の2人しか教師はいなかったが、朴校長は熱血漢だった。

「釜山で開かれた慶尚南道校長会議に出席した後、民族差別的な日本の教育監を正面から反論したことで有名だ。（中略）日本の教育監は『朝鮮の子どもたちは先天的に正直でなく、かなり怠惰で公衆道徳心が希薄だから必ずムチで教育しなければならない』と話した。これに対して朴校長は憤然と立ち上がって反論した。『教育監、朝鮮の子はそうではありません。教育の成否は教育させる先生たちの真の心にかかっているのではありませんか？』」[6]

庭に柿の木を植え、実ると生徒たちに配ったというエピソードも残る地元の信望が厚い朴校長の評判は、新聞でも取り上げられるほどだった。[7]

「学校の成績から見て、蔚山18校の第1位という。生徒はもちろん、父母などの信望は、まるで信者が神父に対する感がある」

弟の1人によれば、重光は当時、大衆娯楽雑誌『キング』[8]や日本語の小説を好んで読んでいたという。将来の夢は作家になることだった。

「漢文だけを教えるような寺子屋（書院）の教育は非現実的だ。寺子屋では歴史や地理のようなも

6 鄭淳台『辛格浩の秘密』（未訳）

7『東亜日報』1932年11月6日付

8 大日本雄辯會講談社（現・講談社）が発行していた月刊誌。

のは教えない。歴史と地理を教えてこそ、世の中を学ぶことができる。その時は小学校だけを出た人でも、漢文だけ勉強した老人たちより、世の中の理にさらに明るかった」と振り返る重光だが、「普通学校（小学校）に通う時、日本に行って勉強すると決心した。お父さんに『日本に行くつもりだ』と告げたら、『馬鹿かお前は。死ぬつもりか。絶対だめだ』とおっしゃった」と現実には厳しいものがあった。関東大震災（23年）直後の朝鮮人虐殺事件などが伝わっていたのかもしれない。

彦陽公立普通学校に通った2年間

三同公立普通学校を4年間で終えた重光は、同じ蔚山の彦陽《オニャンユウ》邑にある彦陽公立普通学校に5年生で編入した。33（昭和8）年4月のことである。邑は面に比べて町のニュアンスが強い。重光の母が手製の麻布や繭、卵を売りに行く市《いち》が立ったように、郡の中心地でもあった。彦陽牛というブランド韓牛で名高い。いまではKTX蔚山駅からも見ることができる市街地には高層マンションも立ち並び、町の中心部は変貌を遂げていた。

15世紀に築かれた正方形の彦陽邑城の跡が町の真ん中に残り、それを囲むように重光が通った2つの学校があった。芼基里の自宅からはいずれも片道10キロほどある。バス代を払うことができなかった重光は毎日20キロを歩いた。子どもの足なら往復4時間は優にかかる。朝6時に家を出て学校へ行き、夕方戻ると、今度は牛の世話が待っている。

「毎日（草を食べさせるため山に）牛を連れていった。夏には牛を解き放して水泳をたくさんした。他の運動はできなかったが、水泳はかなり得意だ」と重光は振り返っている。

牛の世話が終わると、今度は6人に増えた弟や妹の面倒を見なければならない。幼馴染みで遠い親戚でもある辛石峯《シンソクボン》はこんなことを覚えていた。

「ある日、大きいあめ玉を噛み切って、いちいち弟たちに分けてあげるのを見たことがある」

それに加えて、田舎の分校から町中の本校に通うくらい学校の雰囲気に差があり、学校で重光はいじめにあう。そのことは成績にも如実に反映されている。5年生の査定簿（生活記録簿）には、「授業時間に横を見る。怠慢ではないが、飽きっぽい性格ではないか」と記されていた。こんな生活をしていれば、授業に集中できないのも無理はない。

5年生では57人中42位。病気を理由に30日も欠席している。それでも10点満点で、修身、理科は各8点、朝鮮語、日本語、日本史、体操は各7点、算術、地理、職業、図書、合唱は各6点と平均以上を保っていた。これが6年生になると一気に落ちる。日本語、日本史、算術、地理、合唱が5点、朝鮮語が4点。しかも無断で30日欠席している。

ただ、貧しいのは重光だけではなかった。60人いた同級生の3人に1人は弁当を持ってくることができなかった。昼休みになると、弁当のない級友は自宅に戻った。重光も一緒にグラウンドを駆け抜けて、学校の外に出たこともあったようだが、10キロも離れた自宅に帰ることは考えられない。

重光は当時を振り返って韓国誌のインタビューにこう答えた。[*9]

9『月刊朝鮮』2001年1月号

10 晩年のインタビューによる

「おなかがすいたら食べもののことだけを考えるのです。どうすればおなかがいっぱいになるかという工夫ばかりすることになるから、正常な思考が不可能になるのです」

年に一度、村に飴屋がきた。古いゴム靴やすりきれた麻布の衣服を持っていけば、飴を一棒くれたりした。大人になって飴を好き放題食べられたらいいなと考えたこともあったという[*10]。のちに菓子メーカーで成功を収めた遠因がここにあるのかもしれない。

わずか2年間の通学とはいえ、貧乏にまつわる思い出はまだまだある。

金持ちの子は運動靴を履いたが、ほとんどの子は夏も冬もゴム靴だった。しかも大事に使って1年以上持たせなければならない。大人でもゴム靴は大切だった。同じ村のおばあさんたちは靴底が擦り減るのを心配して、ゴム靴を頭の上に載せて裸足で市場に立っていたほどだ。

彦陽公立普通学校の6年生は、釜山と慶州《キョンジュ》への修学旅行があった。それを父に話すと、「釜山、慶州は大人になったら１００回以上も行けるから、いまは行かなくても構わない」とむげに断られた。結局、伯父に相談し、旅費を工面してもらったという。

いじめと貧困に苦しんでいた重光に勇気を与えてくれたのは、長崎県出身の川上英一校長だったかもしれない。知的で爽やかな印象を与える日本人として慕っていたという。

蔚山公立農業実修学校の学籍簿

家族が貧困に苛まれている中、重光は上の学校に進もうとはしなかった。普通学校の6年間を終えた後、1年ほど自宅で農作業を手伝いながら過ごした。内心は忸怩《じくじ》たる思いがあったに違いない。救いの手を差し伸べたのは伯父の鎮杰だった。

重光は学費の支援を受け、36（昭和11）年4月、蔚山唯一の中等教育機関であり、10年前に開校していた蔚山公立農業実修学校に入学した。開校時は蔚山農業補習学校だったが、33（昭和8）年に校名が変更された。高等普通学校や中学校に進むには釜山や馬山《マサン》（現・昌原《チャンウォン》市）、晋州《チンジュ》に出なければならず、自宅からは通えない。さすがにそこまで伯父に頼むことはできなかったようだ。

募集人員の2倍の100人が志願する中、重光は幼馴染みで遠い親戚でもある辛石峯と共に合格し、『東亜日報』に名前が載った。

蔚山公立農業実修学校は、高知県出身の校長の横田俊郎をはじめ、關屋實善、田中精重、安藤豊、三浦直義、長坂卯六などほとんどの教師が日本人で、韓国人教員は楊麟錫《ヤンインソク》一人だけだった。北海道帝国大学農学部卒の楊は、のちには慶北《キョンブク》大学校教授などを歴任しながら、植物学者として活躍した。

この実修学校は、卒業した彦陽公立普通学校の少し先にあった。やはり2年間、長い通学路を歩くことになる。

学制上、この農業実修学校の跡を継いだのは新制の彦陽中学校である。そこに、重光の2年間を記載した「生徒調査」という学籍簿が保管されていた。

卒業したのは38（昭和13）年3月5日である。保証人欄に記されていたのは伯父鎮杰の名前で、理由は不明だが、続柄は「孫」となっていた。5人家族とあり、これも実態とは異なっている。

この記録を見る限りでは、のちに韓国の財閥グループを率いるようになるとは思えないような評価が並んでいる。才能は「普通」、性格は「鈍重」と記され、学習態度は「熱心」から翌年には「普通」に評価が下がっている。

席次も1年目が34人中28番目、2年目が26人中18番目とあまりふるわない。特に、実習の成績があまり良くなく、全体的に農業を学ぶことへの意欲はあまり感じられない。

農業実修学校の合格者

当時、重光の唯一の楽しみは思索にふけることだった。後年、経営者になってからも、自室にこもって考えにふけることが多かったが、これは少年時代から受け継がれた習慣なのであろう。趣味の欄には「囲碁」と書かれており、これも生涯の楽しみとなる。

小学校時代から小説を読みふけり、小説同様に映画も大好きだったが、お金がなくて映画館に行くことはほとんどできなかった。晩年、家族にこのように話している。

「年に一度か二度ほど、学校の運動場のような所を役所が借りて映画を上映した。多くの人が集まったし、そのときは私も必ず見に行った。一度は近くで何かの工事があったのか、2メートルほど積まれた砂利の上に登って映画を見たことをいまでも覚えている。大人になって映画を思う存分見られたら、本当にいいなと思ったことがある」

重光は、蔚山公立農業実修学校を卒業後、初めて故郷を離れて暮らすことになる。そこで出会った日本人が、彼の人生に後日、決定的な影響を与えるきっかけとなるのだ。

column

母校に寄付を続けるロッテの財団

重光の足跡を追う中で、三同公立普通学校の後身である三同小学校を訪ねた。川に沿った田んぼに囲まれた学校だが、レンガ塀にオレンジ色の塗装でパステルカラーが映えるかなりポップな印象の校舎に建て替えられていた。

ここもまた過疎化が進んでいるのだろう。重光が通っていた当時は小４生までだったが、現在の6年生までいる三同小学校の全校児童数は45人、三同小学校に入学予定の幼稚園児数も16人だという。韓国でも少子化の進行は著しく、子どもの数は減少している。

日本の公立小学校ではあまり見かけないが、韓国では自校出身の有名人を紹介するコーナーが学校の中にあることが多いようだ。

校長先生がパネルを指さしながら解説してくれた。そこには各時代の校舎の写真と期ごとの卒業生の集合写真が飾られていた。有名卒業生の写真の中には、重光と並んで、「辛ラーメン」で成功を収めた三男春浩の姿もあった。

年間2000万ウォン（うち半分は奨学金として）の寄付をロッテグループの福祉財団から、もう40年近く受けているという。在校生がソウルに修学旅行に行ったときには、ロッテワールドなどにも招待されたという。体育館を建設したときにも村の予算の半分に相当する1億ウォンの寄付があったそうだ。

三同小学校に立つ朴誠烈校長の記念碑

2020（令和2）年で創立115周年を迎えた伝統校でもある彦陽小学校（彦陽公立普通学校の後身）は、5年ほど前に現在地に移転した。それ以前には彦陽邑城の跡により近かった。在校生は700人ほどを数える。昔もいまも、蔚山の中心となる学校だ。重光は20期生として卒業している。この学校では、3代

三同公立普通学校卒業生集合写真（1933年）

彦陽公立普通学校卒業生集合写真（1935年3月）

目から11代目まで日本人が校長を務めていた。

三同小と同様に、校舎の整備で大きな寄付があり、2年で1000万ウォンの寄付も続いている。額が三同小よりも抑えられているのは、重光の在校年数の差か、あるいは辛かった思い出のゆえであろうか。

蔚山公立農業実修学校は、戦後すぐに彦陽中学校に校名が変更されている。中学校は彦陽小学校近くに移転し、実修学校と同じ敷地には半世紀前に農業高校が作られた。ここでもロッテから建物が寄付されていた。2013（平成25）年からは普通科の彦陽高校となっている。

実は、個別の学校以外にも蔚山の地域一帯に奨学金が支給されているという。いまでも辛一族が住んでいるとはいえ、年額1億ウォンというから結構な金額だ。

実修学校の学籍簿が保管されていた彦陽中学校に対しては、奨学金と共に図書館への支援が続けられているという。

第2章　玄界灘を越えて東京へ

「羊技術指導員」見習い

「韓国併合ニ関スル条約」に基づいて、大日本帝国が大韓帝国を併合して統治下に置くことになったのは1910（明治43）年8月のことである。その5年前に保護国化していたとはいえ、これにより500年以上続いた李氏朝鮮が終焉を迎えた。新たに朝鮮総督府を設けて、台湾・澎湖《ポンフー》島と同様、日本は朝鮮の植民地経営を進めていくことになる。

日本はこの時期、重化学工業中心の第2次産業革命が進み、人口も5000万人に迫る勢いで、明治維新の頃と比べて4割も増えていた。当時、朝鮮半島の推定人口は日本の3分の1ほどだったが、内地（日本本土）では食料の一部を外に求めるようになっていたため、朝鮮からの輸出品はコメを筆頭に農作物の占める割合が高かった。

重光が蔚山《ウルサン》公立農業実修学校を卒業した38（昭和13）年当時、朝鮮総督府は緬羊《めんよう》の増産を推進していた。緬羊は綿羊とも書くが、羊毛《ウール》として活用するために年中毛が伸びるように改良された羊の品種を指す。

第一次世界大戦が勃発した14（大正3）年、日本では輸入が途絶えた羊毛の国産化が急務となり、北海道の滝川（現・滝川市）などで種羊場が本格的に稼働した経緯がある。

終戦とともに羊毛の軍需はいったん落ち着いた。しかし、日本は31（昭和6）年に満洲事変、37（昭和12）年に盧溝橋事件を起こすなど、中国大陸での軍事的圧力を強め、朝鮮でも軍需羊毛の生産が要請されることになった。34（昭和9）年、朝鮮総督府種羊場官制が勅令第二四二号として発令されている。

38（昭和13）年3月、重光は初めて郷里を離れて、まだ立ち上がって3年ほどの明川《ミョンチョン》種羊場に行き、「羊技術指導員」見習いの資格で研修を受けることになった。当時、ここには平安南道《ピョンアンナムド》の順川《スンチョン》と共に朝鮮初の種羊場が置かれていた。いずれも現在は朝鮮民主主義人民共和国（北朝鮮）の領域内である。

朝鮮全土には当時、50ほどの公立農業実修学校があり、毎年多くの卒業生が出る。その中でわずか5人だけがこの見習いに選ばれた。「蔚山農会の職員として勤めていたいとこの辛炳浩《ビョンホ》が重光青年の研修生の入学に必要な蔚州郡首の推薦状を受けるために頑張ってくれた」[*1]。彼は鎮杰《ジンゴル》の二男であり、背景に伯父の尽力があったことは容易に想像がつく。

明川種羊場は咸鏡北道《ハムギョンブクド》南部の明川郡阿間面萬戸里《アガンミョンマンホリ》にあった。白頭山《ペクトゥサン》の南東に位置する明川郡は日本海（韓国では東海《トンヘ》）に面している。ちなみに、スケトウダラのことを韓国では「明川郡に住

1 鄭淳台『辛格浩の秘密』（未訳）

む太氏が初めて釣った魚」を由来とする「明太（ミョンテ）」と呼び、その卵巣（たらこ）を明太子と呼ぶ由来となっている。

種羊場はオーストラリアで改良されたゴリデル（コリデール）種の種羊を輸入し、優秀な種羊の生産を図り、主に第2次的な配給機関に貸し付けて配布するほか、毎年約5名の見習生を受け入れ、地方の羊指導技術委を養成した。

初代の種羊場長は東京帝国大学（現・東京大学）獣医学科を卒業した坂巻海三郎だった。40（昭和15）年から2代目の場長を務めていたのが、同じく東京帝大卒で農林省に入り、朝鮮総督府に赴任した大津隆紹《たかあき》だった。この大津が、重光青年の日本行きに大きく影響を与えることになる。

故郷での出会いと結婚

明川種羊場で1年間の研修を修了した重光は、三南面《サムナムミョン》の芳基里《バンギリ》に前年に設けられたばかりの、羊を広い柵の中に放牧して育てる道立種羊場に職を得た。

当時を振り返って重光は、「そのときは働き口がほとんどなかった。できるのは面（村）書記、郵便配達人、巡査、小学校教師ぐらいだった」という中での選択だった。

芳基里は実家から十数キロ離れており、通える距離ではなかったので種羊場の近くに下宿し、必死に働いた。

この種羊場で、重光は大津隆紹場長に出会う。そのときの様子を大津夫妻から聞かされていた姪の赤羽根恵子《しげこ》が覚えていた。恵子は戦後、ロッテで重光の秘書を務め、経理など重要部門を任されたばかりか、研究所の責任者で「チューインガム博士」の異名を取る手塚七五郎と結婚、草創期から今日までのロッテのあゆみをずっと見つめてきた生き字引きのような存在でもある。

「伯父は満洲に赴任して満洲総督府から牧場を一つ任されたのです。そこに勤めていたのがまだ10代の重光さんでした。伯父はお抱えの運転手の車で牧場によくやってきていたので、重光さんはそれを見て『ぼくは絶対、ああいう人間になりたい』と思ったそうです。お昼休みになると伯母の栄子のところにやってきて、『私も日本に行って出世したいので、誰か紹介してほしい』と懇願したそうで、オバもかなりかわいがっていたようです。当時は、日本に行って獣医になりたいとも言っていたそうです」

重光の長女は英子《ヨンジャ》という。いまとなっては確認のしようもないのだが、このオバの名と同じエイコと読む字があてられている。

就職した年の12月、重光は急遽結婚することになった。相手は村一番の富農の娘、盧舜和《ノスンファ》だった。結婚式がいつ行われたかは定かではないが、12月16日に婚姻届が出されている。

同じ17歳である盧舜和の実家は、芚基里《トゥンギリ》に南接する上鵲里《シャンジャクリ》にある。父親の盧熙圭《ノヒギョ》は一代で成り上がった新興地主で、周囲からは疎まれていたらしく、地元の名門である霊山辛氏家門とも決して友好的な関係ではなかった。

ただ重光の父と舜和の父は馬が合ったようで、鎮洙《ジンス》が結婚の話を進めた。熙圭にとっても、経済的に困窮しているとはいえ地元の名門一族と血縁を結べるのは渡りに船である。婚姻話は父親同士が進めていった。当時、親が決めた結婚は絶対に反対できない。

2人の結婚生活はどのようなものだったのだろうか。重光は下宿先から週末には妻も待つ実家に帰るものの、大家族が狭い部屋にひしめいており、新郎新婦の気が休まる状況とは程遠かったようである。

牛車の購入資金を借りようと妻に実家と交渉してもらったものの、うまくいかなかったこともあり、この政略めいた婚姻は次第にほころびを見せていく。

それに加えて、古色蒼然とした村の長老支配である。重光はこう語っている。[*2]

「故郷の村のお年寄りたちは頑固でした。若者たちが冬でも利用できる銭湯を作ろうとしたら、お年寄りたちが私たちに向かって大声で『そんな馬鹿なことをするな』と怒鳴り散らした。若い人たちが何か新しいことをやろうとしたら、お年寄りたちは自分たちの権威や影響力に傷がつくとでも思ったのでしょう。そんな村にずっと残っていては発展がないと考えて、日本に渡ったのです」

この年寄りの中には、存命だった祖父や父も含まれていたのだろうか。このまま世の中を知らずに死にたくない、村を出て、働きながらでも勉強したいという思いが強まり、それが日本で学びたいという気持ちに帰結した。

重光が結婚した39（昭和14）年は、7月に朝鮮総督府が労務動員計画を立てている。労務動員・

2『月刊朝鮮』2001年1月号

徴用の開始であり、戦後、いわゆる強制連行・強制労働として問題となる。朝鮮にも戦争の影が忍び寄ってきていた。

警察署長の助けを得て日本へ

重光は密かに日本に渡る準備をした。内鮮一体とはいうものの、朝鮮から内地に行くには渡航許可を受けなければならなかった。許可を得るため、蔚山の警察署長を訪ねた。朝鮮総督府職員録によると、当時の署長は牛島喜代次である。

「なぜ日本に行こうとするんだ」

「勉強をしに行きたい」

「それはいいことだ」

そう言いながら、牛島署長は推薦状まで書いてくれたというのである。

41（昭和16）年、月日は正確に伝わっていないが、18歳の重光は家を出て釜山《プサン》へ向かった。蔚山から釜山まで、いまならKTXに乗ればわずか20分で着くものの、在来線だと小一時間かかる。いとこの炳浩にだけは自分の決意を知らせてあった。

この年に生まれた五男の俊浩《ジュンホ》は、このように聞かされていた。

「父は釜山まで兄を追いかけていって船に乗る直前に捕まえたのですが、兄は隙をついて乗船してしまった。兄を取り逃がした父はすぐに警察に捜索願を出しました」

関釜《かんぷ》連絡船は下関に着いた。作業着のナッパ服にゴム靴、風呂敷包み一つといういでたちの重光が所持していたのは、村役場職員の給料2カ月分と同程度の83円だったという。

なお、重光がいつ渡日したのかについては諸説ある。『日刊ゲンダイ』の名物コーナー「社長の私生活」[*3]では「14歳のとき一人で日本に来て」と書かれ、蔚山公立農業実修学校から先の経歴は略されている。のちに出てくる花光《はなみつ》老人の孫は「15歳以下」と聞かされていたし、『日経ビジネス』(1973年11月12日号)のプロフィールには「16歳で東京に出て」となっている。『ロッテの秘密』も16歳としている。重光本人が意図的にそう話したのかは不明だが、その後もさまざまな混同が生じる要因となったことだけは確かだ。

下関港で重光を待っていたのは、思想犯を取り締まる特別高等警察(特高)だった。埠頭で呼び止められ、調べ室に連行され、荷物を全部出させた上で尋問が繰り返された。『ロッテの秘密』には、このようなやりとりが記されている。

「日本へやってきた理由をいってみろ」

「ハイ。内地で勉強したいと思って故郷・蔚山から出てきました」

「なんだと。勉強、勉強といえば大目に見てくれるとでも考えとるのか。貴様、本当は共産党に入るためじゃないのか」

「まさか共産党なんて……。もしお疑いになるなら国もとの役場へ問い合わせてもらえば、ボクが

3『日刊ゲンダイ』1979年4月7日付

けっしてウソをいってないことがわかると思います」

「素直に吐かぬつもりだな。ようし、すこし可愛がってやるか」

この後、頑強な刑事に別室に連行されて、ムチによる拷問を受け、数時間の取り調べの後、釈放されている。

下関で同様の目にあった日本人も珍しくなかった。満洲事変から10年。中国との軍事衝突も拡大する一方で、思想統制が厳しく行われた時代でもあった。

このとき警察が父の捜索届を知っていたのかは定かではないものの、重光を釜山行きの船に乗せて朝鮮に帰そうとした。ところが満員で乗れず、次の便を待つ隙をついて、重光は逃亡する。

向かった先は、種羊場近くの下宿の主人の帰郷先、福岡である。ここで1～2カ月過ごしたところで、地元の警察署に呼び出された。そして署長は開口一番、「親にも知らせず来たのか。荷物を包んで明日すぐ故郷に帰れ」と怒鳴りつけたという。

「はい、分かりました」と答えた翌日、重光は再び逃走する。

友人の下宿に転がり込む

向かった先は東京だった。汽車の中でも憲兵や車掌から不審尋問を繰り返されたものの、なんとか小学校時代の友人の下宿にたどり着いた。杉並区の高円寺である。友人は8畳間を借りていたが、すでに1人先客がいた。一説には早稲田の学生だったともいう。そこに重光も加わった。半年ほどここで暮らすことになる。

重光は東京に着いた翌日から牛乳配達を始めた。このときのエピソードに、のちの事業家としての重光の資質の片鱗を垣間見ることができる。どんなことがあっても、時間に正確に牛乳を配達しなければならない、という気持ちで配っていくうちに、1人では押し寄せる注文を処理できなくなり、牛乳の配達員を募集して重光が直接雇ったというのだ。

牛乳配達以外にも、さまざまなアルバイトをした。工場の下働きで鉄板を運び、トラック運転手の助手として荷物の積み下ろしをやるなど、1日1円20銭程度稼いだこともあったという。当時、カレーライスが1杯10銭程度だった。

そのような生活を半年ほど続けたところで、またもや警察から「出頭通知」が来た。待ち構えていた警官に「親に相談しないで来たのだろう。すぐに切符を買って、明日帰れ」と諭された。

高円寺の友人の下宿を飛び出して、なんとか三畳程の狭い部屋を借りたのはいいが、これからはまるまる家賃がかかる。当時、事務員の給料は月に30~40円程度だったという。生活費もそれくらいは毎月必要になる。せっかく学ぶために東京に来たのに、生活するだけで精いっぱいで、学費を工面することもままならない。それでも重光は必死に働いた。彼には夢があったからだ。

「日本人の中にも短気な性格の人がかなりいる。私のやることが気に入らないと『このバカヤロウ!』と大声を出した。腹が立ったが、相手にしなかった。私は小説家になる、これから本を書くんだ。そう考え、自分の将来のために我慢した。私が『申し訳ありません』と言えば終わる。そうすると、大声を出した日本人の方が、『むしろすまなかった』と言ってきた」

こんな思い出を晩年に語っている。作家になれなかったとしたら、ペンで出世できる記者になりたいと思っていたという。

ここまでのいきさつはこれまで記されてきた定説的な内容だが、大津場長に紹介されて「四面道《しめんどう》の佐藤さんのお宅に下宿していた」と恵子は証言する。下宿していた期間がいつ頃かは不明だが、家主である佐藤さんのおばあさんは、新宿・百人町にロッテが移った後、会社に来ては、学生時代の重光が「アルバイトでお金をもらうと、そのお金を大事にしまっていたところを見た」という話をよくしていたという。その佐藤さんの息子がロッテに入社し、のちに資材部長になる。

映画スターに間違えられる

アルバイトの傍ら、進学に備えて中央線水道橋駅の近くにある予備校にも通った。そして、暇さえあれば神田神保町の書店街にも立ち寄ったという。愛読したのは世界文学全集だった。当時、重光はこんな体験をした。

「電車に乗ると、周りの人たちの頭が私の肩くらいだった。なぜか皆が私を見ているように思えた。最初は『私が朝鮮から来たということをあの人たちは知っているんじゃないか？　なぜ私をチラッと見ているんだろう』と、見られるのが恥ずかしくて、電車の隅に背をかがめて中腰で立っていたりした」

彦陽公立普通学校6年生のときには身長136・7センチ、体重31キロ、胸囲65センチ、蔚山公立農業実修学校時代の15歳のときでも149センチ、体重42キロ、胸囲72・8センチと、幼さが残る細身の少年だった。

ところが渡日した頃には、身長は174センチ、体重64キロと、当時の日本人の中でも頭一つ抜け出た長身でスリムな青年に変貌していたのだ。

女性から「池部さんじゃないですか」と駆け寄られ、サインを求められたこともあった。

「私は『その人を知らない、その人ではない』と言ったが、信じてもらえない様子だった。池部が誰なのか後で写真を探してみた。私よりはあまりハンサムな顔ではなかった（笑）」

晩年に当時を振り返って笑い話にしているが、4つ年上の俳優池部良は立教大学文学部英文科卒。当時、島津保次郎監督作品『闘魚』に脇役で出演、これが反響を呼び、甘いマスクとスマートさで、のちには「万年青年」の異名を持つようになる若手の注目株だった。

もっとも、日本に渡ってきた重光と入れ替わるかのように、42（昭和17）年に陸軍に召集されて中国大陸に渡り、終戦まで日本に戻ることはなかった。

◉心のよりどころは早実に

重光は41（昭和16）年、早稲田大学の隣にあった早稲田実業学校（早実）の第2部（夜間部）に4年生で編入した。実質的に中卒だった重光にとって、働きながら通える早稲田の系列校は早実しかなかった。

「できることなら、作家になりたい。それがダメなら、ペンで身を立てるジャーナリストに……」[*4]と話しているように、石川達三や井伏鱒二など著名作家を輩出した早稲田大学の文学部に入りたかったのかもしれない。

早稲田実業学校の碑

01（明治34）年、大隈重信の教育理念を実現し、その建学の精神に基づいた中等教育を目指して設立された早実は、「豊かな個性と高い学力と、苦難に打ち克つたくましい精神力を兼ね備えた人物」を育成するために、校是として「去華就実」（華やかなものを去り、実に就く）を、校訓として「三敬主義」（他を敬し、己を敬し、事物を敬す）を創立当初から掲げてきた。

4 藤井勇『ロッテの秘密』こう書房、1979年

重光は早稲田で学んだことを誇りに思っていたのだろう。ソウルのロッテホテル43階に設けられた自分の執務室に、校是「去華就実」を額に入れて掲げていた。

創立100周年を迎えた早実は、新宿区から国分寺市に移転し、翌年共学化した。このとき発行した『百年を彩る人びと』には、王貞治など20人のOBと共に重光も登場している。

早実に入学した年の暮れ、12月8日、開戦の詔勅によって日本は英米に宣戦布告し、太平洋戦争に突入した。43（昭和18）年に早実を卒業する頃、劣勢ではあったが戦況はかろうじて持ちこたえていた。絶対国防圏であるマリアナ諸島を失うのは翌44（昭和19）年6月のことである。

その頃、重光の下に電報が届いた。長らく音信を断っていた故国の実家からである。「『在日』の英雄・ロッテ重光武雄伝」という特集記事にはこのように書かれている。[*5]

「母親死亡。今すぐ帰って来い」

やっと彼の居所を突き止めた本家が、彼をどうしても帰国させようと打った偽りの電報だった。そうとは知らず、彼はあわてて東京駅のチケット売り場に並んだ。ところが、彼の3つ前の人でチケットが売り切れてしまった。

「もう葬儀にも合わせなくなった。仕方がない」と彼は帰郷を諦めた。

同じ記事中で重光は、「そのとき、私にまで順番が回ってきたら、また違う人生を歩いていたかもしれない」と語っている。

確かにこのとき、切符を手に入れそのまま朝鮮に戻っていたら、重光は二度と日本に戻って来る

5『文藝春秋』1987年4月号

ことはできなかったかもしれない。彼にとっての「違う人生」とは、蔚山で農業に引き戻されるか、運が悪ければ兵隊に取られて戦場で命を落としていた可能性もあった。44（昭和19）年から朝鮮人徴兵制度が施行されているからだ。

しかし、内地にいても安泰ではなかった。国家総動員法に基づいて国民徴用令が制定され、重要産業の労働力を確保するため、厚生大臣には強制的に人員を徴用できる権限が与えられ、国民の経済活動の自由は失われていった。

重光が早実を卒業した43（昭和18）年には徴用業務の範囲が総動員業務一般に拡大され、軍需会社の場合は会社ぐるみ徴用された。「文系に進んだら、戦争に引っ張られる」という噂が学生たちの間で広がっていた。実際、この年9月21日、徴兵猶予の取り消し（26歳まで認められていた徴兵猶予を文系学生については停止）と法文系大学教育停止が決定した。

応用化学科への進学

もはや文系の学部を選ぶことはできない。戦況が悪化していく中で、言論統制は日増しに厳しくなっていった。「文学では食えない。何か技術を学んで発明家にでもなったほうが出世の近道ではないか」[*6]と進路の変更も考え始めていた。

結局、早実を卒業後、同年4月からは3年前に新設されたばかりの早稲田高等工学校応用化学科

6 藤井勇『ロッテの秘密』こう書房、1979年

に入学する。この学校は28（昭和3）年に機械工学科、電気工学科、建築科、土木工学科などを持つ各種学校として設立され、重光が入学する頃には、夜間3年制の各種学校として、勤労青年を対象に工業技術を教育していた。

制度上は専門学校令に基づく高等工業学校ではなかったものの、それに準ずるカリキュラムと併設の早稲田大学理工学部と施設や教員を兼ねており、卒業者に免許を付与したり、資格試験の一部を免除したりすることもある程度まで認められていた。後年、重光の最終学歴が早稲田大学理工学部卒とされることもあるのは、こうした事情も背景にある。

ちなみに、重光が入学した年の秋に卒業した同国人に、統一教会創始者の文鮮明《ムンソンミョン》がいた。入学はしたものの、勉学だけに専念できるような状況ではなかった。昼は働き、夜は学ぶ。それでも級友たちの目には、ひたすら勉強している重光の姿が印象的だったらしく、一緒に飲みに行ったりすることはなかったようだ。

翌44（昭和19）年になると、高円寺にある軍用機製作工場の委託で旋盤のカッティングオイル（研削油）などを開発する研究所でも働くようになった。

日本政府は長い間、朝鮮人の徴兵には二の足を踏んでいた。延世《ヨンセ》大学校教授の辛珠柏《シンジュペク》が、「植民地の軍人に武器を与えて軍事訓練をさせることは、支配者側から見れば相手に最高の信頼感を持って初めてできる。日本語や日本文化をかなり習得していないと都合が悪い」と語っているように、朝鮮人への徴兵制適用（徴兵検査開始）には「信頼感」が必要だった。

しかし戦況の悪化で、四の五の言っていられない状況に陥り、先述したようにこの年、朝鮮人にも徴兵制度適用を断行する。

前掲の『文藝春秋』[*7]記事には、こんなエピソードも紹介されている。

毎日刑事が来て「なぜ軍隊に入らないのか。非国民どもめ！　天皇陛下のために戦争に行け！」と学生たちにつきまとった。そんなときに彼（重光）はキッパリと言い返した。

「油で勝負が決まるので私は研究所で働いているのです」

そう言うと、刑事たちは口をつぐんだ。

経営者の原点は信用に応えること

重光の下宿に、当時すでに還暦を過ぎた「花光」という日本人の老人が出入りしていた。1880（明治13）年生まれの花光八太郎は、重光がアルバイトをしていた質屋兼古物商の主人だった。当時、東海道本線川崎駅の近くで大きな店を構え、手広く商売をしていた。

44（昭和19）年のある日、花光老人は思ってもいなかった話を切り出してきた。

「カネはわしが出すから、旋盤の切削用の油を作る工場を始めないかね。もし儲かったら収益の3分の2を私が、3分の1を君が取るということでどうだろう」

花光は重光をバイト時代から見ていて、その仕事ぶりに感服していた。重光も当時のことをこう

7『文藝春秋』1987年4月号

述懐している。

「偽りなく、誠実な人は信用を得られる。そう信じ、そうなるため努力した。質屋でも真面目に働いた。老人には僕よりも年下の息子と娘がいたが、働いてから1~2カ月経つと、息子より私を信じて何でもまかせようとした」

それまで商売をやろうなどという気は全くなかった重光だが、この話に乗った。日本で他人から初めて信用されたことがうれしかったからでもある。

花光老人は、全財産に匹敵する金を重光に投資したという。いまの貨幣価値に直せば数億円に相当する。このお金を元手に大田区大森で適当な工場を探し、ひまし油（トウゴマの種子を圧搾して得る植物油）を原料に旋盤の冷却用油（カッティングオイル）の生産を開始した。

いまでもそうだが、大森、蒲田、川崎から南の横浜方面にかけては第一次世界大戦以降、京浜工業地帯として発展した地域であり、多くの工場があった。冷却用油の需要も高く、立ち上がりは順調だった。

大森の工場が稼働した頃、太平洋戦争は決定的な局面にあった。44（昭和19）年6月、日米海軍がマリアナ諸島で激突、敗れた日本はサイパンやテニアンなどこの周辺の島嶼《とうしょ》を失ってしまう。軍部が設定した「絶対国防圏」の最重要地点であり、ここに米軍航空基地を造られてしまうと本土空襲が可能になることを意味した。7月には米軍のマリアナ前線基地が完成する。東京まで約2300キロ、B29の航続距離は5000キロあり、空襲後そのまま基地に戻ることが可能となった。

45（昭和20）年4月15日、202機ものB29の編隊が大田区のほぼ全域を対象として行った城南京浜大空襲で、重光の運営していた工場も焼けてしまう。

「こんなことで私は潰れるものか」と後日、『朝鮮日報』のインタビューで答えたように、重光は工場を再建する。次の生産拠点としたのは、それまで大規模な空襲を受けたことがない八王子にある元繊維工場の民家だった。

ところが8月1日の夕方から翌朝にかけて、今度は169機のB29の編隊が八王子を空襲する。死者445人、負傷者2000人、焼失家屋は1万4000軒、罹災7万7000人。再び工場は丸焼けになった。当時22歳の重光も、さすがにこの事態に落胆した。

「本当に困惑でした。老人は『これも運命だ。お前の生きる道を探せ。私は田舎に行く』と慰めたが、どうしてもお金を儲けて恩返しをしなければならないと思いました」[*8]

2週間後、真夏の真昼の青空の下で、ポツダム宣言受諾を臣民に告げる玉音放送が流れた。戦争は終わった。植民地支配を受けていた朝鮮人や台湾人にとっては、光復、祖国解放の日となる。約200万人に達していた在日朝鮮人は祖国への帰国を急ぎ、45（昭和20）年には111万人余、46（昭和21）年には65万人弱とわずか2年間で3分の1にまで減少した。

重光は国には帰らなかった。花光老人に借りた5万円をなんとか返済したいと考えていたからだ。玉音放送の5日後、「光は新宿より」をキャッチフレーズに、葦簀《よしず》張りの露店街「小津マーケット（新宿マーケット）」が開店した。次いで新宿駅東口には和田マーケットと民衆市場も加わる。

8『朝鮮日報』1993年5月16日付

進駐軍よりも早く、新宿はヤミ市発祥の地として戦後復興の象徴となる。翌年には八王子から荻窪へと拠点を移しながら、モノ不足の時代に油脂製品を作ることで、重光は一躍、巨万の富をつかむことになる。

◉――ひかり特殊化学研究所を設立

満洲事変から続く一連の戦争で、日本は500万もの人命を失った。度重なる本土への空爆で430の都市が被害を受け、焦土と化した。損失家屋は234万軒にも上る。主要工場はほとんどが焼失し、日用品もまた設備の不足で生産が需要に追い付かない。

外地に取り残された兵士や民間人は300万人にも及んだ。労働力も不足していた。その影響は農村で顕著で、終戦の年から翌年にかけて、朝鮮、台湾、満洲など外地からの輸入が途絶えたこともあり、収穫が半減したコメ不足で内地は深刻な食糧難に陥っていた。一方で失業者は1300万人を数えるほど膨れ上がっていた。

膨大な戦費を国債で賄っていた政府は、今度は「終戦処理費」の名目で進駐軍の駐留経費を負担させられることになった。それは国家財政の3分の1を占めるほどになり、円の価値は地に落ちた。ハイパーインフレが起き、預金封鎖、新円発行と手荒なインフレ対策が続く。

恒常的なモノ不足のため、生活に必要なものなら何を作っても売れる、そんな時代だった。

ヤミ市に山積みされた石鹸（1948年12月、写真提供／朝日新聞社）

重光は早稲田で学んだ応用化学の知識を生かして、カッティングオイルの原材料であるひまし油を使って石鹸の製造を始めた。工場は空襲で焼けていたので、八王子の農家の納屋で鍋を借りての手作りである。

当時の様子はこのように描写されている。「ヤミ市は朝鮮人が生きのびるための受け皿だった。敗戦直後は、廃油をヤミで入手、石鹸・ポマードに加工してヤミ市でさばいた。石鹸は、朝鮮人のマーケットの目玉商品で、飛ぶように売れた。風呂にも入れない、シラミにやられて伝染病になる。焼け跡でうごめく人々にとって石鹸はいまから考えられないくらい、貴重で大切な生活必需品だった」[*9]。上等なものとはいえないまでも物資不足の中で石鹸は飛ぶように売れた。紙幣がいくつものドラム缶に詰め込まれるほどだったという逸話も残る。

9 貴志謙介『戦後ゼロ年東京ブラックホール』NHK出版、2018年手塚夫妻によると、この頃の重光は早稲田の仲間と共に靴墨も作っており、それを靴磨きの子どもたちに持たせて結構な稼ぎがあったともいう。

当時、世相は目まぐるしく動いていた。物資不足のため、需要と供給のアンバランスが生じ、月50％もの物価上昇が起きていた。46（昭和21）年2月17日、悪性インフレ阻止のため金融緊急措置令および日本銀行券預入令が制定、公布された。新円切り替えであり、預金封鎖である。預金の引き出しには制限がかけられたが、事業資金は例外として扱われた。

46（昭和21）年3月に早稲田高等工学校も卒業した重光は、本格的な事業を始めるため、もっと大きな工場をつくろうと考えた。空襲で半分が焼け落ちていたものの、杉並区荻窪4丁目に軍需工場の寮に使用されていた建物を見つけた。現在、青梅街道と環状八号線が交わる四面道交差点あたりで、JR中央線荻窪駅から歩いて10分ほどの場所である。時期は不明ながら、下宿していた佐藤さん宅があった付近で、重光には土地鑑があったようだ。

同年5月、工場の入り口に直筆で「ひかり特殊化学研究所」と書かれた看板を掲げた。同じ月、荻窪駅前には1区画3坪の店が150軒集まって「新興マーケット」が立ち上がっていた。いわゆるヤミ市であり、その先に重光の工場は位置していた。この新興マーケットは81（昭和56）年に駅前商業ビル完成とともにショッピングセンター「タウンセブン商店街」として生まれ変わり、いまなお荻窪の人々の生活を支えている。

「工場は100坪ほどのトタン板張りの粗末なものだったが、私はここに泊まり込んで働いていた。

朝起きて工場の入り口を開けると、もう何十人も並んで待っている。うちの商品は、作っても作っても追いつかない状態だった」[10]

石鹸やポマードを炊事用の大釜を転用して作る家内制手工業そのものだった。

ロッテOB会の名称「ロッテひかり会」にも受け継がれている社名「ひかり」には諸説あるが、先述した靴墨で客の靴がピカピカになったことに由来するという説が有力のようである。

男性用整髪料「ポマード」の生産は、戦時中丸刈りだった男たちが髪の毛を伸ばし始めていることから着想した。ひまし油で作ったポマードは臭いがきついし、品質はとても一級品といえるようなものではなかったが、それでもよく売れた。特に在郷軍人がたくさん買ってくれたという。

製品を作るたびにヒットが続く。商売人として自信を深めていった重光は、当時を振り返る中で、事業の勝敗を決める3つのキーポイントとして、時宜に適った商品の開発、需要を機敏に読むことができる市場把握力、アイデアを果敢に実行に移すことができる推進力を挙げている。

その後、化粧品分野にも進出する。美しさを求めるのは女性の性質《さが》。戦後どれほど生活が厳しくてもニーズはあると重光は考えた。

その考えは的中した。化粧品も作れば作るほど売れた。「1日200カ所の商店を歩きまわらなければならなかった」[11]。わずか1年余りで、重光は相当のお金を集めた。そこで彼は花光老人の下を訪ねた。

「返しに行ったら、爺さん、涙ぐんで。『俺の選んだ男に間違いはなかった』って。その頃は本当に、

10『ロッテ50年のあゆみ』1998年
11 鄭淳台『辛格浩の秘密』(未訳)

朝鮮人の差別があった。でも爺さんは僕を信用して全財産を懸けてくれた」[12]
出資額に2割の利息をつけて返済したという説、利息代わりに家を贈ったという説などがある。
もっとも、戦後の悪性インフレでだいぶ目減りしてしまったと花光老人の孫は聞かされたともいう。
実際のところは、いまとなってはよく分からない。

故郷の家族にも試練の日々が

39（昭和14）年に重光と結婚した盧舜和のお腹は日に日に膨らんでいき、41（昭和16）年、女の子を産んだ。[13] 母屋の近くに小さな家をつくりそこで暮らしたという。

わずか1年余の新婚生活で取り残されたショックと寂しさ。そんな息子の嫁の姿に鎮洙はかなり後ろめたい思いを抱えていたようだ。やりどころのない怒りをぶちまけるかのように、お膳をひっくり返すこともあったという。

当時、まだ7歳だった四男の宣浩《ソンホ》（のちに重光宣浩）は、「家は不幸にあった雰囲気だった。母は兄がどこに行ってしまったのか、生きているのか死んでいるのかも分からず、相当胸を痛めていました。実家の後ろに祠のようなものがあったのですが、そこに行って毎日泣きながら祈っていました」と述懐する。母は、息子が帰ってきたら御餅を作ってあげたいと、大きなかぼちゃを床の間にずっと置いていたのだという。


12『日経ビジネス』2005年7月18日号
13 経緯は不明だが、先述したように英子の生年月日は戸籍上は1942（昭和17）年10月16日となっている。

一家の中心である長男の家出はまさに青天の霹靂のような事件だった。11歳だった三男の春浩《チュンホ》は、「父はしばらくの間、食飲を全廃して傷心の日を送った。伯父に続き、いとこの兄嫁まで伝染病で世を去り、一家は沈鬱なムードに包まれた」と記している。[*14]

故郷の家族には重光から一度も手紙が届かない。100万人を超える人たちが朝鮮に戻ってきたが、そこに重光の姿はない。家族の中には、東京大空襲のとき重光は亡くなったと思った者もいた。「母は噂を聞いて号泣、夜明けごとに清水を用意して兄さんの安全を祈った」と宣浩はインタビューで答え、父の鎮洙は息子の遺骨を探す決心をしていたという。

重光が再び祖国の土を踏むのは、日本に来てから実に21年後のことである。「衣錦還郷《いきんかんきょう》」という言葉がある。故郷に錦を飾るまでは戻らないという、悲壮な決意だったが、その間に、伯父、祖父、母、そして妻がこの世を去っていった。

しかし、実家の心配は何も知らず、重光は新しい事業に没頭していた。戦後すぐの復興期は目まぐるしく事業が推移していった。最初の頃は顧客が持ってきた化粧瓶に化粧クリームやポマードを入れて量り売りをしていたが、程なく容器に詰めて売る時代となり、化粧品などは容器も見栄えのする細長い小さな瓶が流行るようになっていく。

この頃初めて、ロッテブランドを付した化粧品を売り出している。原価は1本3~5円で売価は10円。それでも飛ぶように売れた。会社員の平均月収は200円程度だったが、毎月4万~5万円もの利益を得ていたという。

14 辛春浩『哲学を持つ者は幸せだ』(未訳)

しかし、47（昭和22）年になると化粧品事業は限界に直面することになる。競争者が増え、資生堂のような戦前からのメジャーな化粧品メーカーも蘇ってきたからだ。このまま石鹸や化粧品を作り続けても、いずれはじり貧になるのは目に見えている。重光は新しい事業を模索した。

Ⅱ

＊

「ガム」でつかんだ成功

第3章　株式会社ロッテ設立

化粧品からガムに進出

立ち上げてからまだ1年も経たない荻窪のひかり特殊化学研究所で、一緒に化粧品を作っていた2人の在日同胞と、見よう見まねで風船ガムを作っていた1人の日本人同業者が提案してきたガム製造の共同事業が始まった。資金の出し手は重光である。後年、家族にこう語っている。

「後をついてくる子どもたちに進駐軍の兵士がチューインガムを配っているのを何回も見ているものだから、あれならできると思った。当時は砂糖、水あめ、でんぷんのようなものが配給制だった。でも、甘みを出すためのサッカリンとかズルチンなどは配給制ではなかった。化粧品とガム、どちらにしようかと迷ったけどね」

目論見通りガムは飛ぶように売れた。ところが事業パートナーが自分たちの会社を設立、独立してしまった。

「あいつらを半年以内に潰してやる」と重光は怒りを露わにした。事業とは信義を守るものであり、それに反する行為は彼にとっては許されぬものだった。約束を破った相手を見返してやりたい一心で、化粧品などの製造を中断し、ガム作りに本腰を入れるようになった。

油脂製品から食品への転換はだいぶ畑が違うように思えるが、ここでも重光が早稲田で身につけた化学の知識が生かされた。当時のガムは、噛んだ後に残るガムベースに酢酸ビニル樹脂を使っていた。これは溶液または乳化液として塗料・接着剤にも使用される汎用性の高い化学製品で、統制外だった。

酢酸ビニル樹脂に松ヤニや成形・加工を容易にするための可塑剤を混ぜた後、甘味料としてサッカリンやズルチン、そして香料を加え、固まったら一定の形に切って包装すればガム製品は完成する。

非常に簡単なものだったが、長い間甘いものに飢えていた人々がこぞって買い求めた。旺盛な需要に応えるように、ガムメーカーは350～400社にまで膨れ上がった。

進駐軍の兵士がばらまく米リグレーのチューインガムで味を覚えた子どもたちは、こぞってガムを買い求めてくれる。濡れ手に粟状態で儲かる一方で、粗悪品を出すような質の悪い業者も参入し、中毒事件も起きていた。

その点、真面目な重光は商品の品質にこだわ

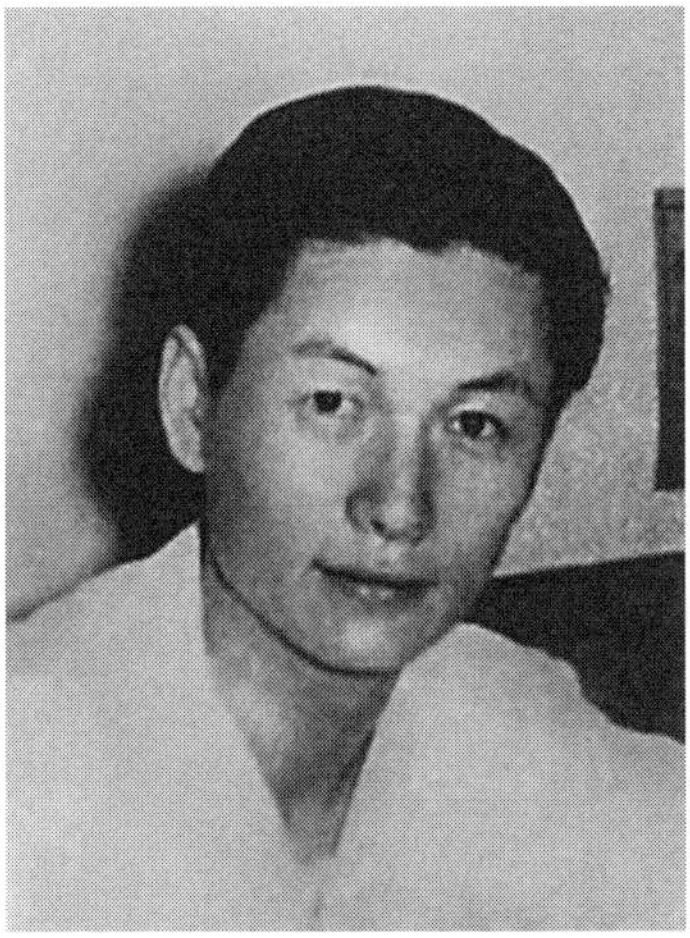

新宿本社の社長室にて。シャツ姿で働く20代の重光武雄

った。外国のガムの原料は、中南米で産出される天然樹脂（チクル）である。このチクルが電気の絶縁体などに使われ、日本でも少量だが流通していることを知り、なんとか入手した。原料の調合に万全を期し、成形用に手動式の蕎麦製造機も導入した。

1954（昭和29）年1月、天然チクル使用ガムの発売に踏み切った。しかし、天然チクルは輸入許可が得にくいため、調達が難しい。

「何よりも一番苦しかったのは原料を集めることであった。その他いろいろ苦しかったことはあったが、それに比べればやさしかった」[*1]

仕方なく、再び原料を酢酸ビニル樹脂に戻したが、その人気は陰りを見せなかった。

当時、零細な工場で作られるガムはたくさんあったが、ひかり特殊化学研究所で作った1個2円のフーセンガムは断然人気だった。当時の郵便はがき料金と同額である。

小売商たちが直接訪ねて来てはガムができるのを待ち、風呂敷やリュックサックいっぱいに詰めて東京中の至るところに持っていった。工場には重光を含めても5～6人しかおらず、殺到する注文を消化することができなかった。

そこで、包装作業のアルバイトを募集することにしたが、ただ来てくれと言っても簡単に集まるものでもない。そこで重光はこう考えた、と元社員が証言する。

「戦災未亡人を中心とする主婦をターゲットにしたのです。子どもを抱えた戦災未亡人なら仕事をしなければならないし、真面目に働いてくれる。しかも長く続けてくれる」

1『ロッテのあゆみ』只野研究所、1965年

集まった近所のアルバイトの主婦に、八王子の服地屋で注文したシルクを寸志としてプレゼントした。日常の服すら不足している時代に、高級シルクが渡されたわけで、感動して熱心に働く。人の心の機微を知っている重光だからこそできる芸当だ。のちに触れるが、ロッテは女性の力を生かして、その後も業績を伸ばしていくことになる。

原料の調達や配達の担当者も不足していた。酢酸ビニル樹脂は飛行機の風防にも使用されていたため、工場を回ってリヤカーに載せ、それらを運んでくるのだ。学生や卒業しても行先のない若者のアルバイトも集めた。重光自身、苦労して早稲田で学んだだけに、安定収入が確保できる固定給にし、腹いっぱい食べられるように手配した。

こうした主婦や学生たちの八面六臂の活躍により、ガム製造による収益は飛躍的に増大していった。

故郷からやってきた使者

「重光さんという人を知っているか。ここに住んでいたと聞いた」

ガム作りで大忙しだった頃、朝鮮半島から訪ねてきたという男が工員にこう尋ねた。

「ああ、うちの社長だよ」

「え？　生きていたのか」

その男に対面した瞬間、重光の表情も変わった。同郷の幼馴染みだった。彼は重光が暮らしていた高円寺、大森、八王子などで消息を尋ね歩き、この工場へとたどり着いた。

「君のおやじさんが随分心配している。『便りはないし、もう空襲で死んだか、徴兵されて戦死したと自分に言い聞かせて諦めようとしたが、武雄の骨がどこにあるかぐらいはせめて知りたい』と相談されてね。日本に行くついでに君の足跡を追ってみようと思ったんだ」

重光はその後、自分の近況を知らせる手紙と手のひら大の金塊2つを故郷の父に送った。手紙と金塊を託したのは鄭翰景《チョンハンギョン》だったという。鄭は半世紀近くの間、米国で活動していた。戦後、米民生長官顧問として故郷の土を踏んでいる大物だ。

もし重光と鄭の間に接点があったとするならば、46（昭和21）年10月に創設された在日本朝鮮居留民団、現在の在日本大韓民国民団（民団）を通じてということになる。後述するように、重光は民団の経済的な顧問として協力を惜しまなかった。49（昭和24）年4月に、1万人余の参加を得て京都で開催された「民団全体大会」に重光も参加していたのだろうか。このとき、鄭は民団の2代目中央団長に選出されている。

重光が手紙と金塊を託したとすれば、鄭がまだ国交のない日本での駐日韓国特使に任命され訪日した48（昭和23）年12月23日から韓国に一時帰国した49（昭和24）年3月5日にかけての出来事ということになる。

いずれにせよ、重光は幼馴染みとの再会をきっかけに故郷の家族ともほぼ7年振りに再び交流を持つようになった。

当時、二男の轍浩《チョルホ》が結核にかかっていた。日本でも戦中戦後を通じて結核は死の病として恐れられていた。44（昭和19）年に発見されたストレプトマイシンに続いて、パラアミノサリチル酸（PAS）などの特効薬も開発されたが、貧しい家庭ではそうした高価な新薬を手に入れることはできない。当時まだ幼かった五男の俊浩《ジュンホ》はこう証言する。

「轍浩兄さんは結核にかかり、何年間も苦しんでいたそうです。ところが韓国では結核の薬が手に入らなかった。それを聞きつけた武雄兄さんが送ってくれたPASという結核特効薬を飲んで回復しました。母ががんになったときにも薬を送ってくれました。母はがんの激痛に悩まされていたのですが、薬を飲んでその痛みを緩和することができたようです」

父も重光に対して「戻ってこい」とはもはや言わなくなっていた。

株式会社「ロッテ」誕生

ガムの製造販売が好調で、業容も拡大してきたことから、重光は会社の法人化を決めた。

このとき重光を悩ませたのは商号だった。当時、ライバルメーカーにはカタカナで3～4文字の社名が多く、ガム会社の社名として「ひかり特殊化学研究所」はふさわしくない。せっかく本格的に株式会社としてスタートするわけだから、それに見合った社名を付けたい。だが、名前が浮かばばなかった。

「私が考えるイメージを満足させる会社名が浮かびませんでした。数日間手元の紙がなくなるまで会社名を書いては消すのを繰り返しました。さらにトイレでさえ悩みました。（中略）会社の設立登記条件は全部そろった状態で社名だけが難航でした」

「確か最終的に3つの社名が候補にあがりましたが、そのうちの一つが私の愛読書でありました『若きウェルテルの悩み』で、ヒロインのシャルロッテは永遠の女性であり、誰からも愛されたことに感銘して社名とすることに決めました」

このように、日本ゲーテ協会の出している『ゲーテ年鑑』の中で重光は語っている。この小説は早実高生のとき初めて文庫本で読んだようだ。

1774年に刊行された『若きウェルテルの悩み』はヨハン・ヴォルフガング・フォン・ゲーテによる書簡体の小説で、ウェルテルが婚約者のいる女性シャルロッテに恋をし、叶わぬ思いに絶望して自殺するまでを描いている。シャルロッテは老法官の娘で、美しさと豊かな感性、それに早世した母に代わり幼い兄弟姉妹たちの面倒を見る優しい女性だった。この小説は当時の欧州でベストセラーとなり、主人公ウェルテルを真似て自殺する者が急増するなど社会現象を巻き起こした。

このシャルロッテから取ったのが、化粧品の商品名にも使ったことのある「ロッテ」だった。それは、「『ひとりでも多くの人びとに愛される会社にしたい、愛される製品をつくりたい』という重光の願いを込めたものである」[*2]。

2『ロッテのあゆみ30年』ロッテ、1978年

株式会社ロッテは、48（昭和23）年6月28日、ひかり特殊化学研究所の看板を掛けかえる形で誕生した。

当時、日本人の平均寿命は男55・6歳、女59・4歳、平均年齢が25～26歳である。重光は当時の日本人の平均年齢での株式会社立ち上げとなった。

設立当初の社員は10人。その後、事業を拡大するため、中国大陸からの引揚者など経験豊富な人材を採用していく。いずれも重光よりも年上だったが、生活に困っていたところを助けられたことで重光に恩義を感じ、ロッテのために貢献した。種村誠治、藤岡鬼十郎、能仲久夫といった最古参の社員たちである。

資本金は100万円である。この頃、1枚50円で売り出された政府第9回宝籤《たからくじ》（47年12月）の特等賞金が100万円だった。ひかり特殊化学研究所設立からほんの2年間でそれだけの資本を蓄積したことになる。

ロッテの定款に記された事業目的は多岐にわたっている。重光は将来の大きな成長に期待を寄せ、定款には食品から医薬品、化学製品までを掲げた。総合化学メーカーも視野に入れていたことが見て取れる。

一、社名　　株式会社ロッテ

二、創立年月日　昭和二十三年六月二十八日

三、代表者氏名　取締役社長　重光武雄
四、会社所在地　東京都杉並区荻窪四の八二番地
五、資本金　百万円
六、会社の事業目的
当社は左の事業を営むことを目的とする
イ、菓子類の製造加工販売
ロ、清涼飲料水シロップ類及び果汁の製造加工販売
ハ、冷菓冷凍食品の製造販売
ニ、酪農、農産食糧品の製造加工販売
ホ、化粧品及び歯磨、口腔清涼剤類の製造加工販売
ヘ、化学薬品類の製造加工販売
ト、医薬品類の製造加工販売
チ、合成樹脂の製造加工販売
リ、前各項に付帯関連する一切の業務

◉新宿区百人町への移転

進駐から程ない45（昭和20）年11月に、連合国軍最高司令官総司令部（ＧＨＱ）は基本的指令として、「軍事上の安定が許す限り中国人たる台湾人および朝鮮人を解放人民として処遇すべきである」とした。だが一方では、敵国人である日本国民として扱われる局面もあった。朝鮮人や台湾人に対する「第三国人」という当時の呼称は、こうしたどっちつかずの状況の反映でもある。

在日朝鮮人は選挙権を「当分の間」停止され（復活することはなかった）、日本国憲法施行の前日、47（昭和22）年5月2日に公布・施行された最後の勅令「外国人登録令」の対象とされた。まだ朝鮮半島に主権国家はなかった。外国人としての扱いが先行したわけだ。こうした状態はサンフランシスコ講和条約が発効する5年後まで続くことになる。

南北に分断されていた朝鮮半島では、48（昭和23）8月15日に大韓民国（韓国）が、9月9日には朝鮮民主主義人民共和国（北朝鮮）がそれぞれ建国を宣言した。北緯38度線で暫定分割するという米ソの合意に基づき、朝鮮半島南部は米軍政下に置かれていた。

こうした在日朝鮮人を取り巻く不安定な状況とは無縁で、重光の事業は順調だった。同年10月には山手線新大久保駅に近い新宿区百人町の土地約２０００坪を坪４００円で買い入れ、ロッテ設立から半年後となる12月には資本金を５００万円に増やした。ここは早稲田大学理工学部のある西早稲田キャンパスに近く、重光にはなじみのある一帯だった。

50（昭和25）年3月、4年弱の荻窪時代に別れを告げて移った百人町が、新たな本社・ガム工場となり、爾後半世紀余りにわたって、ロッテの発展を支えることになる。当時は新宿駅まで見通せたというくらい周りはまだ空き地が目立っていたようである。

この時期、48（昭和23）年12月に食品衛生法が公布された。不良・有害食品の取り締まりが強化され、不良業者が市場から放逐されるようになると、ロッテの収益はさらに高まる。

49（昭和24）年4月、800万円に増資。重光の頭の中は、事業を考えることでいっぱいだった。ところが、日本政府の財政は逼迫していた。48（昭和23）年度の一般会計は約4000億円規模で前年度の2倍近くに膨れ上がっていた。49（昭和24）年度に至っては、前年12月にGHQが示した「経済安定九原則」の〝健全なる均衡予算の編成〟という課題のおかげで、2月の段階でも予算が作成できない状態だった。5月にはコロンビア大学教授のカール・シャウプが来日、いまに続く租税体系を勧告した。

この49（昭和24）年2月にGHQ経済顧問として来日したのがデトロイト銀行頭取のジョセフ・ドッジであり、ドッジ・ラインとして知られることになる財政金融引き締め政策を指導した。財政健全化のため超均衡予算を要求、その結果、インフレは抑制されたがデフレになり、株価は暴落、ドッジ不況という安定恐慌に突入する。製菓業界も例外ではない。

「インフレ景気に乗って乱立した製菓製造業者の無計画な生産は、当然過剰生産となって表れ、競争の激化による大企業の攻勢は中小企業の金詰まりと破産を促進させて失業が飛躍的に増加した。これは当然消費者大衆の購買力の急速な低下となって、悪循環を繰り返す[*3]」

不渡手形は49年と50年の第1四半期(1〜3月)を比べると、件数で140倍、金額で10倍に増え、この結果、4割もの企業が整理倒産に追い込まれた。失業者数は26万人(48年12月)から1年半後には43万人に達したという。

社史『ロッテのあゆみ30年』には、こんな重光の言葉が残されている。

「不況期こそ実力差が現れる。今日だけを切り抜ける目先だけの商売はするな。いまこそ将来への布石の時」

重光はこの不況期に、自らの原点を見つめ直すことになった。チューインガムについて、その歴史や製法について徹底的に調べ始めたのである。

目指すは米リグレー

優秀な起業家には共通点がある。それは、夢を現実の事業計画に落とし込む力だ。

ソフトバンクグループをロッテグループと同規模の売上高9兆円の大企業に育て上げた在日二世の孫正義は、創業当初に「人生50年計画」を立てた。

「20代で名乗りを上げ、30代で軍資金を最低で1000億円貯め、40代でひと勝負し、50代で事業

3『ロッテのあゆみ』只野研究所、1965年

を完成させ、60代で事業を後継者に引き継ぐ」

孫は現在63歳（57年8月生まれ）。後継者の問題以外はほとんど実現したのではないだろうか。

重光もまた、本社・工場の新宿移転を前に、長期的な事業目標を立てる必要に迫られていた。進駐軍が持ち込んだチューインガムを模した風船ガムは、食玩扱いで製菓業界の流通機構を活用することを許されなかったため、リュックサックに製品を詰め込み、小売店を回って売り歩いていた。

重光はチューインガムを原点から見つめ直すために、多忙な社長業の合間を縫いながら、図書館で関連書籍を片っ端から漁った。

ガムのルーツは、中南米に住むマヤ族やアステカ族がサポジラ[*4]やエゾマツから抽出した生ゴムに似た樹液を固めた塊（チクル）を噛む習慣にあるという説がある。

19世紀半ば、米墨戦争に敗れたメキシコのサンタ・アナ将軍が米国に亡命した際、このチクルが米国でも知られるようになった。最初はタイヤの原材料として活用が考えられたものの、将軍の支援者で発明家のトーマス・アダムスが１８５９年にチューインガムの製造に成功、ニュージャージー州にアダムス&サンズを設立して本格的に製造を始める。

甘味料を加えたところ大ヒット。ドラッグストアの店頭、地下鉄の自動販売機と販路を広げ、全米に商品が流通するようになる。のちに世界最大のチューインガムメーカーとなったウイリアム・リグレー・ジュニアもチューインガムの事業を始める。シカゴ・カブスのホーム球場であるリグレーフィールドは、球団のオーナーだったリグレーを称えるため付けられた名称である。

4 和名はチューインガムノキ。中南米原産の常緑樹で、樹液には粘性の強いゴム質が含まれており、これを固めたものをチクルと呼ぶ。

ガムの歴史を知ることで、事業のヒントも見えてきた。日本人に合う味できちんとした販売方法を考えれば、チューインガムは日本の社会に根付いた商品になる。重光は〝日本のリグレー〟になることを誓い、いずれはリグレーを超える決心をする。

そのために重光が注目したのが、リグレー創業者の生き方だった。彼はもともと石鹸の行商人だったが、販促のためアダムス&サンズのチューインガムを景品につけた。ベーキングパウダーに付けた景品だったという説もあるが、いずれにせよ景品のガムが子どもに大人気だったことから、リグレーはチューインガムの製造・販売を本業にするようになった。1893(明治26)年にスーパーミントガムを発売し、このガムの販売額は年間100万ドルを突破したという。

石鹸の販売からチューインガムに進出したリグレーに重光は自分の姿を重ねたのかもしれない。

転機となった朝鮮戦争の年

戦後のハイパーインフレで、最高紙幣が100円札から米ドル紙幣と同じサイズの、聖徳太子を描いた1000円札に代わった50(昭和25)年は、祖国にとっても重光にとっても転機の年となった。この頃、その後の人生に大きな影響を与える4人のキーパーソンとの出会いがあったからである。妻となる竹森ハツ子、〝ガム博士〟となる手塚七五郎、独自の流通販売網を築く端緒となった井上長治、そして翌年に出会うのが韓国ロッテを託すことになる劉彰順《ユチャンスン》である。

この年の3月、新宿区百人町に本社を移転、新工場が竣工して増産体制が整った。とはいえ、最初は荻窪の頃とあまり変わらなかったようだ。その後、日進月歩の勢いで進化していくことになる。『民団新宿60年の歩み』という民団新宿支部が発行した本に、こんな記述が残っていた。重光は、初期の民団を財政的に助けてくれた人として新宿支部の歴史に刻まれている。

「この頃、ロッテの辛格浩さん（1922〜）が新大久保にロッテの工場を構え、若い人を何人か雇い、ハンジという朝鮮風の大きな木製のたらいを使って手作りでガムを作っていた」

記述はこう続く。「当時のロッテはまだ小さな町工場で、建物もバラックだった。民団が経費に困っているなかで、ロッテはよく大口の寄付をしてくれた。しかし辛格浩さんはけっしてそれを鼻にかけず、腰の低い人だったと言う。慶尚南道《キョンサンナムド》の蔚山《ウルサン》の生まれで、その辛格浩氏も今や1世の最後の世代となっている」

民団の経済顧問として、財政的な支援はその後も惜しまなかった。ただ、民団の政治的な活動とは一線を画していたことも確かで、支部長など組織の役職を担うことはなかった。

高麗《コリョ》大学教授の高承済《コスンゼ》は、ソ連参戦から1週間後にポツダム宣言受諾に踏み切った日本政府に対して、「へたくそな敗戦のため、我々の国土が分断されてしまった」と非難している。[*5] 確かに、いまに至る南北分断の原因は遅すぎた降伏にあることは間違いなく、光復の日から5年も経たずして同じ民族同士で戦火を交えることになった。

6月25日、北朝鮮軍が米軍とソ連軍の分割占領ラインである北緯38度線を突破し、韓国に進軍、

5 韓国研究院、国際関係共同研究所『韓国にとって日本とは何か』国書刊行会 、1977年

朝鮮戦争（6・25事変）が勃発した。初戦は北朝鮮軍の勢いが強く、8月から9月にかけて韓国軍と米軍主体の国連軍は釜山にまで追い込まれてしまった。大砲の音は聞こえてきたが、重光の故郷の蔚山の山中にまで戦火は及ばなかった。しかし、100キロと離れていないところで釜山包囲戦が戦われており、重光もこの時期、家族に手紙すら送れない状況となった。

9月15日、司令官マッカーサー旗下の国連軍が仁川《インチョン》に奇襲上陸したことで形勢は逆転、ソウルを奪還後北上し、中国との国境である鴨緑江《オウリョッコウ》に迫った。ここで、今度は彭徳懐《ペクドクフェ》が司令官となった人民義勇軍を名乗る中国人民解放軍が国境を越えて参戦する。中華人民共和国が成立したのは前年10月のことであり、北朝鮮の敗北は自国にとっての脅威となるからだ。

人海戦術で北朝鮮軍と人民義勇軍は平壌《ピョンヤン》、ソウルを再び手中に収めるも、北緯38度線を挟み、それ以降は膠着状態に陥る。

そして53（昭和28）年7月に休戦協定が結ばれ、軍事境界線で対峙したまま現在に至る。

一連の戦いにより、日本からの解放時には無傷だった国土もハゲ山と瓦礫の山と化し、韓国は世界最貧国水準まで国力を落としてしまった。

竹森ハツ子と花光老人の子息

この頃、重光は竹森ハツ子を見初めている。

「とても愛しい女性だ」

「とてもさわやかな印象だから、この男なら大丈夫と思った」

お互いの気持ちは通い合っていた。重光がのちに韓国人だと明かすと、ハツ子はこう言った。

「心配しなくても大丈夫です。あなたは商売をするとき日本人か韓国人かを区別したことがありますか。あなたには韓国人の血が流れているかもしれないけど、そんなことを気にする私ではありません」

この結婚を機に故郷に錦を飾ろうとした節もあるようだが、郷里には妻と小学生の娘がいるはずだった。

ハツ子は重光の5歳年下、竹森家の1男4女の長女として生まれた。元は青森県のりんご農家だったという。祖父の代に東京に転じて、父は日中戦争のとき満洲に大砲などの武器を整備する軍属として引っ張られ、太平洋戦争が終わる直前に日本に戻ってきたが、すでにがんに侵されており、それから数年後に他界した。

50（昭和25）年9月3日、東京の小岩にあるハツ子の実家で結婚式を挙げた。新郎側は重光だけだった。新婚旅行は車好きの重光がクリーム色のビュイックを自分で運転し、温泉地の箱根から熱海、伊東を巡る3泊4日の旅だった。

小岩に新しい家を求めて新婚生活を始めたものの、年内には渋谷区初台の宅地1000坪を坪1万円で購入した。その後、2人の男の子が生まれた後に新居を建設、現在もハツ子がそこに暮らし

新婚旅行で訪れた熱海での重光夫妻（1950年）

ている。なお、本名は「初子」だが、のちに姓名判断の結果、「ハツ子」と通称は変更しているので、本書の記述もそれに合わせた。

ハツ子にとっての心残りは、この結婚を機に大妻女子大学を中退したことだった。そのことは後年も子どもたちにこぼしていたようである。

新婚とはいえ重光の生活はそれまでと大きく変わったわけではない。新宿の本社工場の宿舎に寝泊まりし、仕事に没頭した。仕事の後、青山学院大学で英語を教えていた先生を会社に呼んで、英会話の勉強もしていたという。

「最近は銀座に劣らない超一流の繁華街になったが、その当時新宿地域は焼け野原でした。そのような野原にガム工場を設けて、重光会長は工場で食べて寝て働いて、独身生活をしました。宿舎もほったて小屋と変わらない惨めなものでした」[*6]

当時、数少ない社員の一人に、重光の恩人である花光《はなみつ》老人の子息の利幸がいた。28（昭和3）年生まれで、旧制高校を出て間もない。「そろ

6『ロッテのあゆみ』只野研究所、1965年

ばんができればいい」と言われ、資材部に入り、ロッテの財産がすべて置かれた倉庫管理を担当した。重光の信用が厚い社員の一人であり、30歳の頃、課長に昇進している。

工場の向かい、戸山小学校の近くに木造平屋の女子寮があった。のちに5階建てとなり、その3階に利幸は家族と暮らすようになる。同じ建物には、工場長の小川港一もいた。

利幸は几帳面な性格だったという。55歳で定年を迎えたが、唯一のミスが重光の前で包装紙（レッテル）を落としたことだった。そのとき、「レッテルは1枚4銭」と指摘されたという。重光は、ガムのアルミ包装紙をミクロン単位で薄くできればこれだけ利益が増えるといった話をすることもあり、それだけコスト管理意識が徹底していた。

「ガム博士」手塚七五郎の入社

重光は応用化学を学んだ技術者である。とはいえ、ロッテのガムの品質が格段に向上していった背景には、手塚七五郎の存在があった。ロッテでは研究室長を務め、常務取締役で退任している。論文「チューインガムの素材とその品質特性に関する研究」により工学博士号を取得した世界唯一のガム博士といわれる研究者だ。手塚は29（昭和4）年生まれ。早稲田大学理工学部で重光と同じく応用化学を学び、卒業後、研究者を志して武富昇教授の研究室にいた。武富教授は『砂糖及澱粉』（共立出版）、『発酵工業』（日刊工業新聞社）といった著書がある東京帝国大学卒の食品発酵の研究者で、ドイツに留学し、日本のビールメーカー各社に助言する重鎮だった。

重光から、食品関係のことで指導してもらえる顧問の先生はいませんかと問われた武富教授は、自分はお菓子のことは分からないと、手塚にお鉢が回ってきた。

「学校の行き帰りに、週に2~3回でもいいから、俺の代わりに指導に行ってくれないか」

ロッテの総務部長である藤岡鬼十郎から直接電話がかかってきた。製造部門責任者の小川港一が肺病で入院してしまったので、病院で会ってほしいという。入院先の大学付属病院に行ったところ、小川はベッドに正座して「よろしくお願いします」と頭を下げた。

「これは断るわけにはいかないな」と、手塚は早稲田大学の研究室から歩いてすぐのロッテに通うようになった。そしていつしかロッテで働くようになった。履歴書を持って就職活動をしたわけではないので、自分でもいつ入社したのか分からないというのだが、会社の記録では50（昭和25）年7月の入社となっていた。

カリントウやキャンディ、ビスケットも当時のロッテでは作っていた。ところがあまり売れない。工場は空調が整備されておらず、キャンディは湿ってしまう。食品包装も未発達で、バラ詰めの状態だったからだ。

手塚は当時、ガムの作り方は知らなかった。そこで3人の専門家に助言を仰ぐことにした。

フーセンガムのベースの原料は酢酸ビニル樹脂である。合成接着剤「ボンド」を作った沖津俊、[*7]ゴムの専門家である神原周《かんばらしゅう》[*8]、そして天然ゴム研究所長を務めていた国沢新太郎[*9]である。中でも国

7 合成接着剤の研究者で、東京工業大学教授、のちに“ボンド博士”の異名をとる。事業に失敗し、52（昭和27）年1月、縁あってコニシに入社、翌月には酢酸ビニルエマルジョンを主成分とする合成接着剤の開発に成功している。沖津が開発した木工用合成接着剤「ボンド」はコニシの登録商標となっている。

8 ゴムと合成繊維の研究者。早稲田大学理工学部卒業後、恩師の異動に合わせて東京工業大学の助手となり、戦後まもなく同大学教授となり、日本ゴム協会や高分子学会の会長も務める。教え子にノーベル化学賞を受賞した白川英樹がいる。

9 財団法人天然ゴム研究開発財団天然ゴム研究所の所長を務めた。

沢は、ロッテの新宿工場の建つ同じ場所で生まれていた。父である国沢新兵衛が南満洲鉄道(満鉄)の理事長(総裁)で、この場所に満鉄総裁の屋敷があったからだ。縁とは誠に不思議なものである。

「毎日最低30個くらいのガムを試作し試食した。フーセンガムを開発していた私たちは食べることが仕事みたいだった」と手塚は振り返るが、その成果は程なく表れる。

ところで手塚の名刺には、工学博士の横に経営士と書かれ、経営士稲門会会長という肩書も並んでいる。51(昭和26)年創立の経営コンサルタントの全国団体「日本経営士会」の労務管理の専門家である進藤一から、テイラーの科学的管理法を学べといわれた手塚は、門外漢ながら研究の傍ら勉強し、重光にロッテも企業診断を受けた方がいいと提言している。

当時のロッテの工員は、大半が新宿の職安の紹介で来ていた。理由は不明だが、当時は大卒は募集していなかったという。その意味でも手塚は例外的な社員だった。

重光は企業診断を受けた。そして、当時のロッテではまれな大卒社員だった手塚が、「ロッテの最初の従業員の心得とか就業規則とかロッテの賃金体系とかそういうのをね、どういうわけだか私が全部つくった」というのである。そして手塚には経営士の肩書も加わることになった。ところで、これも奇妙な縁だが、進藤が住んでいた湯河原の邸宅は外務大臣を務めた重光葵《まもる》の家だった。重光が一族ではないかと世間に誤解されていた元外相である。

全国展開は「大阪屋」から

朝鮮戦争は国連軍のための生産補給地となった日本に朝鮮特需をもたらしたものの、ロッテにとっていいことばかりではなかった。当時、地方販路は森永製菓や明治製菓の支店や出張所を活用していた。先発の大企業とはいえ、自分たちの商品だけでは品不足で、他社の商品の委託販売も行っていたからである。のちに熾烈なシェア争いをすることになるガムメーカーハリスは森永の流通網に依存していた。当時の森永はガムに関心がなかったからである。

戦後の数年間、食料品は配給制で、メーカーに対する原料の割り当ても厳しく制約されていた。ガムとは異なり、乳幼児向けの菓子類もそうした規制下にあったのだが、50（昭和25）年に乳幼児食需給配給規則が廃止され、自由販売となった。その結果、大手はキャラメルやビスケットなど自社製品を大々的に販売するようになり、他社の製品を扱っている余裕などなくなってしまった。

ロッテは自力で自社製品を販売するため、独自に地方販売拠点である支店や出張所の開設を急ぐことになる。重光は檄を飛ばした。

「東日本にとどまるようでは日本版リグレーにはなれない」

「全国制覇には、まず西日本最大拠点である大阪を必ず捕まえなければならない」

そんな重光の下に、過剰債務を抱えて事業継続が難しくなった老舗菓子問屋「大阪屋」の身売り話が飛び込んできた。

重光はさっそく、大阪屋のオーナー、井上長治の元を訪ねた。井上は重光より20歳以上も年長で、従業員といっても弟、甥、娘婿と身内ばかりである。『ロッテの秘密』にはこのときのやりとりが載っている。

「ソロバン勘定では負けんつもりでしたが、ちょっと目先の利益に目がくらんで悪い債務を抱いてしまいましたんや。それでも重光さん、ウチの〝大阪屋〟というノレンは、まだまだ業界では、ちょっとしたもんでっせ」

絵にかいたようなナニワの商人である。面食らいながらも、取引条件や一族の信用度を調べて、後日、重光はこう切り出した。

「よろしい。井上さんのところの債務は、このロッテが肩代りしましょう。その代わり大阪屋は、従来の取引先をそのまま引き継ぎ、ロッテの大阪支社とします。井上さんの一族には、大阪支社勤務の社員として残ってもらいます」

重光は新宿への移転と同じ3月に、井上を副社長兼大阪支社長として大阪支社を設立し、福岡出張所も開設した。当時は森又商会だった、のちのハリスの地元である大阪支店は全国展開の一丁目一番地となる重要な戦略拠点だ。

こうした重光の計らいに井上も応えた。のちに、「大阪屋の買収は予想以上でロッテの全国戦略に威力を発揮した」と評価される。[*10] ロッテ社内では、「東日本の能仲久夫（専務取締役）、西日本の

10 藤井勇『ロッテの秘密』こう書房、1979年

井上長治」と呼ばれるようになっていった。

井上には3人の弟がいて「井上四兄弟」と呼ばれ、それぞれ福岡、広島、仙台の支店長を務めるなど、初期のロッテ製品の販売に功績があった。

井上長治は東京に来た際、初台の重光邸に夫婦でよく泊まりに来ていたという。ロッテにとっては一番の功労者といっていい存在だった。

◉自転車直売部隊の編成

全国流通網の展開に加えて、販売力の強化にも動き出す。51(昭和26)年4月、小売店を直接開拓するために自転車直売部隊を編成した。

日本の製菓業界の流通経路は、製造会社・支店・代理店→特約店・中間卸売店→地方卸売店・小売店の3段階だった。森永や明治のような大手メーカーは、卸や小売りに多くのマージンを分配することで円滑な流通を確保した。こうした流通業者の反発を恐れて直販体制を敷かなかった、ともいえる。

ここで重光は大きな決断を行った。

「我々ロッテは森永や明治のように歴史の古い会社ではありません。旧態依然とした営業組織では先発企業に追いつくのは難しく、結局は淘汰されます。ガム専門のメーカーのハリスを追い越すためにはロッテと直接取引できる代理店や小売店を増やすしかありません。その中間段階の流通マージンでロッテの製品の運送経費と営業経費を用意することができるはずです」[11]

ロッテのような後発組は取扱量も少ないため中間卸などを通すと先発組の大手メーカーと格差をつけられてしまう。大手に追い付くには、自分たちで直接売っていくしかない。

自転車直販部隊は、文字通り小売店に直販するための巡回販売組織である。本・支店を中心に、日帰り可能なコース内にある小売店を一軒残らず訪問し、販路の開拓に努めた。

一方で、反発を避けるため、中間卸にはこれまで通り商品を流し、それ以外の小売業者を新規で開拓して商品の納入先を拡大した。

当時の状況を、ロッテ商事で総務部長を務めた小松福美は次のように証言している。[12]

「いまとちがって交通事情が極端に悪かった。だから軍隊服あるいはジャンパー姿で、リックサックに製品をつめ込み、自転車で1日50軒から60軒の小売店を回るのです。たとえ夜の9時になろうが10時になろうが、それだけの軒数を回らないうちは、帰社したことはありませんでした」

当初は苦戦し、卸売店の強い反発によって一時中断したこともあったが、次第にヒット商品にも恵まれ、取引先が拡大していった。55（昭和30）年1月には東京の特約店を中心にロッテ会が結成され、56（昭和31）年8月には福岡ロッテ会、同年11月には北海道・東北・九州で各ロッテ会が結成された。これらについては後述しよう。

11『ロッテのあゆみ』只野研究所、1965年

12 藤井勇『ロッテの秘密』こう書房、1979年

劉彰順との出会い

最後に、もう一人の人物との出会いについても触れておきたい。朝鮮戦争開戦前後、GHQとの打ち合わせで来日した韓国銀行本店為替課長の劉彰順である。のちに韓国銀行総裁、経済企画院長官、韓国経営者協会副会長などを歴任、国務総理（首相）も務めた大物である。

51（昭和26）年12月、劉は韓国銀行東京支店長として赴任してきた。「銀行取引をはじめるようになり、すっかり気があった」と重光はのちに語っているが、外貨が逼迫し、苦境に立たされていた東京支店に、5000万～6000万円の預金をして助けている。

宮沢首相を訪問した劉彰順・韓国全経連会長(左、1992年10月9日、写真提供／朝日新聞社／アマナイメージズ)

もし朝鮮戦争で北朝鮮が勝利した場合、韓国銀行への預金は戻ってこないかもしれない。そのようなリスクを負っても韓国銀行に莫大な資金を預けたのは、重光の祖国への想いの発露だったのだろうか。

この2人に関する記事が雑誌に載ったことがある。[*13]

13『文藝春秋』1987年4月号

一緒に食事をしながら話すテーマはいつも韓国の将来、またはどうすれば国民の生活を向上させられるかに関するものだった。劉支店長は自分より3歳年下の重光の礼儀正しい姿に感嘆した。ただし、劉支店長と2人だけでいるときも重光は日本語しか使わなかった。この頃「ロッテは韓国人の会社だ」と露骨に言葉を広め、彼の足を取ろうとする同業者が増えたためだ。

劉支店長はある日、重光の工場を見に行って驚愕した。仮設のバラック然とした工場で彼は社員たちと一緒に働いていた。さらに、睡眠は工場の片隅の板で覆った小さな空間で満たしていたからだ。三和銀行など主取引銀行の預金を含めば、一体どれだけ多くの金を持っているか計り知れなかった。そんな男が布団とわずかの炊事道具しかない工場の片隅で寝て起き、朝から晩まで働くという事実を知り、劉はとても驚いた。

劉はその後、ニューヨークに転勤していった。重光が日韓の国交回復後、韓国での事業に本腰を入れ始めたとき、韓国ロッテ製菓の会長として、三顧の礼をもって迎え入れることになる。

看取れなかった実母の死

出会いがあれば別れもある。仁川上陸からソウル奪取へと韓国・国連軍が反攻を進めていた頃、重光の母は他界した。がんを患い、すでにその前年から釜山鉄道病院に入院していた。戦時中でもあり、日本と国交もない韓国に渡ることがかなわず、重光は母の葬儀に参列することはなかった。

父はその頃、釜山の国際市場のある新昌洞《シンチャンドン》に家を買って暮らしていた。のちに日本に密航してくる弟も釜山の高校で学んでいた。

三男の春浩《チュンホ》は「母は病で亡くなった……そのときのお歳は49、育てておいた息子たちの親孝行を一度も受けることができず、実に惜しい歳で亡くなった」と胸中を語り、四男の宣浩《ソンホ》もまたその悲しみを次のように語っている。[14]

「私の兄弟は母を思い出すだけでも胸がいっぱいになり、涙を我慢することができない。だから普段から母に対する話を出さないようにしている。武雄兄さんは特にそうだ。私は一度も武雄兄さんが母の話をしたことを聞いたことがない」

母は重光が家を出て行った後、文殊庵《ムンスアム》という崖の頂にある小さな庵で長男の無事を毎日祈願した。庵からは日本海を望むことができた。

文殊庵は現在、規模が拡大して文殊寺となった。山頂に送信所があるため、海抜６００メートルのこの寺まで車1台が通り抜けられる舗装道路ができている。重光はこの寺に１００万ドルの布施をした。母への思いと共に辛家再興の誓いも込めたのかもしれない。

韓国では先祖を敬う祭祀《チェサ》を殊の外、大事にする。現在は祖母の亡くなった後に生まれた重光の長男である宏之が祭主を引き継いでいる。

日本で重光家の墓は池上本門寺に作られた。また東京・小岩の真言宗の古刹である善養寺で行われたハツ子の実家竹森家の祖父母の法事の際には、宏之が車で同行したという。

14 辛春浩『哲学を持つ者は幸せだ』（未訳）

第4章　卓越したマーケティング力

ライバル「ハリス」の沿革

ドッジ不況のとき、米リグレーに追いつくという目標を心に秘めた重光だが、それにはまず、日本一になる必要がある。1950年代、日本のガムメーカーのトップ企業は大阪のハリスだった。

そのハリスの創業者は満洲から引き揚げてきた森秋廣である。重光より一回り年上の07（明治40）年香川生まれ。夫を亡くした姉が下関で営んでいた店を手伝うべく、両親と共に下関に移り住む。そこで初めて商売に目覚めた森は、神戸の商社で修業し、21歳にして「鮮満貿易・森又本店」を下関に立ち上げる。朝鮮と満洲方面に在住の日本人相手に商品を送る仕事からスタートしたが、森永や明治の決して安くはないキャラメルやビスケットが大人気であることから、食品に着目する。関東軍と南満洲鉄道の食糧調達のため、43（昭和18）年には軍の肝いりで満洲の奉天（現・中国遼寧《りょうねい》省瀋陽《しんよう》市）に大工場を建設、乾パンの発注も受け、工場はフル稼働した。

ところが森は二等兵として45（昭和20）年春に現地招集されてしまう。軍需工場の社長兼務の二等兵は、敗戦後、今度は進駐してきたソ連軍から生産を命じられる。隣接した鐘淵《かねがふち》紡績[*1]（以下、

1　1887（明治20）年に設立後、1920年代にかけては、日本企業最大の売上高を誇る大会社として君臨していた。戦後、非繊維事業にも進出して多角化を進める。社名は鐘紡、カネボウと変わり、2007年に解散、クラシエホールディングスなどにその事業が継承されている。

鐘紡）では工場長がソ連兵の発砲で顎を打ち砕かれ、瀕死の重傷を負う。その窮状を見た森は、鐘紡の日本人従業員の助けも借りて、工場をフル稼働させた。ソ連軍と交代で進駐してきた八路軍[*2]もやはり森の腕に頼って工場を稼働させたので、内地への引き揚げに1年以上かかっている。

帰国後、元の森又に戻るも、鐘淵紡績から思いがけない提案を受ける。重傷を負った件の工場長は現社長の同期で、森に対していかなる協力も惜しまない、ただし、戦前は日本一にもなった大企業だけに、財閥解体というGHQの方針で資金面の支援はできないというものだ。

47（昭和22）年、大阪市都島区にあった鐘淵紡績の本社・工場に森が赴くと、寮と研究所などあらゆる施設を利用していいというお墨付きを得た。ここから森の企業家精神がフルに発揮される。ちなみにこの工場跡地は現在、３０００戸超の人気分譲マンション「ベルパークシティ」となっている。大阪拘置所のすぐ近くだ。

最初のヒット商品は、ロッテ設立と同じ48（昭和23）年に売り出した「ハリスチョコレート」。グルコース（ブドウ糖）に、進駐軍向けウィスキーを製造していた壽屋（現・サントリー）から香料を融通してもらい、本物と遜色のないチョコレートの代用食が完成した。

このときつけられたハリスの由来は、なんと初代駐日米国公使のタウンゼント・ハリスだった。とはいえ、これは語呂合わせの産物で、最初は森がソ連軍将校に愛称として呼ばれていたモーリスをつけて「モーリスチョコレート」にしようとしたが、ビスケットですでに商標登録されていたため、キャラクターに用意した可愛いリスを生かしてハリスとなったというのだ。

2 日中戦争時に華北で活動した中国共産党軍。

森はアイデアマンである。〝ピンチがチャンス〟を身上とするだけに、問題が発生するとそれを解決して商売に結び付けてしまう。このとき、仲の良かった医師から持ち掛けられたのが虫下しの薬を進駐軍から早く作れといわれて困っているという件だった。当時の肥料は人糞であったため、進駐軍兵士は寄生虫に参っていたのである。

椿の実や麦の節に回虫駆除の成分が含まれていることを発見、駄菓子風に仕上げた「銀玉虫下しハリスアスミン」が誕生した。商品名のアスミンとは、服用したら「明日虫が見える」というダジャレだった。森はこうした平易なネーミングの達人でもあった。

ヒット商品を連発する森が次に目を付けたのが、鐘淵紡績の中央研究所で目にした合成繊維だった。ノズルから出てくる糸こんにゃく状の物体は酢酸ビニルだった。実際、所員がすき焼き鍋に入れて食したところ結構いけたというが、消化はされず、そのまま排出される。これは重光がフーセンガムの原材料に使っていた樹脂と同じものである。

森もリグレーのガムを噛んだことがあった。戦前は高級舶来品でまず口にしなかったものを進駐軍が広めた。これと同じ板ガムを作ろうと、51（昭和26）年初秋に売り出したのが「ハリスチウインガム」である。ところが、気温の変化によって硬くなったり柔らかくなったりするというクレームが来た。そこで全量回収、温度差に影響されない製品を再び投入したのが52（昭和27）年のことである。森はチョコレートをやめてガムに生産を絞り、社名もハリスに変更した。ガムに賭けたのである。そして、瞬く間に全国一のシェアを取った。

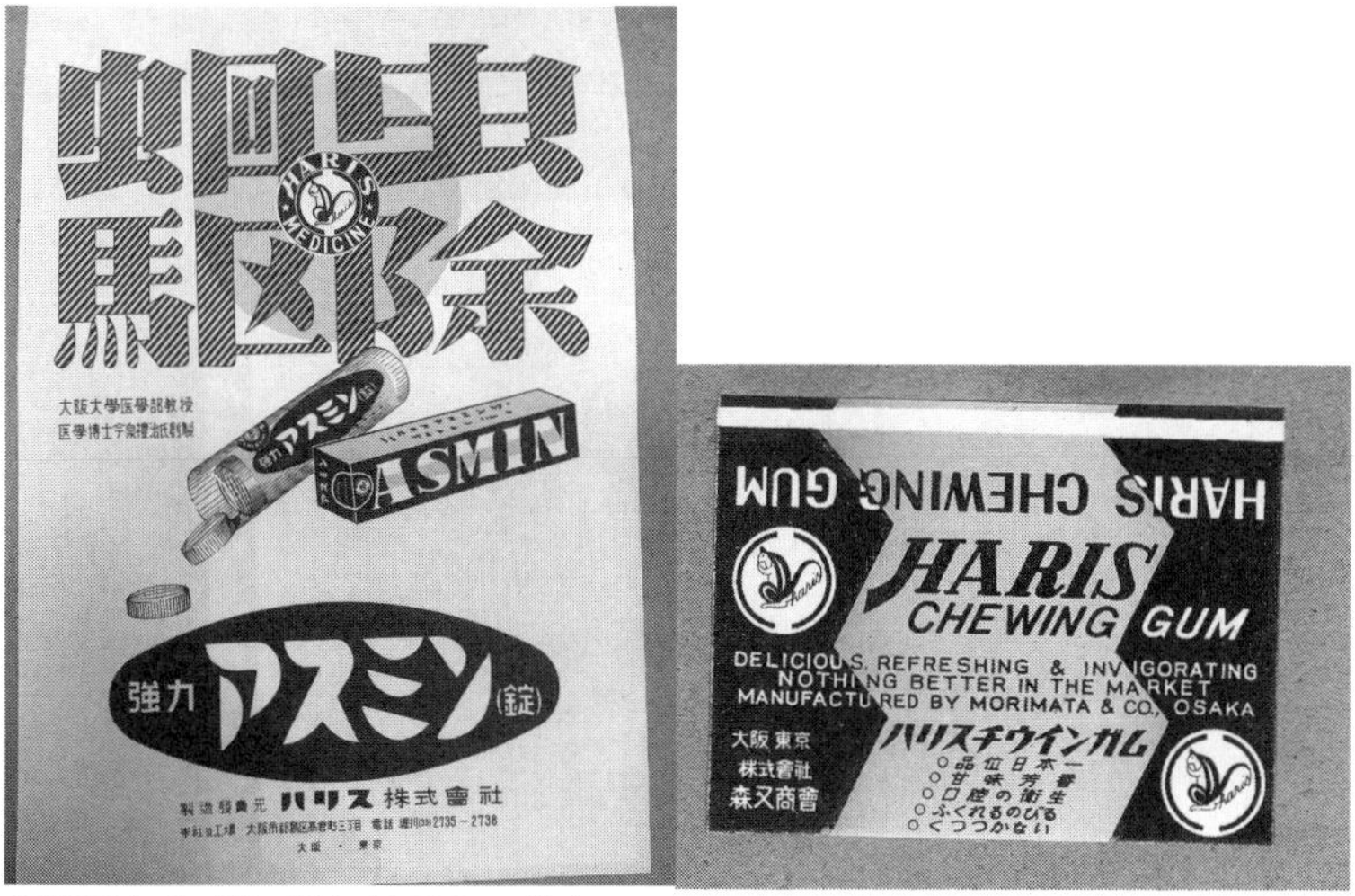

ハリスチウインガム（右）とアスミン（左）

この頃、高齢化した元社員や戦争で夫を亡くした人などゆかりの人のために、板ガムの切端れを活用して笛ガムを作る会社コリスも立ち上げ、こちらは現在も存続している。

森は鐘淵紡績の向かいにあった焼け跡３００0坪を30万円で購入し、そこにハリスの本社工場と４階建ての社員寮まで構えていた。この寮でゴミとして出された生理綿が放つ強烈な臭いを解決すべく、今度は紡績工場の落ち綿（綿くず）を利用した生理ナプキンまで発明してしまうのだった。

これらの話は、企業小説で一世を風靡した渡辺一雄がノンフィクションで森を描いた『熱血商人』による。この後も続々と発明があるのだが、それはこちらの本をご覧いただきたい。

重光が打倒を決意したハリスとは、このように強烈な経営者に率いられていたのだった。森はキューピー人形然とした風貌で饒舌、人の話を聞くのも得意で、相手の懐に飛び込むタイプだった。寡黙な重光とはまさに対照的な性格だった。ロッテはハリスへの挑戦者として、販売拠点の確保や独自の販売方法の確立を目指すことになる。

◉――アイデア商品でヒットを連発

ロッテ創設時からの売れ筋は、竹のストローを同封した三角型フーセンガムで、噛んだ後、ガムを竹のストローの先に付けて吹くと、シャボン玉のように膨らんだ。子どものおもちゃが不足していた時代だったので、爆発的な人気を集めた。ロッテの大ヒット商品第1号といえる。

水飴と澱粉の統制は49（昭和24）年暮れに撤廃された。砂糖の使用も許可制になる。朝鮮特需を経て、各種原料の統制が撤廃・緩和されていくことで、激しい自由競争の時代を迎えようとしていた。ロッテの新工場もそうだが、菓子業界各社が生産拡大に向かったため、過剰供給に陥っていく。このドロ沼から抜け出すために求められたのが、消費者の購買意欲を掻き立てる商品開発である。

51（昭和26）年に入ってからも不況は続き、糖衣菓子や瓶入りジュース、チョコレートまで作りながら、重光はガムの新製品による捲土重来を期した。6月から、ひねり包装した化粧箱入りフーセンガム、連続当たりガム、タブレットガム、マンガガムと新商品を連発していく。すべて2円売りで、アイデア勝負である。当時、雑誌『少年』で「鉄腕アトム」（手塚治虫）、『冒険王』では「イガグリくん」（福井英二）の連載が始まっていた。

重光は雑誌のインタビューでこの頃を振り返っている。[*3]

「包装、デザインに斬新なアイデアを盛り込み消費者に訴える。経営者には感覚の鋭さが要求される。これが、この商売の決め手。若い人のハダにあわない包装だと売れない」

朝鮮戦争の開戦から1年余、北緯38度線付近を挟んで北朝鮮・中国義勇軍と韓国・国連軍が膠着状態にある中、51（昭和26）年9月8日、日本は米国など48カ国とサンフランシスコ講和条約に調印した。条約が発効するのは翌52（昭和27）年4月28日だが、これをもって足掛け8年に及ぶGHQの支配から解放され、日本は主権を回復する。

講和条約締結を記念してコーワガムを発売した。その後も、クリスマスガム、お正月ガム、サイコロガム、マーブルガムなどヒット製品を相次いで生み出した。いずれも重光のアイデアが結実したものだ。この頃には5円売りが普通になっていく。

「サイコロガムとマーブルガムは美しい絵を印刷したかわいいほどちいさい紙の箱に入れてその上に透明なセロハン紙で包装をしたものだったが、その新しいスタイルの包装容器に子供たちは歓声を上げ、他のガムメーカーはまったく意外の素材で包装したアイデアに気を取られてしまうほどだった」[*4]

パッケージやデザインの改良はもとより、商品形態や色彩の変化によって消費者に訴えかけようとメーカー各社は躍起になった。〝企画もの〟や〝新製品〟が市場に氾濫し、中でもキャンディや

3 沢開進「六億円をポイッと投げだした男：ガムの王様・重光武雄さんのこと」『潮』1969年5月号

4『ロッテのあゆみ』只野研究所、1965年

キャラメルといった子ども向け商品には、そうした傾向が顕著に見られた。ガムも同様である。「その競争に敗れることはチウインガム全体が永遠に市場から姿を消すことを意味している。そして一度敗れると復活は許されない」[*5]

当時、ガムの包装は家庭での内職に回されていた。ロッテはこの機械化を進める。キャラメルの自動包装機を応用、ガムの包装は効率化された。自動包装機の改良は生産性を大きく改善していくこととなる。

研究所の手塚はこの頃、ガムの噛み心地の改良に力を注いでいた。理研ビタミンの脂肪酸エステル「モノグリセライド」を加えることで、ガムが歯にくっつきにくくなるとともに、フーセンガムは最大直径35センチくらいまで膨らませることができるようになった。乳化剤の工夫などにより、膨らませたガムが破裂してもはがしやすくなったし、香りの付け方の改良も進んだ。

「これらの原料の開発によってチウインガムへ寄せられていた苦情も少なくなり、販売量も一段と増加した。香料においては、それまでは特にガム用フレーバーとして調合されているものではなく、一般食品香料を適当に調合して利用していたのであるが、この頃からガム用フレーバーとして、特別の調合技術が確立されるようになった。このようにガム原料の進歩開発に伴ってチウインガムの製造技術が向上し、製造設備も改善された」[*5]

5『ロッテのあゆみ』只野研究所、1965年

◉――日本一奪取を支えた2つのガム

そして、52（昭和27）年、ついに砂糖の統制が解除された。13年振りのことである。不二家の「ミルキー」が全国発売となり、森永製菓は「チョイスビスケット」を、サッポロビールは「リボンジュース」といった具合に、各社が新商品を市場に投入してきた。

同年4月、戦後日本で初めて砂糖を使ったロッテの「カーボーイガム」（5円）が発売される。これは売れに売れ、経営の基盤を支える最初の100億円商品となった。背景には、民主主義の国、米国への憧れもあった。米国のTV映画がこの頃から次々に流れるようになり、映画館でも西部劇が頻繁に上映されていた。

5月には日本で初めて商品化された葉緑素（クロロフィル）入りの「グリーンガム」がヒットした。こちらは姿を変えつつ、現在も主力商品となっている超ロングセラーだ。

この2つのフーセンガムは、その5年後、ライバル「ハリス」を抜いてロッテがガム日本一の座に就くための原動力となった。特にカーボーイガムは、従来の台紙を張った三角ガムのスタイルから箱入りになったもので、「フーセンガムのロッテ」という勇名はこの商品のおかげといっても過言ではない。「勝負大当たり」と書かれた箱に詰められ店頭に置かれた点も画期的だった。それまでの商品は厚紙に一つずつ貼られて売られていたからだ。

当時、販売不振だった九州の「販売拡張を図れ」との密命を受け、福岡出張所の営業責任者として赴任した乙守秀隆（のちに取締役営業部長兼企画室長）は、このカーボーイガムを拡販の切り札に使う。翌々月にはいきなり3倍以上の100万個も売り上げた。さらにその2年後にはこの10倍に達したというのだから、その勢いのほどがうかがえる。工場は昼夜にわたってフル稼働しても注文をさばききれず、商品を確保しようとする地域販売責任者の間では怒声が飛び交ったとも伝わる。

もう一つのグリーンガムは、のちにガム業界を変える起爆剤となった。誕生のきっかけは、重光が手塚に向けたこんな一言だった。

「クロロフィルには増血効果や口臭を取る効果があるようだ。口臭が取れるというのはガムに応用できるんじゃないの？　クロロフィルを入れたガムを作ってくれないか。クロロフィルを最初につくったのは、東京教育大学（現・筑波大学）農学部教授の小原哲二郎だそうだよ」

重光は化粧品をつくっていた頃からクロロフィルに注目していた。米国では戦前から化粧品や飲料、菓子類の着色剤として広く利用されていたものの、その効果や効能についてはあまり知られていなかった。外傷を癒やす効果があるといわれ、外科方面で利用されていた。

一方の手塚は、米国のいろいろな雑誌の要約記事が多数掲載されていた『リーダーズ・ダイジェスト』に出ていたクロロフィルの記事を読んでアイデアがひらめいたという。すぐに小原教授に連絡をとって協力を要請した。ロッテが大口顧客となることで、51（昭和26）年には日本葉緑素という会社が立ち上がり現在に至る。

まずフーセンガムを北海道でテスト販売してみたところ、クロロフィルの分子構造の中心にあったマグネシウムが酸化することで紅葉のように変色、カビのようなにおいがしてしまった。販売はそこで打ち切られ、小原教授と検討が始まった。そして、酸化を防ぐための銅クロロフィルの開発に成功する。

重光は箱にクロロフィルの効能書きをプリントして販売するという奇抜なマーケティング戦略を展開、これが大ヒットの要因となった。やがて、口臭や虫歯予防の効果を期待した歯磨き粉などにもクロロフィルを入れる「グリーン全盛の時代」が到来。ライオン石鹸とサンスターの間で〝グリーン〟の商標権をめぐって争いまで勃発している。

◉日本に密航してきた四男

朝鮮半島で休戦協定が締結されたのは53（昭和28）年7月27日のことである。その4カ月ほど前に、重光の弟が船に乗って日本にやってきた。まだ日韓の国交がないこの時期、漁船に乗っての密入国だった。

釜山では戦火は止んで久しかったが、国の疲弊は誰の目にも明らかだった。

「戦争で韓国の状況はあまりにも悲惨だった。一方、日本は多くのチャンスに恵まれていた。日本で成功した武雄兄を信じて、私たち兄弟は訪日を夢見ていた」

四男の宣浩《ソンホ》はこう語る。４年に及ぶ戦争期間中、宣浩の友人や親戚の中にも兵隊に取られ命を失った人が少なくなかった。仁川上陸の陽動作戦として行われ、多大な犠牲を出した長沙里《チョウサリ》上陸作戦は学生主体の志願兵が７００人余充てられたが、平均年齢は17歳。重光の弟たちはいつ徴兵されてもおかしくなかった。

本当は宣浩より４歳年上の春浩《チュンホ》が密航するはずだったが、乗り込もうとした船があまりに小さすぎて、身の危険を感じて戻ってきてしまった。「君が行ってみなさい。私は行かない」と兄から言われた宣浩は、前日に釜山の慶南高校を卒業したばかりだった。所持金も何も持たずに乗り込んだ。

重光（2列目中央）と日本で兄を支えた四男宣浩（前列左）

「10人くらいが船底にぎゅうぎゅう詰めにされて扉を閉められ、酸欠で2度も気絶しました」

海面まで30センチほどまで沈み込んだ船は、２泊３日の航海を経て、予定地よりだいぶ南に到着した。

「夜、船が着岸すると、そこから一気に逃げなければならない。うとうとしていたら足をぶつけて目が覚めて。誰かが、『ここにいたらだめよ』といって引っ張っていってくれた」

見つかったら強制送還される。一緒に来た人たちのうち多くはのちに逮捕されたという。旅館のような宿泊先に着くと、緊張が解けたのか、皆一斉に声をあげて笑い出した。

まず、大阪支店長の井上長治に電話を入れた。福岡出張所から来た迎えの職員が用意した背広に着替えると、羽田に飛んだ。空港に着くと、そこには立派な背広を着た背の高い紳士が立っていた。

弟の顔を見るなり重光は、「何しに来たんだ」とつい口にしてしまった。「なんで来たんだ」と理由を問うことよりも、これまで会いたくても会えなかった弟が目の前に現れたことへの驚きの気持ちが強かったのだろう。そのとき住んでいた小岩の自宅に連れて行った。

1週間もしないうちにアパートが手配され、日本での生活が始まった。在日本大韓民国民団の関係者によると、こうした密航自体は70年代まで続いていたという。在留資格もないままで大丈夫なのかとも思うが、主として保守系の政治家に手を回せばなんとでもなったのが実態だ。

宣浩は釜山の進学校を出ており、送ってもらった成績表を提出し、試験免除で早稲田大学商学部に進むことができた。卒業後、ロッテに入り、のちに浦和工場長を務めることになる。

話題を呼んだ「ガム会社の美女探し」

モノさえあれば口コミで売れていった戦後の混乱期とは異なり、53(昭和28)年頃から、日本は高度成長期の入り口に立つ。大量生産・大量消費時代の幕開けである。それは、マスメディアによる宣伝、販売促進策が必要とされる時代でもあった。

重光は商品開発と共に、宣伝・広告といったマーケティングの分野でも才能を発揮、それまで誰もやったことがないような斬新な宣伝方法を編み出していった。

52（昭和27）年5月、「カーボーイガム」と「グリーンガム」の発売に合わせて、重光は新婚旅行にも使ったゼネラル・モータ―ズ製の愛車ビュイックを業界初の宣伝カーに改造するという思い切った手を打った。車体中央の天井部分に金色に輝く王冠という人目をひく派手な装飾を取り付け、横浜で開催された全国菓子博覧会などにデモンストレーションをかけては集まった菓子業者の度肝を抜いた。各地の問屋や商店会の特売などにも引っ張りだこで、配車予定の日程を割り当てなければならないほどの人気となり、大阪や九州など全国行脚することになる。

当時、大概の家庭には真空管ラジオが置いてあった。ライバルのハリスは、51（昭和26）年から、朝日放送のラジオ番組「ハリスクイズ」を提供していた。各地の小学校などを巡回して収録、毎週日曜夕方に放送されたこの30分番組では、朝日放送と専属契約したばかりの森光子も出演、腹話術師の川上のぼるが抱いた人形「ハリス坊や」がクイズ正解者に白目を出しながら「一等賞〜」と声を張り上げ、局の看板番組となるほど人気を博していた。

重光は奇策に打って出た。53(昭和28)年11月、2年前に開局したばかりの日本文化放送協会(現・文化放送）のスタジオから「ミスロッテ」応募イベントの実施を告げたのである。当時流行していたミスコンを敏感に察知し、チューインガムの宣伝に活用した。企業がこうしたミスコンをするのは珍しく、新聞は「ガム会社の美女探し」といったタイトルをつけて囃し立てた。

重光は愛車のビュイックをここでもまた活用し、「ミスロッテ」専用車両に改造、屋根を取り外して、1位宮本シズエ、2位渋谷和子、3位藤野アヤ子という3人のミスロッテを乗せて新宿や銀座を回り、通行人たちと握手して回った。その後、ミスロッテのうちの一人は伊豆修繕寺の老舗旅館の女将となる。

発売から2年半、葉緑素のブームを巻き起こしたグリーンガムが人気となったこともあり、ミスロッテ応募キャンペーンは「美女＝葉緑素＝グリーンガム＝ロッテ」という等式を喚起した。

新製品の発売と大胆な宣伝に加えて、「攻撃こそ最大の防御である」と悟った重光は猛烈な販売攻勢をかけていく。地方の取引先の実態調査を兼ねて、有力代理店や特約店を訪問し、販売網拡充に乗り出した。このとき、「噛む」ことの効用を説き、チューインガムと他のお菓子との相違点や将来性について語った。こうした「ガムの伝道師」的な手法を取ることで、「現在に於いては如何なる業種のセールスマンも行うことであるが、当時としては最初のことであった。この積極政策が次の飛躍への機会を自ら創りあげていき、群雄割拠のガム製造業界から他を抜いてロッテ・ハリスの両雄時代を築きあげる基礎となった」[*6]。

ヒット商品に恵まれたロッテは、ガム市場占有率を20％に伸ばした。トップのハリスは40％とまだ2倍の開きがあったが、その背中は確実に見えてきた。


6『ロッテのあゆみ』只野研究所、1965年

◉──草創期のロッテを支えた人々

花光《はなみつ》老人の子息をはじめ、重光ゆかりの人々が草創期のロッテで活躍している。

就職氷河期だった58（昭和33）年、通学途中に山手線から見えるロッテの看板に惹かれ、インターンのように訪れて入社した若者がいた。東京・世田谷育ちで、のちに役員となる細川好司である。

当時、新宿・百人町の本社正面突き当たりに2階建てのガム工場があった。両脇に木造の建物があり、右の建物には営業部があった。社員の大部分が女性事務職員で、事務系の男性は5～6人程度。部屋に入ると、女性社員が一斉に立ち上がり、『いらっしゃいませ』と挨拶してくる。「礼儀正しい会社」というのが、第一印象だった。

何度か通ううちに重光の面接を受け、その数日後にはアルバイトとして入社している。「周囲がすごく尊敬の念を抱いている。口数は少ないがカリスマ性と経営に対する情熱を強く感じた」と、重光に会ったときの第一印象をいまでも鮮明に覚えている。

重光がかつて憧れた種羊場長の大津隆紹は、朝鮮半島から引き揚げてきて、埼玉畜産という牧場を開いていた。おかげさまでいまこういう会社をやっていますと、お礼の品を持参して重光は大津の下を訪れた。キャデラックに乗ってやってきた10年振りに会う重光の姿に大津はさぞや驚いたことだろう。大津は監査役からのちには重役として、ロッテの経営に参画するようになる。

大津の姪の恵子《しげこ》は逓信省貯金局（現・ＪＰバンク）に勤めていたが、オバの栄子から手伝ってほしいと言われ、54（昭和29）年、ロッテに転職してきた。

「秘書と経理をやってくれといわれて入りました。ところが、経理部長の下には誰もいなかったので、経理の仕事が忙しくて、とても秘書の仕事なんかできませんでした。重光社長にしてみれば、秘書は名前ばかりでいなかったようなものだったと思います」

当時をこう振り返るが、５人くらいいた営業が小売店から直接現金を受け取り、袋に入れて経理に持ってくるため小銭が多い。10円玉をマスに入れて数え、最後に帳簿の数字と合わせるという実に煩雑な作業を毎日繰り返していた。それに加えて、唯一、秘書的な役割もあった。重光の食事の世話である。宿舎に泊まり込んで働いていた重光は外食せず、出前の店屋物も嫌った。そこでランチは恵子が作った。時計を見て11時になるとすぐに食材の買い出しに出て、重光に食べさせたら再び事務所に戻る生活だった。恵子もまた、本社に隣接する宿舎に短大に通う妹と住み込んでいた。

ロッテ後輩の仲人を務めた手塚夫妻（1961年10月）

恵子はロッテに1年も勤めていないのだが、ある日〝事件〟が起きた。

「社長の机が非常に大きかったので私は隣に座

っていました。そうしたら研究室から電話があり、たまたま社長がその電話を取りました。社内合コンの誘いだったのですが、私が電話を切るなり、『いまのは男だろう。いったい誰からの電話だ』と質問されました。私が『研究所の手塚（七五郎）さんです』と答えると、『ちょっと呼んで来い』と」

手塚七五郎がやってくると、重光はこう告げた。「結婚するならいいけども、会社では一切男女交際は認めていない。3日以内に返事をしなさい」。実はこのとき、2人はまだ付き合ってもいなかった。しかし、返答次第ではどうなってしまうか分からない。そこで、「結婚すると言っておきましょう」と口裏を合わせた。

その答えを聞いた重光は、すぐに後任の秘書を探すため新聞広告を打ってしまった。気が早い。結果的に2人は結婚したのだが、後日談がある。恵子によると、「募集に応じて何人か来たのですが、なんせ社長の食事の支度など仕事が大変で、1週間ほどで辞めてしまう。当時、私の妹が短大に通っていて、彼女に後を託すことになりましたが、妹が卒業するまで私が仕事を続けることになってしまいました」。

ホームドラマのようなドタバタ劇だが、この頃のロッテをほうふつとさせるエピソードではある。

この話の2年ほど後、東京都渋谷区初台の邸宅が完成している。テニスコートやプールがある、米国映画に出てくるような大邸宅だった。重光はアメリカンドリームを日本で実現しようとしたのかもしれない。庭の片隅では孔雀が飼われていた。庭には子どものこぶし大の卵を産み落とした。

隣の家に飛んで行ったときなどは、子どもたちが飼い犬と一緒に受け取りに行ったこともある。

営業部がロッテ商事になった59（昭和34）年以降、毎年8月になると、ロッテ本社とロッテ商事の社員全員、30人ほどがこの邸宅に招待され、ホームパーティーが行われた。当時のロッテでは、社員と工員ははっきり分けられていた。

庭に幹部が接待で使う新宿の寿司屋の屋台が出る。テニス大会も行われ、重光もダブルスで社員と組んで参加した。プールでは競泳まで行われた。60年代後半まで、こうした家族的な雰囲気は維持されていたようである。

重光の弟たちも初台に集まることがあった。あるときは右腕となった宣浩と2人で、あるときは韓国から来た二男の轍《チョル》浩《ホ》や三男の春浩を招いて3、4人で集まっては、よもやま話を夜中の1〜2時まで繰り広げたという。

子どもの誕生と重光姓

54（昭和29）年1月28日、長男の宏之が誕生した。この月にはロッテ初の板ガムである「バーブミントガム」（10円）が発売されたが、そのことには第5章で触れたい。

「母は『おむつ担当』という表現を使ったりもしましたが、当時としては珍しく、父が私のおむつを自ら取り換えてくれた。非常に厳しい人柄でしたが、私にとっては非常に優しく、木馬に乗せて

社員を招いて初台の重光邸で行われた水泳大会（1962年）

くれたり、凧を飛ばす方法を教えてくれたりと、よく一緒に遊んでくれました」と宏之は回想する。

重光にとって待望の男子の誕生だが、一つ手を打っておかなければならないことがあった。戸籍の問題である。

日本への帰化を勧められることも多かった重光だが、自らは生涯、生まれ育った韓国籍を維持した。重光武雄という名前は戦前の創氏のときから使っており、三同《サムドン》公立普通学校（小学校）の卒業者名簿も重光の名前に改められている。日本に来てからも、起業してからも、重光で通してきた。

しかし、婚姻関係を結んだとしても、外国籍の人は日本の戸籍には入ることができない。戸籍事項欄に婚姻の事実が記されるのみだ。子どもの記載部分には父と母の名前が記されるが、母の姓が竹森のままなら、子どもも竹森となる。

子どもを重光姓にするには、母親が重光姓になっていなければならない。同年2月22日、ハツ子は大分の国東半島にルーツを持つ重光姓の女性と養子縁組を結び、自らの姓を重光に変えている。宏之の出生届はその後の3月に提出され、戸籍名は重光宏之となった。

この養母にあたる女性とは前年に出会っている。ロッテに勤務していた人が下落合の借家の管理人をしており、そこに住んでいたのだ。この女性は、21世紀に入ってから養子縁組の無効訴訟を起こすものの、本人死亡で2011（平成23）年に訴訟は棄却となった。

55（昭和30）年2月14日、二男の昭夫が生まれている。年子であるが、韓国社会では長男が絶対であり、重光もそのように兄弟を扱ってきた。宣浩は、小岩に暮らしながら兄一家の様子を見つめてきたが、「長男を二男の100倍以上、可愛がってきた」と語る。

こうした極端な愛情の掛け方が、後年、後継争いに多大な影響を与えたことは否定できない。年子の弟からすれば、たった1年と半月遅く生まれてきただけで、なんでこんなにも扱いが違うのかと納得できなかったのだろう。

韓国籍の場合、長期にわたって外国に暮らしている人は兵役を免除される。しかし、韓国に住所を移したら兵役の義務が課され、2年前後の兵役と、除隊後8年間の予備役で都合10年間、軍務に服することになる。

2人の息子は日本で生まれ育ったが、二重国籍状態が続き、のちに父に合わせて韓国籍を取得す

子煩悩だった30代半ばの重光武雄

正月旅行での家族5人のスナップ(左からハツ子の妹、昭夫、宏之、重光、ハツ子)

ることになる。その頃にはすでに40歳を過ぎており、兵役の義務を問われることはなかった。韓国国内で徴兵逃れとの非難もなされたが、これは重光の心情でもあっただろう。早実時代の重光もそうだったが、兵隊に取られることへの忌避感情は強かった。[7]

子どもができて、重光の人生も変わった。

「家庭生活の向上が文明の根本的な目標であり、すべての努力の最終的な目的だ。家庭は幸せを貯蓄するところであり、それを採掘するところではない。(中略)誰でも家庭の暖炉のそばで待つ雰囲気を尊重する。この自由な尊重を享受するのは、天がすべて賦与した権利だ」[8]

仕事一辺倒だった重光がゴルフを始めるようになる。こうした遊び心は、新しい時代のマーケティングに反映されていく。

また、高級外車を4台購入して毎日順番に乗るようにもなった。ドライブは囲碁と並ぶ重光の楽しみである。「私はスピード狂だ。瞬間速度が200キロを超えると怖いけども楽しい気分が入り混じってしまうが、自動車の魅力は全速力で踏む時だ。その瞬間の気分はなんとも形容することができない」と話したこともある。[9]

これまで運転した車はジャガー、ロールスロイス、ムスタング、ベンツ、ビュイック、キャデラック、リンカーンコンチネンタルなど。59(昭和34)年頃、1300万円で購入したロールスロイスは、あまりに周りの視線を集めてしまい、半年ほどで処分している。乗り心地が一番良かったのは、リンカーンコンチネンタルだったようで、毎年新車に買い替えるほど愛用した。

7 韓国の成人男子には兵役の義務がある。在日韓国人の場合、37歳になるまでパスポート更新のたびに「兵役義務者国外旅行期間延長許可申請」が必要となる。

8 鄭淳台『辛格浩の秘密』(未訳)

9 「日刊ゲンダイ」1979年4月7日付

●――韓国選手団への援助

宏之が生まれた翌々月、スイスで開催されたサッカー第5回ワールドカップで1枠だけ用意された極東地区予選を行うため、韓国サッカー代表チームが来日した。予選は当時もホーム・アンド・アウェー方式で行われていたが、初代大統領の李承晩《イスンマン》は日本選手団の入国を許可しなかった。李承晩ラインを設定し、竹島を実効支配下に置くなど、日本との対立色が強かったため、2試合とも日本で開催することになったのである。

李は韓国代表チームの日本での試合も最初は許可しなかった。朝鮮戦争の休戦から半年しか経っておらず、選手団を派遣する経済的余力もなかった。

『猛牛と呼ばれた男』（新潮社）にこのときの経緯が描かれている。

ここで登場するのが鄭建永《チョンゴニョン》である。重光より1歳下の東京生まれ。日本名は町井久之で、若いときは「銀座の虎」と呼ばれ、闇ドルで巨利を得た。愚連隊あがりで、児玉誉士夫《よしお》の盟友でもあり、東声会（現・東亜会）会長として日韓の裏舞台で暗躍する。

鄭は当時、在日本大韓体育会副会長を務めていた。韓国が日本を破って本選に進出すれば、韓国だけでなく在日韓国人社会にも大きな自信と勇気をくれると、積極的に本国の説得に乗り出した。

結局、李大統領は選手団の交通費と滞在費などを在日韓国人がすべて負担するという条件で承諾した。鄭にもそれだけのお金はなかったため、在日社会に広く募金活動を呼びかけることになる。

「最初に賛同してくれたのは、重光だった」と鄭が述懐したように、重光は多額の寄付をした。40（昭和15）年に日本に密航してきた本名を金信洛《キムシンラク》というプロレス界のスーパースター・力道山など有力者の助けも借りて、ついに韓国代表チームの来日を実現させた。

韓国代表チームは初戦で日本に5対1で勝ち、3月14日は2対2の引き分けだったが、本大会進出に成功した。韓国と在日韓国人社会は、優勝でもしたかのように熱狂したのも無理はない。

早大生の宣浩が旅券発給不正に対して、韓国人留学生たちと一緒に駐日代表部前でデモを行い、その姿がテレビで放映されたことがある。重光はそれを見ても何も言わなかったという。

重光は国家主義者というわけではない。ただ、韓国や韓国人が困難な事情にあるのをそのまま見過ごすことができなかった。日韓国交正常化の過程でも献身的に動いたし、のちに名誉名人・二十五世本因坊となる趙治勲《チョウチフン》が6歳で囲碁留学のために来日した62（昭和37）年8月以来、熱心に彼の面倒を見ている。

同行した趙の兄が、一度だけ同胞の集まりで紹介されたことのある重光の元を訪ねてきた。この天才棋士のことを覚えていた重光は、経済的に苦境に立たされていた兄弟に、毎月2万円ずつ秘書室から支援するよう指示したという。当時の平均世帯収入ほどの額だった。

それから18年後の80（昭和55）年11月、趙は名人位を獲得した。真っ先に会場となった熱海のホテルから電話して喜びを伝えた相手は重光だった。

第5章　板ガム進出と流通販売網の整備

念願の板ガムへの進出

１９５４（昭和29）年正月早々、全社員を前に重光は板ガムへの進出を明らかにした。そして、同月、初の板ガム「バーブミントガム」（10円）を発売した。天然ハッカ油ほか数種類の天然精油を配合した清涼感あふれるガムだった。

それまで生産してきたフーセンガムは駄菓子屋に並ぶような子ども向けの商品だったが、進駐軍の兵士が噛んでいた英語でスティックガムという板ガムは大人向けの商品である。ハリスがガム業界の王者として君臨しているのも、板ガムで市場を支配していたからだ。

「フーセンガムはロッテ」という評判は勝ち得たものの、板ガムへの進出はリスクが高いと社内では反対意見が支配的だった。板ガムは複雑な製品で、ガムベースの原料だけでも細かく分ければ20〜30種類にもなる。

重光はリグレーも使用している天然チクルに勝機を見出した。ハリスの開発したＧＰ（グラフトポリマー）チクルという合成樹脂では得られない圧倒的な噛み心地の良さを備えているからだ。

研究室の手塚が、リグレーが天然チクルを使ってガムを作っていたことを『リーダーズ・ダイジェスト』誌で知る。実際にリグレーのガムの成分を研究室で分析してみるのだが、99％は解明できても、残り1％がつかめない。そこにノウハウが詰まっているのだ。

原産地のメキシコに行くほど手塚はガムにのめりこんでいったが、それに対して重光は「やめろ」とは一度も言わなかった。事業の採算性には厳しい重光も元はと言えば技術者であり、研究者の気持ちを理解していたのだろうし、それだけ天然チクルへの想いが強かったことの証左でもある。

しかし、天然チクルは輸入が極めて困難な原料だった。「ある商社で電気絶縁体の原料に使うため天然チクルを輸入している」という報告を受けた重光は、資金を惜しまず必ず確保するよう指示を下した。ただそれは、本来の目的外の輸入であり、満足のいく量を確保することは難しかった。最初の頃は「混合接着剤」という名目でリグレーの子会社からガムベースを輸入していたほどである。当時の管理貿易体制下では、外貨が割り当てられて初めて輸入ができる状況だった。

不足する分はこれまでと同じ酢酸ビニル樹脂で補うしかない。国産初の天然チクル入り板ガム「バーブミントガム」の発売には、天然樹脂（チクル）と合成樹脂（酢酸ビニル）とを均一に溶解混合する技術が不可欠となったが、ワックス類や乳化剤が効果を発揮することを発見、ロッテ技術陣は重光の期待に応えた。

これに噛みついたのがライバルメーカーである。「天然樹脂を食品に使用するなどもってのほか」と批判の声を上げた。当時の厚生省衛生局も天然樹脂の使用を問題視した。それは工業製品の原材料という認識であり、ガムの原料であることを知っている人はほとんどいなかったからだ。折しも有害着色料や中毒事件が世間を騒がしており、厚生省は監視の目を光らせた。

「天然チクルを使用したガムの品質がすぐれていることには絶対の自信と確信を抱いていたのであるが、ただ天然チクルを強調することはいたずらに業者を刺激し、反対派を激高させるばかりである。天然チクルの説明は時間をかけて、じっくり行なわなければならないと決心した」[*1]

当時の厚生省に対しては研究室員が対応した。天然チクルを含むサポジラの樹脂をマウスに食べさせた結果を見て、衛生局も天然チクルを食材に使うなとは言わなくなった。

ロッテの営業はサポジラの樹脂を固めたものを持って、「これが天然チクルの原料です」と小売店に見せながら、丁寧に説明してまわった。

ハリスとの遺恨

ガム業界トップのハリスは、GPチクルに絶大な自信を持っていた。

しかし、猛烈な勢いで追い上げてくるロッテを無視するわけにもいかない。情報収集とGPチクルの宣伝も兼ね、東京支店内に東京事務所を設けて支店長が兼任することになった。取引業者を接待する中で、この支店長がロッテに関する〝噂〟をまき散らし始めた。

「近頃、ちょっぴり売り出してきたロッテの重光、あの男がめったに世間へ顔をださない理由を教

1『ロッテのあゆみ』只野研究所、1965年

えてやろうか」
「何か、わけでも？」
「重光は韓国籍なんだよ。儲けはぜんぶ韓国へ送金してるそうだ」
当然、重光の耳にもこのことは入ってきた。彼は憤怒した。「私は確かに韓国人だ。けれども、自分を育て、ここまで成長させてくれた日本と日本人を、私は韓国と同じく愛している」。恥辱と裏切りは重光が最も嫌うところだ。それだけに、情けない思いも抱きながら、ハリスの東京支店に抗議した。

商売は正々堂々とやろう、次元の低い陰口はやめてもらいたい、と。

この抗議はハリスの社長にまでは伝わらなかったようだが、重光の闘志は燃え上がった。ハリスの横暴を許してはならぬ。ただし競争は、あくまでも品質で勝負する。消費者がロッテを選ぶか、ハリスを選ぶか。道は一つしかない、と。

次の勝負は54（昭和29）年10月、「スペアミントガム」の発売だった。こちらの売価は20円とそれまでの2倍に設定した。利益で見ると、バーブミントガムは50銭だったが、スペアミントガムはその10倍の5円と飛躍的に大きい。この年、ロッテは資本金を１６００万円、３２００万円と2回増資した。弱小メーカーが淘汰された不況の年に、躍進のきっかけをつかんだことがうかがえる。

発売直後に11月19日までの期間を設定し、「ガム発売記念謝恩特別セール」を全国（九州地方を除く）で実施した。１つのボール（箱）ごとに1枚の抽選券が配られ、最高賞であるロッテ賞（1

人）の賞品は白黒テレビ、電気蓄音機、高級カメラ、オートバイの中から1つ選ぶ豪華なものだった。1等（5人）は電気洗濯機、高級ラジオ、金側時計、高級ミシン、自転車など。耐久消費財が並ぶあたりに時代を感じる。ちなみに、1万人に贈られた6等は石鹸6個とタオル2枚だった。

問屋や小売り相手のキャンペーンで自信を得た重光は、翌55（昭和30）年、新たな流通組織網を立ち上げることにした。それが「ロッテ会」である。当時のチューインガム市場規模は、全国菓子協会によれば54億円である。うち板ガムのハリスが20億円近くを占め、ロッテは10億円ほどだった。

◉───全国でロッテ会を組織

打倒ハリスのためには、独自の全国流通販売網が必要となる。その手始めが55（昭和30）年1月に東京都内の特約店を中心に結成されたロッテ会だった。当初は謝恩招待的性格が強く、謝恩特別セールのようなそのとき限りの組織になりがちだった。

翌56（昭和31）年5月には、名古屋城の西側、西区江川横町に名古屋出張所を新設した。奇しくもこの町には、パチンコ台の原点となった「正村ゲージ」の開発者である正村竹一の店があった。パチンコ産業も在日韓国・朝鮮人の経営者が多い。いまでも駄菓子屋などで見かける「マーブルガム」「フィリックスガム」などを作っている丸川製菓も同じ区内にあるように、名古屋は駄菓子屋の激戦地にして、パチンコの発祥地でもある。

こうして各地の販売機構の把握が部分的にはできるようになったが、特約店や代理店の増加ほどには売り上げは伸びなかった。それは、ロッテの意志が末端まで伝わってはいなかったからだ。

積極的な働きかけをするため、60（昭和35）年には後述するロッテ商事に販売促進課を新しく設け、販売促進制度を作り上げていくことになる。その前段階として、元卸や大口問屋に対しては「フレンド会」を、中間卸には「ファミリー会」を結成して、意思疎通を図るため専門の販促課員が巡回し、新聞も発行した。仲卸の店員向けには「天チククラブ」を組織し、ロッテニュースなどを配布した。天チクとは天然チクルの略である。ハリス攻略のためには、ロッテ＝天然チクルという認識を広めることが重要だった。

51（昭和26）年に小売店を直接開拓するために自転車直売部隊を編成したことがあった。全国的に小売りとの強固な関係を築くためには何をしたらいいのか。

重光は、メーカー、問屋、小売店の共存共栄を図ってこそ各自がさらに大きく成長、発展するという確信を持つようになった。それで今度は方式を少し変更した。各地区に駐在員を置き、アルバイトの販売促進員も駆使して、地区別に小売店をしらみ潰しに巡回することにした。小売店を攻略するという点では同じだが、小売店から卸売店に、卸売店からメーカーへ逆の情報の流れを構築しようと、小売りに対する破天荒の営業活動を指示した。

営業の最前線に立っていた細川好司によると、当時、日本には120万軒ほどの菓子類を扱う小売店があり、その半分が昔ながらの菓子屋と見られていたという。実態がほとんど不明だったこうした店舗の状況を調べる店頭調査から始まった。小売店ごとに「お得意様カード」を作った。まるで国勢調査のような取り組みである。

「1日に70~80軒回りました。ロッテのチューインガムが置いてあるかどうか、他社の製品は多いか少ないか、どこの卸から仕入れてくるのか。小売店からの意見や要望なども聞きました。最終的にはロッテのビックデータになったと思います」

メーカーでは絶対に把握することが不可能だといわれた末端の小売店を掌握することにより、小売店→仲卸・地方問屋→元卸特約代理店→ロッテという逆の流れの情報経路も確立できた。

問屋は、メーカーにとって面倒なことをわざわざ小売店には聞きはしない。直接行くことで、メーカーに対する苦情や要望をつかむことができるわけで、何度も顔を出しているうちにロッテの商品を認識してくれて、ガムもいろいろなところに置いてもらえるようになる。

先輩たちはほうきを持って小売店に行き、掃除をしながら、自分たちの商品を置いてもらうスペースを作ったこともあった。しかしそれでも当時は、ハリスは1つ10円、20円する大人向けの板ガム、ロッテは1つ2円、5円のフーセンガムが主体。売り上げには当然差がつくし、企業に対するイメージも全然違っていた。

地域格差もかなりあった。北海道と東京はハリスが圧倒的に強く、東北は五分五分。北関東や甲信越もハリスがやや有利だった。ロッテの販売促進員は地を這うようにして活動した。例えば、宣伝を兼ねた問屋向けのセールスである。

宣伝移動販売では、4～5台あったロケットと呼ばれる宣伝カーに乗り、問屋で荷物を積んでから、レコードを回し、風船を膨らませながら、問屋の傘下の小売店を回る。音を出しながら道路を走行するため、警察の事前許可が必要だった。これがかなり面倒ではあったが、幸いなことにライバル他社は一部のメーカーを除き、目に付く動きは見られなかった。

ヒット曲の多かった春日八郎、三橋美智也、村田英雄などのレコードを流しながら、美唄《びばい》や十勝といった北海道の炭鉱町に行くと、子どもたちに取り囲まれて「あれちょうだい」「これちょうだい」と大人気だったという。1個5円のミルクガムがよく売れたが、オレンジなど果物系は芳しくなかった。収益的にはさほどではないものの、こうした地域特性などを地道に拾って歩いたのだ。

欠かせなかった問屋への気遣い

「人の集まる所はすべて売り場ではないか」と考えた重光は、「ターゲットとして一番重視しているのは、消費者との接点のある売り場。そこをロッテファンにしてしまうのが一番早い。菓子屋の売り場をロッテの商品でいっぱいにしようよ」と社員に話していたという。

しかし、当時は問屋の力が強く、なかなか思うように直接営業ができない。問屋に行くと、「うちはハリスがあるから、ロッテはいらないよ」とけんもほろろの対応を受ける。そこで、小売店を回って小売店から問屋に発注をかけてもらう。そうすれば問屋は商品を持って行かざるを得ない。

一方で、卸への対応にも気を使った。問屋はロッテが小売店と直接取引することで中抜きされるのではないかと恐れた。

細川によると、「当然最初は問屋さんからクレームが来るわけです。『卸の機能を無視しているのか』と。それを担当のセールスが知恵を絞って説得する。時間はかかりましたが、小売店以上に問屋とのコミュニケーションを深くするよう心掛けました。『決して邪魔するわけじゃない。お宅の営業を私どもにも手伝わせてください』と言って、相手が喜ぶ条件を出しました」。

販売促進員は小売店で商品が不足しているときには本社から直接送ることはせず、従来取引している問屋に問い合わせるよう促した。仲卸・地方問屋などに対しても同様だ。商品の流通に携わる業者を刺激して、流通プロセスを活性化する。人海戦術による販売時点情報管理（ＰＯＳ）のようなもので、当時としては画期的な取り組みだったといえよう。

販売促進員には、お菓子の売り場以外の新しい販売ルートの開拓というミッションもあった。いまではおなじみだが、たばこ屋、薬屋、雑貨屋、駅や遊園地の売店などあらゆる業種の小売店でもロッテのガムが販売されるよう、売れるほど報酬を与えるインセンティブ制を導入して販売促進員を奮起させた。宏之がのちに重光から聞いたところによると、最終的には80万軒の店舗を把握していたというほどになる。

こうして毛細血管のように構築された情報網は、のちにチョコレートやキャンディに進出したときにも販売戦略や戦術を組む上で非常に役に立った。

◉販売強化でロッテ商事を設立

年の瀬も押し迫った59（昭和34）年12月、重光はロッテの内部機構を大幅に変える大変革を断行する。販売部門を独立させ、新たに資本金2000万円でロッテ商事株式会社を設立したのだ。

それまでの大阪支社、福岡出張所、名古屋出張所、札幌連絡所をそれぞれロッテ商事の支店に昇格させて統合、統括することになった。翌年1月にはロッテ商事東京本社をはじめ、各支店一斉に各課の充実と統廃合を実施、このとき新設されたのが先述した「販売促進課」である。

ロッテは知名度こそ少しずつ上がっていたが、まだ大企業とは程遠い、個人の自助努力による営業に支えられた組織だった。業界の秩序を覆す〝下剋上の営業〟は部員に大きな負担をかけた。休みは日曜だけ、朝は7時の朝礼から夜は10時か11時頃まで仕事が終わらなかった。営業部員に対して重光は、「事務所にいるのが仕事じゃない」「早く（会社を）出ろ」とはっぱをかけた。

それにもかかわらず、製造現場には生産至上主義という風潮が蔓延し、営業の立場に立った支援体制が整ってはいなかった。

ロッテ商事の誕生は、営業部員たちが主導した一種のクーデターだった。メーカーの常として、ロッテもまた工場の力が強く、営業部員の間には不平不満が募っていた。それが爆発して営業部員が会社分割を要求。重光も「チューインガム専門メーカーだからこそ独立した販売会社が必要だ」[*2]

2『ロッテのあゆみ』只野研究所、1965年

と考えていたことから販売部門の独立に踏み切った。

設立当時の役員は、重光武雄（取締役社長）、井上長治（取締役副社長）、取締役として、能仲久夫（前営業部長）、小松福美（前営業部次長）、乙守秀隆（前営業部課長）、伊賀忠之（大阪支店長）、井上勝治（福岡支店長）、塩坂仁雄（名古屋支店長）が名を連ねた。

重光としては会社が大きくなったからこうした組織を作ったわけではない。専門メーカーとしての必要性を感じたから設立したのである。これはロッテにとって創業以来の大改革となった。

しかし、ロッテ商事設立に対して社の内外から批判や誹謗中傷が巻き起こった。「『ガムの単品メーカーであるロッテは組織的にも大きいとは云えないし、機構も複雑とは云い難いのに、商事会社を設立するのは経費の無駄使いである』というのが外部からの批判であったし、内部的にももっぱら新会社の人事問題に関する憶測であったが、重光社長は断固としてこちらの批判、憶測を排し、幹部社員も全員販売担当者のみで固めたのであった[*3]」。

技術力を発揮した制酸性ガム

板ガムの研究開発の一環で、ロッテの技術陣はさまざまな業界からの要請にも応えるようになっていった。南極探検隊については後述するが、大きな取り組みが2つ、55～56（昭和30～31）年に行われている。一般に販売するわけではないこともあって、研究の現場も社会奉仕的な視点で取り

3『ロッテのあゆみ』只野研究所、1965年

組んでいた。
56（昭和31）年4月、日本ステンレス（現・日鉄ステンレス）から特殊なガムの開発要請を受けた。硫酸アンモニウムの製造を行っている同社の直江津工場では、作業中に発生する硝酸や硫酸など強酸がガスとなって作業員の歯を溶かす「酸蝕歯」が大量に発生していた。

米国には重炭酸ソーダを入れたガムがあり、噛むと酸を中和するという。そのようなガムを製造してほしいと、何度も来社したのだという。

確かにそうした製品はあるのだが、それは単に酸を中和するだけで持続的な効果が期待できなかった。そこでロッテの研究陣は、炭酸ソーダの原料となる重曹の代わりに、イオン交換樹脂製剤をチューインガムに添加する実験を行い、制酸剤としての効能を発揮できる機能性チューインガムを完成させた。噛むと常に唾液の酸性化を抑え、飲み込んでも胃に障害を起こさない。これを学会で発表したところ、電解槽を持つ企業から供給依頼が殺到した。

この制酸性ガムに、ビタミンやカルシウム源、クロロフィルなども添加して発売することになった。

ところで、戦前からガムは軍隊の必需品だった。英仏軍は兵士の眠気覚ましに、パイロットは気圧の変化に耐えるためガムを噛んだ。ロッテも防衛庁技術研究所から、航空機用のチューインガム開発を依頼されている。防衛庁共済組合本部と納品契約を締結、まもなく自衛隊の各部隊にロッテガムが納入された。

「お口の恋人」ロッテ歌のアルバム

新製品のヒットと流通販売網の整備、そして広告宣伝による三位一体の取り組みが、ロッテの売り上げを着実に伸ばしていった。

51(昭和26)年にはラジオ局の開局が相次いだが、53(昭和28)年2月のNHKに続いて、8月には日本テレビ放送網(NTV)がテレビの本放送を始めている。NTVがテレビ普及のために取った手段が街頭テレビだった。野球やプロレスの中継などが盛り上がり、三種の神器の一つとして、白黒テレビの人気も高まっていく。

ライバルのハリスは56(昭和31)年からNTV系列で米テレビシリーズ『名犬リンチンチン』のスポンサーとなる。西部の砦に駐屯する騎兵隊の中尉に育てられる孤児の少年とその愛犬の物語で、主人公は「ハリス少年」と名付けられ、お茶の間に浸透していった。

「これからは電波の時代だ。電波をどのように使いこなすかが、商品のイメージを決定づけるに違いない」と確信し、重光は音楽番組を後援する決定を下した。[*4]

55(昭和30)年4月、ラジオ東京テレビ(KRT、現・TBS)は民間2番目となるテレビ本放送に踏み切った。58(昭和33)年5月4日、満を持して「ロッテ歌のアルバム」が始まる。毎週日曜のお昼、司会の「1週間のご無沙汰でした。玉置宏でございます」という挨拶から「お口の恋人、

4 藤井勇『ロッテの秘密』こう書房、1979年

ロッテ提供、歌のアルバム」というキャッチフレーズで番組がスタートする。その後、79（昭和54）年9月30日に最終回を迎えるまで、イブ・モンタンやアラン・ドロンなども登場し、ロッテの知名度を高める上で最大の威力を発揮した。

リグレーのキャッチフレーズは「キスより甘い」だったが、口腔のエチケットをアピールしたかったロッテは、当時18歳の浅丘ルリ子を起用、「ロッテのガムは、お口の恋人！」とアピールし、若者の心をとらえた。このフレーズ、ドリフターズの仲本工事の母親が応募した案を重光が採用したと伝えられている。ロッテの顧客窓口に電話すると、「お口の恋人ロッテでございます」と応対していた。

60（昭和35）年からテレビのカラー放送が始まる。61（昭和36）年4月に本社から宣伝部門をロッテ商事に移管し、広告宣伝と販売促進の連携を強めていくことになる。打倒ハリスを強く掲げていたこの時期、電波メディアによる宣伝は空爆のようなもので、小売店を販売促進員が人海戦術で回るのは歩兵による地上戦のイメージだった。

◉———天然チクルの輸入割当で紛糾

「カーボーイガム」と同時期に生まれたクロロフィル入りの「グリーンガム」は、発売から5年後の57（昭和32）年4月、他社に先行する形で板ガムとしても市場に投入された。本格的にクロロフィルブームが到来、同業他社が類似品を次々に出してきたが、本家の牙城は揺らがなかった。三井物産を通じてメキシコから天然チクルを直接輸入するようになった。

ここから少しずつ、ガムのベースとなる天然チクルの確保でも動きが出てくる。輸入規制や外貨割当などの問題で簡単には手に入らなかったが、58（昭和33）年に試験用として米国から700ドルの天然チクルの輸入許可が下りた。その年末には6万5000ドル分が商社6社に許され、そのための外貨が割り当てられた。

翌59（昭和34）年の第1四半期（1～3月）には特別割当方式（金額制限5万2500ドル）により20件の輸入申請が受理された。これを機に、「ナチュラルガムチクルとは、天然樹脂または天然ゴムの単体若しくはそれらの混合品の粗製品又は調製品（合成樹脂又はその他の合成ものを含まない）」と定義された。

天然チクル＝ロッテである。ロッテのシェア拡大を快く思わないライバルは、反対運動を展開、これに対抗して商社側はガム用原料の輸入を円滑に促進するため「ガム原料輸入協議会設立準備会」、そして「チューインガム原料輸入協議会」を結成する。

業界団体の中でも、ロッテが中心となって「チクル部会」や「原料輸入部会」を結成し、チクルの輸入促進を意図したものの、輸入反対勢力が思いのほか強く、59（昭和34）年の第2四半期（4～6月）の外貨割当は保留となる。7月に入ってから上部団体の調停あっせんにより需要者別チクル配分案が出来上がった。26社中、ロッテが全体の4分の1を割り当てられ断トツとなるも、一部メーカーが異を唱えるなど、メーカー間の足並みの乱れは解消しなかった。

同じ7月、東京・上野恩賜公園内にある韻松亭にガム製造業者が集まり、日本チューインガム協会の結成大会が開催された。当時、米国からの貿易自由化圧力を受け、業界が一丸となって対抗していこうというのがこの団体の狙いだった。協会の会長にはハリスの代表が選出された。

このとき、重光が会場に入っていくと、場内ではこんな会話が交わされた。[*5]

「ホオーッ、あれがロッテの重光クンかね。まだ若僧じゃないか」

「いや、表面は紳士ぶっていますが、かげで何をしてるかわからん男ですよ」

「あなたのところも、ロッテに荒らされましたか」

「ハッハッハ、ま、ご想像にまかせますが、あの無茶苦茶な押し込み（販売）は、いささか閉口ですな」

同じ業界にいても、重光を直に見た経営者は極めて限られていたことをうかがわせる。業界団体の集まりに顔を出すことはまずなかったからだ。この日は総務部長の藤岡鬼十郎も一緒だった。

結成大会の最初の議題は天然チクルの輸入問題だった。協会から説明を求められた製造責任者の小川港一工場長は、2点を挙げている。日本のガムもいつまでも狭いカラに閉じこもっていては、将来、米国から輸入品が入ってきたとき抵抗できなくなる。舶来ガムに負けない商品を作るためには、天然チクルの輸入が絶対必要だ。

「カッコいいことというな」

5 藤井勇『ロッテの秘密』こう書房、1979年

「自分の都合にすぎんぞ」

説明中にもライバル会社からこんなヤジが飛んできた。参考資料として「チクルに対するロッテの立場」という資料を会場に配り始めたとき、ある社長が立ち上がり、異議を唱えた。「現代は科学の時代だ。合成樹脂でも立派な製品を作ることができる。貴重な外貨を使いながらメキシコやグアテマラからチクルを輸入する必要はない」

拍手につられたのか、議長もこれに加勢、こんな資料など燃やしてしまえと手を出してきた。日頃温厚な小川もこのときばかりは色をなして、その手を払いのけた。何も結論が出ないまま、結成大会はわだかまりを残して閉会した。

翌60（昭和35）年1月、日本チューインガム協会が正式に発足した。

しかし政府は4月、天然チクルの輸入自動承認制を許可した。重光は数年前から「近い将来、貿易が自由化され、米国から本場のチューインガムが輸入されると、日本のガムも天然チクルをベースにしておかないと負けてしまう」と予測し、「ハリスに対抗するには、天然チクル以外ない」と主張してきた。まさに彼が予測したとおり、貿易の自由化は不可避な潮流だったのだ。

将来は画家になりたいという夢を抱いたこともある小川は、達者な筆遣いで「打倒ハリス」と書いた垂れ幕をロッテ社内に吊るして決意を新たにした。のちに小川は専務で退任し、103歳で大往生を遂げている。

香りの芸術と南極のイメージ

打倒ロッテに向けて動き始めていたハリスは、結成大会の2カ月後に、ガムベース用特殊合成樹脂「GPチクル」の開発を完了したと発表した。ハリス研究室長の岩切光雄が開発した合成樹脂で、米・英・西独で特許を取得している。「ロッテの天然チクル」と「ハリスのGPチクル」の全面戦争は業界内でも注目の的となった。

ロッテはフーセンガムでは圧倒的なシェアを持っていたが、ハリスとの全面戦争に向けて板ガムに経営資源を集中、59（昭和34）年10月には「ジューシィミントガム」（20円）を発売した。これはロッテが「香りの芸術」と自賛する商品で、オレンジやバナナ、イチゴといった単品の香りではなく、米国のようにさまざまな香りをブレンドしたものだ。

「ロッテは、アメリカ風の香味に挑戦した。様々な種類の香りを混合する技術は高度な分析力と熟練された技術者が必要なので日本ではそれまで開発が不可能な技術とされた。しかし、ロッテはジューシィミントを製造する時、全世界の果物２００種余りを集めてこれらの香味を抱いた香りを作った。そしてそれを完全にミックスし、果物一つ一つでは絶対出すことができない高度に抽象的な香りを完成させた」[*6]

一方、重光は「グリーンガム」とは違うタイプの商品で勝負したいと考え、天然チクルを使った

6 藤井勇『ロッテの秘密』こう書房、1979年

新しいガムの開発を研究チームに指示していた。

そのヒントは南極にあった。56（昭和31）年11月、のちに第1次南極地域観測隊と呼ばれる南極地域観測予備隊（永田武隊長）が初代南極観測船「宗谷」に乗って出発した。このとき、ロッテは隊員のための糧食として、栄養素を配合した探検隊用のチューインガムを開発している。隊員が戻るまでの17カ月間の長期保存に耐え、赤道直下から零下50度までの温度差にも耐えるよう、そして遭難時の手掛かりとなるよう原色で着色するなど工夫が凝らされた。

出発前月、宗谷にガムが積み込まれる模様はニュースで全国的に配信された。

このガムの開発は副隊長で京都大学教授の西堀栄三郎の要請を受けて始まるのだが、そこには研究所の手塚の人脈が生かされていた。観測隊の料理班長だった東京大学農学部の助教授と親しく、彼が食材の準備責任者だったため、「ロッテのお菓子をすべて無料で提供するから、持っていってくれないか」と提案したのだという。

59（昭和34）年1月、昭和基地に取り残された15頭の樺太犬のうち、兄弟犬「タロ」と「ジロ」の生存が第3次越冬隊によって確認された。のちに映画『南極物語』などで有名になる事件だった。南極の話題はこのときにも盛り上がりを見せていた。

永田隊長らから「南極をイメージした製品を作ってみたらどうか」と助言を受けていた手塚は、「南極は寒いところだというから、例えばハッカを入れて、冷たい感じ、清涼感を出すと売れるのでは」と提案している。

重光も家族旅行で伊東や熱海の温泉を訪れた際に買い求めたハッカ入り菓子にヒントを得ていた。商品名やデザインは、「企画の一企」「テレビの一企」と呼ばれた第一企画（現・ＡＤＫホールディングス）が担当した。商品名は第一企画の提案「クールミント」を重光が即決した。問題はパッケージデザインである。南極をイメージするためのペンギンやクジラ、三日月のイメージ画を重光が自ら描いた。「南極から見た月はどちらから欠けるんだろう」と手塚に問いかけるほど真剣に考えた。『ロッテの秘密』に当時の様子が書かれている。[*7]

「『クールミント』は、デザインに可愛いペンギンをあしらい、しゃれたデザインとともに『クール』なイメージをアピールした。『クールミント』はさすがにロッテの独走で、類似品は生まれなかった。というよりも他メーカーの研究陣が、すぐ真似られないほどロッテのオリジナリティーが秀れていた、といえるかもしれない」

クールミントが「食品で最初に辛いといわれた」ことを重光は自慢していたという。

余談だが、第一企画には創業者でもある境直哉という社長がいた。この境が日曜の朝になると初台の重光邸の前に立っている。夜、帰宅する頃にもまた立っている。こうして重光と境は親しい遊び友達になった。重光一家は例年お盆休みを軽井沢で過ごしたが、境は赤坂の芸者を多数連れてきて、重光は合流することが常だったという。重光夫妻とロサンゼルスに共に出張した折、高級住宅地ベルエアーの邸宅を買っちゃいましょうとはやし立てて、危うく重光がその気になりそうになったという逸話が残るほど公私にわたる交際を続けた。

7 藤井勇『ロッテの秘密』こう書房、1979年

グリーンガム、ジューシィミント、そして60(昭和35)年6月に発売されたクールミント。ロッテの板ガムトリオはいまに続く超ロングセラー商品である。これらの板ガムに経営資源を集中させることで、ついにロッテはハリスを追い抜くことに成功するのだった。

兄弟で立ち上げた韓国のロッテ

日本でハリスを追って激しい商戦を繰り広げる一方で、この頃から重光は韓国での事業展開にも徐々に取り組み始めている。

58(昭和33)年、重光の招待で父と弟が貨物船に乗って大阪港に到着した。重光は出迎えに行ったものの、風貌が変わりすぎたためか、お互いに相手が分からなかったという。17年振りの再会であった。この弟とは、結核を患い、重光の送った特効薬で治癒した二男の轍浩である。日本滞在中、手塚の研究室に預けられ、ガムの製造法などを学んで帰国した。

同年5月26日、重光は150万円を投じて韓国にもロッテを設立した。当時、1ドルは360円の固定レートだった。韓国の通貨は戦後、ウォンに改められたが、朝鮮戦争を経て53(昭和28)年2月から10年間、ファンを使用していた。55(昭和30)年8月のレートで1ドル500ファンである。日本での事業規模を考えるとかなり控えめだが、この頃は日韓の国交も回復されておらず、こうした資金のやりとりも大掛かりにはやりにくかったのかもしれない。

「一九五〇年代後半、外資導入が事実上不可能であったころ、辛氏は故国の家族達に人の手に託して、小さな金塊等を送ってやったという。また一度は船一隻分の織物を送ることにしたが、中間ブローカーの手管にしてやられてしまったとのことだ」*8

この会社は兄弟5人の名義だった。当時、四男の重光宣浩は早稲田大学を卒業して日本のロッテに入社したばかりであり、五男の俊浩《ジュンホ》はまだ高校生だったため、この韓国のロッテは主に二男と三男で経営することになった。代表取締役社長に重光の1歳下の轍浩を据えた。日本のロッテの貿易部長も務めていた轍浩は、この頃、韓国と日本を行き来していた。春浩は専務として、原料の調達や販売を担当した。

本社と工場を構えたのはソウル市龍山《ヨンサン》区葛月洞《カロルトン》。京釜《キョンブ》電鉄線南営《ナミョン》駅（ソウル駅の隣）からすぐの、ここが実質的に韓国ロッテ創業の地であり、いまもロッテグループの会社が残っている。

この年9月、地元紙『京郷新聞』に出た広告にはこのようなコピーが踊っていた。

「子どもの新しいプレゼントロッテ風船ガム」

「特徴は唯一の国産品として外来品を凌駕」

「完全包装衛生試験」

「東京ＬＯＴＴＥ製菓技術提携」

「製造元株式会社ロッテ製菓ソウル・釜山《プサン》」

この頃、現地のライバル企業に、のちにプロ球団「ヘテ・タイガース」を所有する45（昭和20）

8 朝鮮日報経済部『韓国財閥25時』同友館、1985年

年創業のヘテ製菓があった。ロッテは日本の大ヒット商品「カーボーイガム」など数種類を投入、当初は比較的順調だった。

ところが、二男と三男の確執が深まっていく。社長の轍浩は「需要が増えているだけに、生産拡大に力を集中して、まず売り上げを増やさなければならない」と言い、専務の春浩は「製品の質だけでなく、包装デザインと、宣伝広告、販促方法などでリードしなければならない」と主張した。

父と他の兄弟たちは、弟の春浩が譲るべきという意見で、それに従って譲歩を重ねていくうちに春浩は病気になってしまった。

朴《パク》将軍による軍事クーデター後の韓国産品奨励運動で売れ行きに弾みがつくものの、兄弟間の確執はさらに深まり、その後、訴訟沙汰にまで至ってしまう。

Ⅲ

＊

ガーナチョコレートと韓国進出

第6章　ハリスを抜きガム業界トップに

大手参入で競争激化のガム市場

「もはや戦後ではない」というのは、1956（昭和31）年度『経済白書』の序文に書かれた有名なフレーズである。それは、戦後復興の終了宣言であり、「回復を通しての成長は終わった。今後の成長は近代化によって支えられる」というように、高度成長期を示唆していた。

「神武景気」（54年12月〜57年6月）では三種の神器（冷蔵庫・洗濯機・白黒テレビ）という耐久消費財ブームが起きた。1年ほどのなべ底不況のあと、今度は「岩戸景気」（58年7月〜61年12月）が到来する。昭和30年代は東京五輪大会に向けて、その後もインフラ主体の投資ブームが続くなど、経済成長が著しかった。

「消費革命」は大量生産＝大量販売への転換を促し、菓子業界でも同様だった。中には過剰生産という壁に突き当たり、メーカー同士の景品競争で菓子としての魅力が希薄化してしまったキャラメルの例もあったが、チューインガムは国民生活に浸透し、成長品目の一つとして数えられるようになる。「いまガムは売れているが、いつ落ちるかは時間の問題だ」と眺めていた他のメーカーにとっても、無視できない存在になっていた。

59〜60（昭和34〜35）年の2年間に、チューインガム業界は大きく変化した。当時、ハリスを筆頭に、ロッテ、キングトリス、東京ガム、リリー、マサキなどが続き、明治製菓（製造はミソノ製菓。のちに明治チューインガム）、雪印、メイトウ、日本フードなども参入、しのぎを削っていた。ここに製菓業界の帝王である森永製菓も加わった。仁丹や体温計でその名を轟かせた森下仁丹本舗、独自のフランチャイズ展開で注目されていた不二家などまでもが名乗りを上げる。60（昭和35）年には江崎グリコ、グロンサンで有名な中外製薬もが参戦してきて、チューインガム市場は群雄割拠の戦国時代の様相を呈してきた。企画商品や変形商品などが登場、主要な商品を数えただけでも150〜160にも達した。

森永製菓の参入第一声はまさに獅子の咆哮。「これが本当のガムだ！」。

これに対してガムの専門メーカーは「森永のガムが本当のガムならば、今までわれわれが製造していたガムは嘘のガムだというのか」と大ブーイング、さしもの帝王もこれを撤回せざるを得なくなってしまった。

一方、森下仁丹本舗は16（大正5）年に日本で初めてガムを作ったという実績を強調、チューインガムの薬理効果を強調して、自らが業界の牽引役になると主張した。

業界トップのハリスは、「白い富士、白い工場、白いガム」というキャッチフレーズで、小田原に敷地5万平方メートル、5階建ての東洋一の工場を建設すべく59（昭和34）年12月に着工、東日本の制圧に動き出した。この工場が面する川の名前を取って、「酒匂《さかわ》川の戦い」と呼ぶ向きもあったようだ。その標的はロッテである。

こうした他社からの攻勢に対して、重光は間髪を入れずに今度は販売員を全国の小売店に送り込む人海戦術を展開した。なぜ重光は直往邁進したのか。森永など大手は巨大な販売網でロッテを威嚇、業界トップのハリスも今度は鐘淵紡績の流通網を利用して底力を見せた。四面楚歌の中で活路を見出すためには猪突猛進するしかない。重光はそう覚悟を決めていたようだ。

総合菓子メーカーの強さは販売網の強さである。ロッテの首脳陣もこのことを熟知していたからこそ、ロッテ商事を設立した。大量生産＝大量販売に向けて独自の販売網を確立する。販売の専門チームを本体から切り離して新しい組織に再編成するため、人前で話をするのが大嫌いな重光ではあったが、毎朝朝礼を行い、営業部員を叱咤激励した。営業部員には年2回、1着の値段が初任給くらいするというオーダーメイドのスーツを会社が負担して作ったほどである。

◉――ロッテの「くノ一部隊」LHP

販売促進制度を活用することでその背中が見えてきたとはいうものの、ハリスとの差がなかなか縮まらない。それは、ハリスの年末セールが非常に斬新で、大きな集客力を持っていたからでもある。仲卸や販売店が仕入れる際、商品を指名することはごくわずかで、ほとんどが大口問屋に言われるがままだった。一流卸問屋を中心に販売網を確立していたハリスはこの点で優位だった。

一方のロッテは人海戦術による多数店主義で対抗した。大口問屋といえども、すべての小売店を把握しているわけではない。手薄になるところも出てくる。重光は、どんなに不便なところにでも製品を行き渡らせることが大量消費時代の必須条件と考えていた。

販売促進制度や地方駐在員制度の創設は、地方・地区別の小売店巡回作戦によるロッテ製品の指名購入の度合いを高めることに狙いがあった。61（昭和36）年5月に導入したＬＨＰ（ロッテ・ホーム・プロパー）制度はそのための切り札だった。

ここで初めて、ロッテの販売戦略を象徴する「常全多前」が姿を現した。主にアルバイトの主婦で編成されたＬＨＰに与えられたミッションは、「いつも（常）、ロッテ全製品（全）を、多量（多）に、販売台の前面（前）に陳列させること」だった。

のちに「第2流通革命」などといわれるようになる総合スーパー（ＧＭＳ）で流通革命の旗手となった中内功が、主婦の店ダイエーを大阪の下町である京阪本線千林《せんばやし》駅前に開いたのが57（昭和32）年9月のことである。

大型量販店が猛威をふるうのはまだだいぶ先のことであり、小規模な店舗が小売りの中心だった。生命保険会社の女性外交員、いわゆる生保レディは戦争で夫を亡くした人の救済的な導入とされたが、そこにヒントを得たＬＨＰ制度は、63（昭和38）年に登場するヤクルトレディに先んじていた。

ロッテの「くノ一部隊」ともいうべきＬＨＰの仕組みとはどのようなものだったのか。

まず、ロッテサービスセンターにやってきたアルバイトの主婦が、販売促進員や地方駐在員の指示に従って、「お得意様訪問カード」を持って受け持ちエリアの小売店を訪問する。1人当たり1日平均約30軒程度、1カ月で350〜400軒を巡回することになる。

訪問カードには、①小売店でロッテ製品がどのように取り扱われているか、②製品の仕入れ状況はどうなっているか。過不足の製品はあるか、③本社の意図が伝達されているか。ロッテの小売店サービスや記念特売を知っているか。もし知らなかったら内容を説明する……といった項目が並んでいた。

このカードは複写式で、訪問の翌日、販売促進員や地方駐在員に提出され、1枚は次の業務指示などに活用し、もう1枚はロッテ商事の販売促進係に送られた。

消費の最前線にいる主婦の意見は、小売業者にとっては購買に直結する最も重要なものである。しかも主婦の気遣いで、簡単な掃除や商品の陳列を手助けしたりすることで、小売店主とすぐに打ち解ける。こうして人間関係が築かれ、「見えるところにロッテ製品を置いてほしい」と言われれば、嫌とは言えなくなってしまう。

特に成果が上がったのはタバコ屋だった。重光は、「タバコ屋は物を売るところだ。ガムを置いてもらえば売れるんじゃないか」と発想した。問屋任せではない、消費者目線のロッテならではの着想だった。小売店に次いでタバコ屋がLHPのローラー作戦の対象となるわけだが、ここでもう一工夫必要となる。

一般的に店舗が狭いタバコ屋の店頭に箱詰めのガムを置くわけにはいかない。そこで考え出されたのが扇状にガムをディスプレイするブリキ製の什器だった。利益率の差も優位に働いた。専売公社のタバコの利益率は5％程度。これに対してガムは20％と4倍もある。店にしてみればありがたい商品ということになる。

その後、「ホームPRウーマン」と呼ばれるようになるLHPの尽力でロッテはハリスの背中に手が届きかけた。最後の一押しとなるのが、前代未聞の1000万円懸賞だった。

◉──ダメ押しとなった「1000万円懸賞」

競争激化でハリスはこの時期、矢継ぎ早に新製品を市場に投入してきた。一方のロッテは、新製品の発売を極力抑え、グリーン、ジューシィミント、クールミントの主力3商品のマーケティングに力を入れた。

「広告費を節約することは節約ではない。売り上げを減らすだけだ。原価や製造過程でコストを節約することが節約だ」という重光がこのタイミングに打ち出したのが「1000万円天然チクル記念セール」だった。

61（昭和36）年4月16日、朝日、読売、毎日の大手三紙や北海道新聞など合わせて38社の日曜朝刊に一面カラー広告を出し、テレビやラジオのCMでも一斉に告知広告が流された。東京、大阪、名古屋、福岡、札幌を走る電車内に吊り広告を張り、全国に60万枚のポスターと100万枚のチラシがまかれた。こうした全面展開型の集中投下は、3年後のチョコレート発売時にも繰り返されることになる。

ガムについている応募券を送ると、抽選で1人に東洋信託銀行（現・三菱UFJ信託銀行）が発行する1000万円証書（2年据え置き）が当たる。加えて、現金100万円を当選者が指定する学校に寄付する副賞もついていた。当時の平均月収は2万5000円程度というから、現在なら1億数千万円に相当する額だ。「警察が、本当に賞金を払うのかと言いながら2回ほど状況を見に来た」というロッテ幹部の談話が雑誌に載るほど、この懸賞金の反響はすさまじかった。

工場は24時間フル稼働しても殺到する注文に応えきれない状況が半年以上も続く。

一方で、公正取引委員会が調査に動き始める。1000万円もの高額懸賞は日本では初めてのことであり、公正な競争の確保と一般消費者の利益保護という独占禁止法に抵触するのではないかと懸念したからだ。この動きを察知したマスコミが報道合戦を繰り返したことで、広告費用をはるかに上回る、一説には十数億円もの宣伝効果がもたらされた。

最終的に201万通の応募があり、総応募口数は760万（1口100円分）にも達したという。これは予想の10倍以上だった。ちなみに当時の日本の人口は9456万人である。11月27日に抽選が行われ、浜松市在住の男性サラリーマンが当選した。

ちょうどこの頃、ハリスの小田原工場が竣工を記念して1万人を招待した盛大なパーティが開かれた。壇上でスピーチしている最中に、社長の森秋廣は倒れた。意識不明の状態が三昼夜以上も続き、大阪の夕刊紙には訃報まで書かれてしまう。半年間、小田原の病院で絶対安静が続き、大阪に転院してからも療養生活は続いた。森は社長を退く決意をし、会社と社員は鐘紡に託されることになった。

59〜61（昭和34〜36）年の3年間でチューインガム市場は55％拡大した。ロッテの売り上げは同じ期間内に倍増している。天然チクル（天チク）＝ロッテのガムという認識が日本中に染みわたり、ついに宿敵ハリスを追い抜くことができた。

ロッテとハリスのガムの売上高を比べて見ると[*1]、59（昭和34）年は22億円と30億円だったものが、61（昭和36）年には47億円と33億円と大逆転し、63（昭和38）年に88億円と28億円とその差は3倍近くに拡大する。この年、80社余りが一気に倒産。生き残ったのはロッテとハリスほか20社余りだったが、そのハリスも先述したような事情もあって、翌64（昭和39）年1月、創業時に軒先を借りていた鐘淵化学工業に吸収合併され、カネボウハリス（現・クラシエフーズ）として再起を期すことになってしまった。

日韓国交正常化の頃、石田国松という主人公が活躍するちばてつやの漫画「ハリスの旋風《かぜ》」という社名にちなんだアニメ番組を提供するなど、その後もロッテのライバルとして競い合うが、シェアが再び逆転することはなかった。

業界トップの座を獲得したことで、重光はハリスに代わって日本チウインガム協会の会長に就任

1 藤井勇『ロッテの秘密』こう書房、1979年

している。両社の戦いはここでいったん幕を閉じた。

この一大キャンペーンの翌年、不当景品類及び不当表示防止法（景表法）が制定された。公正な競争を確保し、一般消費者の利益を保護するため、過大な景品付販売と誇大な表示は禁止された。このような一般懸賞では、景品類の限度額（最高額と総額）が定められ、最高額は取引額の20倍が限度（取引価額5000円未満の場合）と決められた。もはや同様の懸賞を行うことはできなくなった。

重光は11月27日の抽選会のあと、ロッテ商事の役員2人を「観光を兼ねた業界視察」という名目で別々に欧米に派遣した。能仲久夫と乙守秀隆に託されたのは、新しい製品の市場調査である。それは、「製菓業界の重工業」と呼ばれるチョコレート進出のための第一歩だった。

重光はこのように訓示している。「ガムだけで社業を維持していけるのは、あと5年くらいが限界ではないだろうか。その時のためにもわれわれは、チョコレート市場に打って出なければならんのだ」[*2]。日本のチョコレート市場を支配していた明治と森永に負けない品質、という至上命令が2人に下された。

61（昭和36）年は、今後10年間で実質国内総生産を倍増させるという、池田勇人首相が掲げた「国民所得倍増計画」の始まった年であり、生活の洋風化が進み、ウィスキーの消費も進んだ。菓子業界にも当然、その影響は表れてくる。それがチョコレートだった。

2 藤井勇『ロッテの秘密』こう書房、1979年

●軍事クーデターに揺れた祖国

日本中がロッテの1000万円懸賞の話題でもちきりだった頃、韓国では重光の人生を翻弄することになる朴正熙《パクチョンヒ》の仕掛けた5・16軍事クーデターが起きていた。その後30年余り続く軍事政権の始まりである。

反日姿勢が鮮明だった初代大統領の李承晩《イスンマン》は、48（昭和23）年8月の建国時から60（昭和35）年4月、「4・19学生革命」と呼ばれる民主化運動で下野、ハワイに亡命するまで政権を握っていた。直接のきっかけは大統領選挙の不正糾弾デモの高校生が警察の催涙弾で殺されたことにあるが、背景には無償贈与から有償援助へ米国が対韓政策を変更したことで韓国経済が瀕死の状況にあったことが挙げられる。ちょうど韓国のロッテが立ち上がった頃のことだ。

日本ではほとんど認識されていないが、朝鮮戦争の被害者は甚大であった。死者の概数を見ても、韓国・国連軍30万人、北朝鮮・中国義勇軍150万人、民間人300万人と、合計500万人近い。

韓国2400万人の59（昭和34）年の1人当たりGDPは81ドル。これはインドやバングラデシュ並みで、タイやフィリピンの半分程度だった。戦災孤児は欧米に里子に出されていた。年間2億ドルの海外援助でなんとか食いつないでいる状態で、国民の3分の2は農業主体の第一次産業に従事していた。

クーデター2日後の朴正熙少将（左、1961年）

日本の団塊の世代は46～49（昭和21～24）年生まれだが、韓国のベビーブーマーは59年（昭和34）を真ん中に前後4年ずつ、昭和でいえばおおむね30年代の毎年100万人ほど生まれた世代を指す。のちに、重光は「タイムマシーン経営」を強力に進めることになるが、消費をリードすることになるこの世代については注目しておきたい。

李の亡命後、独裁に懲り、憲法を改正し大統領権限を大幅に縮小、尹潽善《ユンボソン》大統領と張勉《チャンミョン》国務総理（首相）による責任内閣制が立ち上がった。6月には日本訪問を断念したアイゼンハワー米大統領が訪韓している。しかし、この第二共和国は不安定なまま推移していく。

61（昭和36）年5月16日深夜、第2軍副司令官の朴正熙少将が最高指揮官となった革命軍は2時間で首都を制圧する。そして軍事革命委員会を立ち上げ、6項目にわたる革命公約を発表した。有名TVキャスターの柳時敏《ユシミン》は公約のポイントは2点だったと語る。[*3]

「『絶望と飢餓線上であえぐ民生苦をすみやかに解決し、国家自主経済の再建に総力を傾注』(第4項)することによって国民に希望を与え、革命の『課業が成就されれば斬新にして良心的な政治家にいつでも政権を移譲し、我われは本然の任務に復帰する(第6項)』というのである」

前者は朴のホンネ、後者は時間稼ぎの意図的なウソというのが柳の見立てだ。実際、クーデターの3日後には国家再建最高会議という韓国軍陸軍士官学校8期生が中心となった軍事政権が成立、翌月にはKCIAとして知られる大韓民国中央情報部を設立し、初代部長に金鍾泌《キムジョンピル》が就いた。金は朴と共にクーデターの主役であり、その妻は朴の姪だった。

63(昭和38)年12月、朴は大統領に就任、憲法改正で大統領権限を強めた第三共和国を立ち上げ、親米反共の開発独裁が始まる。前政権がクーデター前日に策定していた5カ年計画を実行に移していくのだが、この点については後述する。

62(昭和37)年6月に行ったファンから新ウォンへの切り替えは重要だ。ファンは10年の間に対ドルレートを20分の1にまで下げた。ファンと新ウォンの交換レートは10対1。つまり10分の1のデノミを行い、通貨切り替えで民間に隠匿された資金を吸い上げようとしたのだが、これが空振りに終わる。その結果、開発に必要となる資本を専ら海外に依存するという政策に切り替えることになるからだ。

3 柳時敏『ボクの韓国現代史』三一書房、2016年

21年振りの帰国

この頃から、在日韓国人実業家の動向が、本国の新聞でも徐々に報じられるようになっていく。大和製罐の孫達元《ソンダルウォン》、阪本紡績の徐甲虎《ソガプホ》、新宿オデヲン座など映画館を持つ東亜興業の李康友《イカンウ》、そしてロッテの辛格浩《シンキョクホ》を列挙した後、「前記した在日韓国人の実業家らは大部分が（李承晩）独裁政権が辞任した祖国に来てどんな業績でも残したいという意思を吐露しているが、この（李）政権が残した悪弊の一つである〝企業家が政治の中に連れていかれる〟のが怖くてぐずついている」と報じている。[*4]

在日韓国人の成功者が故郷に錦を飾る「衣錦還郷《いきんかんきょう》志向」を抱いているにもかかわらず、「企業家が政治の中に連れていかれる」、つまり政治家に便宜（ワイロ）を要求され、癒着が常態化する恐れがあることから帰国を躊躇している、という指摘である。韓国の財閥の萌芽は李政権下からあるが、政権が変わっても基本的な構造は変わることなく、開発独裁下でむしろ強まっていく。

徐甲虎は重光と同じ村（三同面《サムドンミョン》）の出身で、28（昭和3）年、14歳で故郷を離れて大阪の商家に丁稚奉公に入る。戦後、軍需物資の売買で貯めた資本を元に繊維工場を買い、阪本紡績を設立。朝鮮特需で急成長し、60年代初めには西日本最大の紡績王となった立志伝中の人物である。

徐は、大阪の韓国総領事館建設時には2000万円を韓国政府に寄付、在日本大韓民国民団（民

4『京郷新聞』1960年11月21日付

団）大阪府地方本部には毎年500万円の賛助金を提供、大阪の韓国学校を建設し理事長になり年間2400万円を寄付していた。これだけではなく、東京麻布の旧伊達藩下屋敷の土地を数億円で買い取り、現在もそこにある駐日大使館の用地として寄付している。

大阪市立大学大学院教授の朴一《パクイル》は、徐についてこのように記している。*5

「朴大統領自身から本国投資を懇願された徐は、当時産業銀行の管理下にあった韓国最大の泰昌《テチャン》紡績を買収。1963年115億円を投資してソウルの永登浦《ヨンドゥンポ》に新たに邦林《バンリム》紡績を設立した。（中略）さらに翌64年、徐は171億円を投資して、韓国大邱《テグ》市内の亀尾《クミ》工業団地に阪本紡績が100%出資する潤成《ユンソン》紡績を設立した。（中略）阪本紡績の韓国進出は、在日韓国人資本による初めての本格的な本国投資であり、徐は本国でも『祖国に錦を飾った在日韓国人』として話題になった」

ところが、74（昭和49）年、潤成紡績の工場が焼失。日本資本の進出を嫌った現地人の犯行という噂も流れ、支援を要請した朴政権からは冷淡に扱われ、韓国からの撤退を余儀なくされる。オイルショックの余波もあり、徐の企業グループは同年、繊維会社としては戦後最大の640億円という負債額で倒産してしまった。この郷里における先輩の行動と結末は、故郷に錦を飾ることの難しさという点で、重光にも大いなる教訓を与えたはずだ。

民団事務総長の徐元喆《ソウォンチョル》は自分の親世代にあたる在日一世の想いを説明する。「規模に大小はあるが、自分たちの出身の村に小さい橋をかけたり、公民館を作ったり、学校を作ってあげたり、多額の寄付をしたり、もう半端じゃないことをやっている。しかし、一方で身内に騙された人も少な

5 朴一「もう一つの国際経済学：移民企業家と本国経済：在日コリアンによる初期本国投資の事例研究」『経済学雑誌別冊』大阪市立大学、2010年4月

くない。80年代にはそういう話をよく耳にした」

父が釜山から来日し、大阪で生まれ育った許永中《ホヨンジュン》も同様の証言をする。[*6]

「韓国の在日に対する姿勢にも納得いかないものがある。60年代や70年代には、本国よりも在日社会の方が裕福だったために、本国に経済支援を重ねてきた経緯がある。そのせいか、韓国には在日からお金をとって当たり前、支援をしてもらって当たり前という感覚がある。（中略）その一方で、在日を蔑む目線も併存する」

つかこうへい（金峰雄《キムボンウン》）が韓国の税関で入国理由を聞かれて、英語で「サイトシーイング（観光）」と答えたところ、「韓国人のくせに祖国の言葉がしゃべれないのか」とパスポートをたたきつけられたことがあったという。

日本では民族差別され、本国では僑胞《キョッポ》という呼び方もあるのだが、パンチョッパリ（半分日本人）と侮蔑的に呼ばれることもある在日韓国人の境遇は察するに余りある。

東亜興業の李康友は星薬科大学卒で三亜薬品工業（現・日本ベーリンガーインゲルハイム）創業者だが、映画興行界に重きを置いた。『京郷新聞』の記事が出た直後、日韓経済協会の発起人となり副会長を務め、61（昭和36）年に東京韓国商工会議所の、翌年には在日韓国商工会議所のいずれも初代会長となるなど、在日韓国人実業家の大立者だった。ちなみに、創立時の東京韓国商工会議所では、1期のみだが重光が珍しく初代副会長に就いている。

62（昭和37）年4月20日、在日韓国商工会議所の顧問として、重光は郷里を出てから21年振りに

6 許永中『海峡に立つ』小学館、2019年

祖国の土を踏んだ。同行した会長の李康友、副会長の許弼奭《ホピルソク》らと翌日には京郷新聞や東亜日報などを訪問した。パチンコ店「モナコ」を経営していた許弼奭と重光は気が合ったという。20年にわたり重光の秘書を務めた磯部哲は、「許（日本名は阿施）は、在日韓国人の中で重光と一番親しく相互に信頼も厚かった。よく西新宿のロッテ本社を訪れた許と、重光は社食のウドンを食べていたのが印象的だった」と話す。

62年4月20日付の『京郷新聞』の来訪欄には、「重光武雄氏（美롯데《ロッテ》株式會社社長）辛格浩氏 人事次」と、重光の肩書が米国ロッテ社長となっている上、辛格浩が別記され、あたかも2人が訪れたように記載されている。単純な誤記だが、2つの名前を日韓で使い分けていた重光の、「半分は日本人」と扱われる運命を暗示するかのようなエピソードである。

入国後、休戦から10年近く経ったというのに、回復しきれていない貧しい祖国の姿に重光は衝撃を受ける。そして、迎えに来た還暦を迎える父と再婚した継母に話しかけようとしたが、韓国語が出てこない、すっかり日本人化していた自分にも驚きを隠せなかった。

なお記録にはないが、このとき梨花《イファ》女子大学生だった長女の英子《ヨンジャ》と初めて会った可能性も高い。英子が初めて初台の邸宅を訪れたのは2人の息子が小学生の頃だったが、重光は自分の妹として家族に紹介したという。当然、嘘はばれるのだが、そのときの重光の神妙な顔が想像できるだけに少々愉快なエピソードでもある。

重光が帰国した62年は、第1次5カ年計画（62～66年）の初年でもあり、特定工業地区に指定された重光の故郷である蔚山《ウルサン》でも同年6月から工業団地の造成が始まっている。できるだけ北朝鮮との軍事境界線より遠いところという理由もあって、ここには大韓《デハン》石油公社の製油工場が建てられた。石油化学工業が発達するとともに、68（昭和43）年からは現代《ヒョンデ》自動車の工場も生産を開始、5年後にはのちに建造量世界一となる造船所も立ち上がり、現代グループの企業城下町となっている。

このとき重光は、祖国への投資に加えて、日韓国交正常化に向けた交渉にもかかわっている。

日韓国交回復の仲介者として

「世界で一番民族差別の激しいのは日本においてない。私もアメリカに住んでいたら、アメリカ国籍を取っただろう。だが、日本ではどうしても抵抗がある。日本のマスコミなどで、韓国人はみじめだなどと同情的にいわれるのは迷惑だ。むしろ韓国人で良かったと思う」[7]と激しい心情を吐露したこともある重光は、日本の首相経験者などから日本への帰化を勧められると「そんな話は出すな。気分がよくない」と一喝したという。

それでも、祖国と自分を育ててくれた日本との国交回復に寄せる思いは強く、日韓会談に注目していた。57（昭和32）年末の予備会談を皮切りに、翌58（昭和33）年4月から開かれた第4次会談には、韓国銀行東京支店長だったあの劉彰順《ユチャンスン》が財産請求権担当代表として参加していた。劉は在日韓国人実業家たちの意見を集める一方で、韓国側代表たちとも会食の席を持ち、重光に祖国に積

7 宮田浩人『65万人 在日朝鮮人』すずさわ書店、1977年

極的に投資しなさいと勧めたりしたという。

重光は50年代末、ある経済団体の会合で紹介を受け、岸信介と親交があった。57（昭和32）年2月から60（昭和35）年7月まで首相を務めた岸は、日韓国交正常化を強く推進した親韓派だった。岸との親交から広がった官僚や政治家たちとの人脈は、日韓交流に生かされていく。

61（昭和36）年の5・16軍事クーデターで、日韓交流と故国への投資問題はしばらく停滞するが、祖国訪問から程なく、重光は日韓国交正常化の交渉に関与していく。

62（昭和37）年6月6日、駐日韓国大使が韓国外務部長官に送った公文「ロッテガム会社社長、重光武雄の伊関面談報告」でも重光の役割が見て取れる。

> 当地の在日韓国人実業家である「ロッテガム会社社長、重光武雄」は6月5日午後に本人（駐日韓国大使）を訪問し、同日の午前に伊関（日本）アジア局長と外務省事務室で面談したが、その内容が以下のとおりだと電話して来たので報告する。（ロッテ会社社長重光武雄は韓国商工会の顧問で当地在日韓国人の間で人望が高く、日韓実業家間でも信望が大きい者であり、大蔵省理財局長「イナマバスシゲル」と個人的にまたは家族的に非常に厚い親交関係を持っている）

この記録から、重光武雄が外務省亜細亜局長の伊関裕二郎と単独で面談し、その内容を駐日韓国大使の裵義煥《ベウィフワン》に直接電話で知らせた事実を知ることができる。なお、「イナマバスシゲル」は稲益繁（大蔵省理財局長）の誤記だ。

このときに重光が伝えたのは、伊関局長の訪韓、対日請求権の金額、韓国の日本漁船拿捕や韓国人旅行者の日本滞在時間の問題など、一様に敏感なものだった。

裵大使は、61（昭和36）年の日韓会談首席代表を務め、同年12月、駐日大使に任命されている。劉彰順の韓国銀行での元上司であり、裵は第4代、劉は第6代のそれぞれ韓国銀行総裁を務めるなど近しい仲であり、劉から重光を紹介された可能性が高い。こうした交渉の仲介者になることが、重光にとっては「事業のために忘れていた私の祖国に対する小さな恩返し」となった。

62（昭和37）年8月9日には、裵大使と「日韓親和会」理事の大野信三、事務局長の古田常二の夕食を斡旋し、重光も同席、対日請求権などの問題が議論されている。

63（昭和38）年2月6日には、行政管理庁長官の川島正次郎、東京都知事の東《あずま》龍太郎、自民党副総裁の大野伴睦、自民党総務会長の赤城宗徳、衆議院議員の船田中が集まって開かれた晩餐会に、裵大使と共に韓国側として参加した。ここでは韓国の情勢、日韓国交正常化協定の国会批准、東京都知事選挙などについてのやりとりがあった。

一度買った土地は手放さない

重光が最初にまとまった土地を購入したのは、50（昭和25）年の新宿区百人町の本社・工場用地と渋谷区初台の自宅用の土地だった。

3年間通った早稲田高等工学校に近く、なじみのある当時の百人町周辺には場末感が漂っていた。「ロッテの工場があるが、その高田馬場よりに、いわゆる『朝鮮部落』があった。せいぜい20〜30軒ほどだった。（中略）ロッテの工場の横には仕切り屋があり、韓国人が50〜80人くらい暮らしていて、なかにはどこからか流れてきた者もおり、くず鉄や古紙、古雑誌などの廃品を買ってきては、住まわせてもらっていたと言う。（中略）戦争直後の混乱のなかで、こうした官地や原っぱには、日本から独立して『解放国民』とされた朝鮮人が当座の生活の場として住み着いた」[*8]。

初台には1000坪を購入しているが、その頃は駅までの商店街もなく、まわりは林のような寂しい場所だったという。高度成長期以前は、今日では想像がつかないくらい地価は安かったのだ。

ダイエーの中内㓛などはその典型だったが、最大の担保価値を持つ土地を事業の拡大に合わせて買い求め、そこを担保に新たな店舗開発に結び付けていった。重光の場合は投資目的というよりも、基本的には事業に結び付く用地取得の趣が強かった。

「よくホテルなどの物件の話を持ってくるけど、興味がないですね。僕は自分のアイデアで自分の思う通りに何かをつくってみたいんです。買うのは土地だけでいい（笑い）」[*9]

時はバブルの頂点の時期だったが、「日本で値上がりした土地を売って、そのお金で仕事をするということは？」という問いに対して、「僕はあまり売らないですよ。使うために買うのですから、それを利用したいのです」と答えている。

8 民団新宿支部編『民団新宿60年の歩み』彩流社、2009年

9『日経産業新聞』1990年2月24日付

このインタビューでも明らかなように、重光は銀座や日本橋といった一等地の不動産に関心はなく、むしろ不動産のプロが見たら決して勧めない湿地や水田、埋め立て地などを安く手に入れて、そこに生産設備などを設けて活用していくことを好んだようだ。結果的に、これらの土地は膨大な含み利益を持つようになる。

重光にとっての不動産とは、事業で失敗しても借金返済が可能となる安全装置だった。それは韓国の他の財閥の不動産投機とは違うと指摘する意見もある。[*10]

「彼（＝重光）はガムとお菓子を売って儲けたお金で東京周辺の土地をじりじりと買い入れ、ダイナスティー（王朝）を建設した。韓国財閥の大半がインフレ下で金融特恵による銀行のお金で不動産投機を通じて富を蓄積したのとは出発点が違う。まさに、このような点で少なくとも重光の原始資本蓄積だけはその正当性に問題があまりない」

重光自身、このような破天荒な意見を述べたこともある。[*11]

「私の主張は、一言でいえば、土地売買利益について99％や100％の課税をしようということです。例えば、ある人が10億ウォンで土地を買い、その地価が10年後に100億ウォンになった。売って得られた差額90億ウォンすべてを税金として吸収しようということです。そうしてこそ、限定された土地を家や工場・オフィスのため必要な人だけが購入することになります。（中略）私の場合だけでも、事業のために購入していた土地を売って得をしたことは一度もありません」

韓国での財閥への批判が背景にあるとはいうものの、重光の土地に対する向き合い方が感じ取れ

10 鄭淳台『辛格浩の秘密』（未訳）

11『朝鮮日報』1994年8月9日付

る。

重光の不動産への取り組みを間近で見てきた重光宣浩によれば、「いったん買った土地は公的機関から立ち退きや移転を求められない限り、絶対に売らないこと」が特徴だったといい、「駅前なんかは、大概、丸ごと買ってしまうのです。駅の近くに大きなビルを建てて、『駅も一緒に改装してきれいにするから、余った土地を売ってください』といって買い集めたこともあります。するとそれまで閑散としていた駅前が繁華街になったり、すごいお店が何百軒もできたりしてね。そんな土地を貸していたらものすごい賃料が入ってくるわけですよ。買った土地は売らないというのが武雄会長の方針でした。韓国に進出してからも半島ホテルの跡地買収をはじめ、同じような手法でさまざまな不動産買収を進めていきました」。

重光は61（昭和36）年8月にロッテ不動産を設立した。資本金は8000万円と大きい。この年、ロッテの拠点は本社・工場が新宿区百人町に、第二工場が中野区大和町に、第三工場が新宿区下落合にあった。これだけの土地資産管理のためにわざわざ会社を作る必要もないわけで、この頃から重光は土地の購入に意欲を示すようになる。知り合いの不動産仲介業者を部長職に据えて、数人のスタッフで始めている。

設立当初の様子は『ロッテの秘密』に詳しい。そこからかいつまんで見てみよう。

「仕事といえば土地買収専門で、それも『なぜ、こんな不便な場所を選んで……』と首をかしげさせる物件ばかり」

どのような土地を買ったのか。列挙されているのは、富士吉田から山中湖に通じる広大な原野、[12]鶴見～横浜の国鉄沿線に沿った沼地、東京都が払い下げた東京湾の埋め立て地など。

「すぐには使いものにならない場所を何十万平方メートルも買い進めた」

東北新幹線の構想が打ち出されると盛岡周辺、[13]ゴルフがブームを呼ぶと見ると九州にと。

「『うちの社長は、日本中の土地を買い占めるつもりかね』と担当者が舌を巻いた」

この後の記述が興味深い。

「ところが最初、何の値打ちもないと思われた土地が、数年たつと値打ちのある土地に変わっていくのだ」

「鶴見の沼地は横浜市のゴミ処理場になり、東京湾の埋め立て地は、東京・深川の木場の移転先に決まったのである」

やみくもに買っていたわけではないことが分かる。誰が指南したのか。ロッテの元幹部社員はこのように証言する。

「重光会長は堤康次郎さんにかなりかわいがられていたようです。息子たち以上に目をかけられていたと聞いています。不動産投資は堤康次郎さんに教えていただいたようです」

堤康次郎とは早稲田の先輩で、衆議院議長も務めた政治家であり、何よりも西武グループの創業者である。

1889（明治22）年滋賀生まれ。幼少期に両親と別れ、祖父母に育てられるが、18歳で天涯孤

12 山中湖に近い忍野村の所有地で、当地に工場のあるファナックに売却済み。

13『列島改造論』の出た頃に買い求めた岩手県雫石町の土地で現在も所有している。

ロッテの保養所だった「ロッテ軽井沢クラブ」（右）、レストランの椅子やテーブルなどは撤去された（左）

独の身となった後、故郷の田畑を売り、上京する。学生時代から数々の商売を手掛けるもうまくいかず、起死回生の策として打ち出したのが、現在の中軽井沢周辺での別荘分譲。これで一山当て、次いで箱根の強羅、戦後は皇族や華族の邸宅跡地にプリンスホテルを建て、一方で鉄道の経営権を得ながら、目白文化村や大泉学園、国立・小平学園都市など文化の薫るような街づくりを繰り広げ、日本を代表する不動産王となった。

5年ほど前のデータになるが、西武ホールディングスが保有する東京23区内の土地は約46万平方メートルもあり、三菱地所、住友不動産、三井不動産といった財閥系をしのいでいる。

堤は64（昭和39）年4月に亡くなっている。衆議院議長に就いたのは53（昭和28）年からであり、なんら記録が残されていないが、2人が親交を結んだとすればこの間だろう。

ところで、ロッテの持ち株会社が保有する従業員用保養所のロッテ軽井沢クラブの敷地は、元は加賀藩前田公爵の所有地だった。重光はこの内装にロッテホテルと同じ部材や家具などを用いて建築している。ロッテ軽井沢クラブではロッテ社員の研修なども行われていたが、重光が亡くなって程なく、閉鎖されることになった。また一つ、重光の痕跡が消えようとしている。

◉――沼地が駅近物件に化けた浦和工場

新宿工場が手狭になり、新たにチョコレートに乗り出そうというタイミングで、新しい工場用地の取得が始まる。用地取得の責任者は、のちに埼玉工場長になる重光宣浩だった。

「東京近郊の土地買収は私が決めて買ったものが一番多かった。武雄兄は新しい工場用地を探していましたが、そんなときに見つけてきたのが浦和の沼地でした。路線価を見て『ここならただ同然いくらでも買えるよ』といって、10万平方メートルを契約するようロッテ不動産に指示、30~40%程度高く買い集めました。地主は喜びましたよ」

それでも坪3000円程度だったようで、1億円に満たない投資となる。最初に取得できたのは6割程度で、少しずつ買い足していった。浦和市（現・さいたま市南区）沼影という地名が示すとおり、あたりは水田か湿地で、長靴が沈み込む経験をした元社員もいる。ここもまた奇縁だが、あとからロッテに入社してきた元地主もいたという。

沼影に土地を取得したのは62（昭和37）年5月のことだ。最寄りの駅は京浜東北線南浦和駅だが、社員は浦和駅から会社のバスで通った。64（昭和39）年2月に浦和工場は完成している。

浦和工場は現在、武蔵浦和駅徒歩数分の便利な立地にある。73（昭和48）年に武蔵野線（与野～西浦和）ができたときには信号場だったが、東北新幹線の地元対策として85（昭和60）年に埼京線（大宮～池袋）が開通したとき、この駅も両線の乗換駅として生まれた。

武蔵野線の着工は64（昭和39）年、東北新幹線の基本計画が示されたのは71（昭和46）年のことだが、工場用地は買収から半年後には数倍に値上がりしていたという。

重光はなぜこの沼影の将来性が見抜けたのか。当時の事情を知る社員に話を聞くと、運輸大臣経験者で元首相の名前が挙がった。

「そのうち近くに埼京線と武蔵野線が乗り入れる駅ができるから土地の値段がすごく上がるし、将来的には浦和の中心都市になるかもしれない、買った方がいいんじゃないかと推薦してきた」

こうした政治家絡みでスキャンダルとなったのが、東海道新幹線新横浜駅だった。やはり軟弱地盤で二束三文の土地だったものの、開業5年前から駅の予定地周辺の買い占めが始まっていた。こちらは、梶山季之《としゆき》の小説『夢の超特急』でも描かれた一大汚職事件となり、当時の内閣を騒がせている。

その点、ロッテの場合は実際に駅ができるまで20年以上かかっている。その間、社員はバス通勤を余儀なくされたわけだが、こうした長い目で見て投資ができる点も重光の先見性ということになるのだろう。

とはいえ、基本的に事業用地の取得が重光流であり、中にはいまでも塩漬けとなっている土地もある。

アイスクリームに進出を決めた70（昭和45）年頃、乳業大手の反対で原乳確保が困難と見られていたこともあり、重光は自分で牧場を造ってミルクを生産しようと言い出したことがある。そのために軽井沢や八丈島、福島、岩手で牧場用地を手当てした。もっとも、後述するように、植物性油脂をメインにしたアイスクリームを作ることになり、牧場用地は不要となったが、土地はそのまま保有していたようだ。

ロッテグループの元役員は、グループの所有する不動産リストを見て仰天したことがある。工場など事業用地だけでなく、新幹線沿いの主要駅周辺などに膨大な所有地があったからだ。400万坪強の取得価格は約220億円で、バブル経済の前の時価換算で4000億円ぐらいになっていたという。

80年代になると、重光は国内での新規の不動産投資をほとんどやらなくなった。むしろこれらの不動産を担保にして、韓国への投資資金に振り向けていくことになるのである。

第7章　「製菓業の重工業」チョコレート

皆が反対したチョコレート生産

1963（昭和38）年5月、重光は全国業界紙や全国の有力特約店を招いて「秋ごろにはチョコレートを発売する」と発表した。すでに工場は竣工しており、あとは設備を動かすだけという状況だった。2人の役員、能仲久夫と乙守秀隆を秘密裏に欧州に派遣してから1年半が過ぎていた。質の良い製品であればあるほど暑さに弱いため、チョコレートの新製品は9月ぐらいに発表するのが一般的で、重光もまたそうした新製品発表時期に合わせる形で発売時期を設定したのだろう。

この発表に一番驚いたのは、他ならぬロッテの社員だったかもしれない。ごく一部の部署の幹部がかかわるだけで、社内での守秘は徹底していたからだ。それでもチューインガムの販売網拡充という名目で、前年から毎月のように地方の出張所が新設されていた。

業界の見方は冷ややかだった。「板チョコ市場は明治・森永がしっかり押さえているのに」「チョコレートはつくりたいという気持ちだけではつくれない」と、取引先の中でさえささやかれていたという。

先に触れたが、ロッテもハリスも昭和20年代にチョコレートを売り出したことはある。しかし、それは代用品であり、駄菓子のようなものだった。欧米で売られているような本格的な製品を作るには多大な設備投資と高度な生産技術の蓄積が必要となる。

「チョコレートを制するものは製菓産業を制す」とはあながち大げさな話ではなく、「製菓業の重工業」といわれるほどのビッグプロジェクトだ。それでも重光が踏み切ったのは、高度成長期の日本では欧米化が著しく、チョコレートの消費量も急激に増えていたからである。

2人の役員が視察を終えて帰国すると、ロッテ商事に「チョコレート委員会」が設置され、ロッテ本社では製造企画課が中心となってデータの収集・検討が行われた。重光と製造の小川、営業の乙守を中心に具体的な進出計画が検討される。チューインガムという日本人には全く未知の嗜好品を生活の一部として定着させた重光の目に、チョコレートは日本の菓子産業の未来図となって映り、ロッテがチョコレートで急成長していくさまが見えたという。即断即決をモットーにしてきた重光だが、このチョコレート事業進出においては慎重の上にも慎重を期した。

ここでも重光は品質第一を強調する。[*1]

「チョコレートを始めるからには、明治製菓や森永製菓以上の製品をつくれる自信がなければ絶対に開始しない。また、それができなければわが社がチョコレート生産を開始する意味がない。日本の消費者がいまだに食べたことのないほどおいしいものを製造しなければならない」

最初に大きな障壁となったのが全脂粉乳の調達である。チョコレートの大手は当時、明治製菓な

1『ロッテのあゆみ』只野研究所、1965年

ら明治乳業、森永製菓なら森永乳業、江崎グリコならグリコ乳業というようにいずれも原乳を押さえていた。チョコレートの新規参入者に融通してくれるわけもないので、ニュージーランドやオランダなど海外から輸入しなければならない。しかし、当時は牛乳の輸入規制があった。

検討の結果、全脂粉乳と原料のカカオを混ぜ込んだ「カカオプレパレーション」[*2]を使用することにした。関税を払えば自由に輸入でき、安く輸入できるという利点もあった。これにより、原乳を持つことはむしろ重荷になる。後発メーカーのメリットをここで生かすことができた。

ロッテを救った銀行支店長

「チョコレートは菓子業界では最も売上高が大きかったし、これをやらないと中小企業から脱皮できないと考えたわけです。ところが、チョコレートには、明治（製菓）さん、森永（製菓）さんという両横綱がいる。『ふんどし担ぎが横綱と相撲を取るようなものだ』と言われて、銀行はもちろん、社内からも反対された。設備投資に一六億円くらいかかったんですが、銀行がおカネを貸してくれない。どうしようもないから、商社にお願いして操業にこぎ着けました。万が一、チョコレートが失敗した場合でも、チューインガムの利益で十分カバーできるという目算はついていた。決して誰にも迷惑はかけない、と。自分の背丈に合った事業だけを手がけ、無理なことはしない。それが、僕の主義なんです[*3]」

2 カカオ豆自体はココアパウダーのような香りしかしない。牛乳や砂糖と高温で混ぜ合わせると、カカオの成分、牛乳のたんぱく質、糖分が反応してチョコレート独特の香りが生じる。この配合や混ぜ合わせる温度、時間が各社のノウハウとなる。

3『週刊ダイヤモンド』2004年9月11日号

設備投資資金の確保が、チョコレート進出にあたって越えなければならない大きな山の一つだった。当時のメインバンクである第一勧業銀行（現・みずほ銀行）と三和銀行（現・三菱ＵＦＪ銀行）には融資を断られた。そこで、原料輸入で付き合いのある大手商社から商社金融を受けることにした。８割方は丸紅が、残りは三菱商事が応じた。ロッテの取引先に商社が支払いを行い、その回収はロッテの希望に合わせ、期間とリスクに応じたマージンを商社側が受け取る仕組みだ。

しかし、調達額が大きいため、それだけでは足りない。この時期に重光を助けたのは、北陸銀行新宿支店長の安井清一だった。当時急成長中のロッテに食い込みたいと考えていた安井は、協調融資団の責任者となり、他行に呼び掛け、本店で納得してもらえない場合は支店を回って説得したという。

これに感謝した重光は、安井が北陸銀行を退社した後ロッテに迎え入れ、のちにロッテ不動産とロッテ物産の取締役としている。

この浦和工場の建設では、重光宣浩も現場で苦労している。資金繰りの問題もあって、途中で工事を止めてしまう建設会社をなだめすかして、なんとか竣工にこぎつけたのだった。

難航した技術者探し

61（昭和36）年11月1日に作成された「チョコレート生産準備計画書」を手に、製造責任者の小川が欧州に飛び、生産設備の調査と技術者の探索を始めた。年の瀬も押し迫った12月30日には乙守が渡欧し、メキシコに天然チクルを買い付けに行っていた貿易課長の安藤謙もこれに合流した。

後発組のロッテにとって、早急に取り組む必要があるのは製造技術者の確保と最新鋭の製造機械の調達だった。原料のカカオ豆、カカオバター、全脂粉乳、砂糖の組み合わせで、千差万別の味を生み出すチョコレートは「味の芸術品」といわれる。ましてや「日本の消費者がいまだに食べたことのないほどおいしいもの」を作るわけだから、当代一流の技術者と生産設備が必要となる。

重光は、招聘できる技術者が見つからないときには、欧州の一流メーカーと技術提携するしか手はないと考えていた。この次善の策が、結果的にロッテに幸運を招いた。技術提携の意志を感じとった一部のメーカーが、工場内の見学を許し、自社宣伝も兼ねて製造上の助言までしてくれたからだ。

そうして目にした一流メーカーの製造方法、各社の生産状況や製品の特徴などから、製造技術が予想以上に高度なものであることを実感させられ、チョコレートは技術者次第と強く認識することになる。

こうした情報収集には重光宣浩も動いた。ドイツのデュッセルドルフにある高級ホテルを借りて、パーティを開いた。大手菓子メーカーの現役を引退した経営者や工場長などを招待、業界のことから人脈など調べていく。同伴した彼らの奥さんには日本からトランクいっぱいに入れて持ち込んだ真珠のネックレスやブローチをプレゼントし、情報を引き出していった。

一方、機械設備の購入では、同じ時期に明治と森永も技術者を欧州に派遣していた。各社とも隠密行動なのだが、行く先々で「奇妙な日本人」が先に来ている。それがロッテだと分かり、両社は驚愕した。そこで最新鋭の機械を導入して生産能力を拡大、出る杭を叩こうと闘志を燃やすことになる。

技術者探しと並行して、チョコレート工場の建設と機械購入の準備も進められた。工場の建設予定地は、先述したさいたま市南区沼影3丁目の10万平方メートルの広大な敷地だった。

すでにチョコレート進出計画があることはライバルにつかまれていたが、どこに工場を造るのかまでは分からない。62（昭和37）年にできたチクル精製用の戸田工場の近く、あるいは京浜東北線蒲田駅近くの取得済み用地、などといった憶測が飛び交った。

工場には生産設備が必要となるが、機械を発注する際には、どのようなチョコレートを製造するのかを決めなければならない。当時、菓子製造設備の輸入には強い制限がかけられ、輸入を担当する丸紅との事前の打ち合わせが欠かせない。時間的な制約から、決断を迫られていた。

チョコレート製品は形状によって3つに大別される。当時、明治、森永の大手2強が本格的な製品を出していた板チョコレート、ビスケットやウエハースをコーティングした被覆チョコレート、型に流して固めた殻《シェル》の中にナッツやフルーツを詰めた充填チョコレートである。

リスクを考えると被覆や充填タイプを選ぶべきなのだろうが、明治、森永との競合を避けるくらいなら最初からチョコレートには参入しないと重光の腹は決まっていた。これまでにないおいしい味で真っ向から勝負をかける。そのためには優秀な技術者が不可欠となる。チョコレート進出発表のほんの数カ月前、ついに念願の技術者との契約が調印された。

命運を握る技術者マックス・ブラック

欧州に初めてチョコレートの原料となるカカオの実を持ち込んだのはコロンブスである。その後、飲料として受け入れられ、19世紀半ばから後半にかけて、技術開発や製造機械の発明により板チョコの歴史が始まる。

世界初のミルクチョコレートを生み出したことから超一流といわれるようになったスイスの技術を輸入しようと人選を重ね、62（昭和37）年7月、数十人の候補者の中からスイス生まれのマックス・ブラックに白羽の矢を立てた。ブラックは重光と同年齢で、チューリッヒ大学卒業後、スイス、オーストリア、フランスでチョコレート工場技師、工場長として活躍する若き重鎮だった。63（昭和38）年初めにウィーンで正式に契約書に調印、東京のロッテ本社で重光に会う。

このとき重光はブラックに対して、「工場設計も原料の選択もすべて一任する。どんなに原価が高くなってもいいから、あなたがスイスで作ったチョコレートよりもっと良い製品をつくってほしい」と言い渡した。

それを聞いたブラックは、本当に採算度外視でいいものか悩みながらも、重光の言う「最高のチョコレート」を作ることに全力を注ぐことになる。ロッテのチョコレート事業の命運は、ブラックの手に委ねられた。

浦和工場には世界中から集められた最新鋭の設備が導入され、作業効率のいいレイアウトで配置されたベルトコンベアーシステムが据えつけられた。

ブラックは欧州人の好みは熟知していたが、日本人の味の好みを理解するまでには時間がかかった。試食会を繰り返すうちに新商品が誕生した。それが「ロッテガーナミルクチョコレート」である。試食に参集したロッテの首脳陣は、ただ無言で欧州にもないその独創的な芸術品を味わった。ちなみに、食品でブランドとして国名を付けているのはガーナ[*4]と明治のブルガリアヨーグルトだけである。ガーナ産カカオ豆を主に使うため、黙認されている。

当初掲げた年内秋の発売開始は見送り、64（昭和39）年2月、当初予定の2倍の量の生産に踏み切った。翌月、「ロッテガーナミルクチョコレート」（50円）を満載した大型トラックが次々に工場を後にし、最初の販売エリアである関東と北海道に向かった。

いざ発売となると、重光の独創的なマーケティングが炸裂する。ライバル会社がチョコレート色である濃い茶色を使っていることを意識し、包装は当時としては異例の「鮮やかな赤」とすることで、より人目を引くようにした。

この鮮やかな赤のパッケージデザインがプリントされた大型バッグを持った50人の女性「ロッテスーパーバッグ部隊」を10日間にわたって投入、銀座、新宿、渋谷、池袋といった繁華街や地下鉄

4 1957年に独立したガーナ共和国は世界第2位のカカオ豆の産地。日本の大手メーカーは全社がベースビーンズとして最も品質が高いといわれるガーナ産の豆を使用している。また、各社が特徴を出すために香りや風味の強いフレーバービーンズも配合する。ロッテはベネズエラ、明治と森永はエクアドル産を使用している。

に神出鬼没に現れては人々の注目を集めた。

そして、板ガム進出時以上の絨毯爆撃を敢行する。東京の民放3局のスポット広告枠をすべて買い取り、週500回も流した。このとき登用されたのは4年後に特撮ドラマ「コメットさん」の主演でブレークする九重佑三子《ここのえゆみこ》、当時18歳。スイスのマッターホルンを背景に、スイスの民族衣装を着て、キャラクターのチロル坊やと一緒にホルンの音色を響かせて登場した。このシンプルなCMを1日に何度も目にすることによる刷り込み効果は絶大だった。ガーナミルクチョコレートのCMは発売から半世紀以上を経たいまでも旬のアイドルが登場する定番となっている。

新聞広告でも、重光のアイデアで「スイスの味」を前面に打ち出し、チョコレート技師のブラックを登場させた。そのコピーでは、「スイス伝統の製法です　かまないでください　まろやかにとろけます　ミルクもホロホロこぼれます」と、これまでにない味わいを強調している。まろやかな口当たりというのはその後もロッテの特徴として受け継がれていく。80（昭和55）年にはマイクログラインド製法[*5]も登場している。

あまりのインパクトある登場にライバル会社は嫉妬した。「そんな色を使うなんてガーナミルクチョコレートはすぐ潰れる」と嫌味も言われた。誰が流したのか、「ロッテのチョコは夏に溶けてしまうから、たくさん仕入れると大変なことになる」「ロッテは資金繰りに困っているそうだ。いい気になって信用すると危険だ」といった噂も飛んだ。

ところが、小売店はこんな本音を漏らしている。「（リスクが高いと周りから聞いていたので）当

5 カカオの殺菌加工技術とチョコレート粉砕加工技術。この製法により、風味と保存性が向上した（ロッテHPより）。

初はお付き合いということで無理して仕入れたつもりだったが、わずか1日でなくなった。さっそく問屋へ注文したが、もう製品がないという……。いったいこれはどういったことなのか」

発売半年後に工場の床面積を5割広げるため5000平方メートルの第2期工事を始め、秋には全国販売に踏み切った。続けて、姉妹品の甘さをセーブした「ガーナセミスイート」、洋酒入りの「バッカス」も発売した。

60年代に急成長を続けてきたチョコレート市場は69（昭和44）年後半から需要が頭打ちとなるも、ロッテだけは例外で、第三次増産計画の検討を開始するほどだった。

ロッテがチョコレートに進出して約10年後、73（昭和48）年の市場規模を見ると、[6]小売総額約2000億円。各社のシェアは、明治製菓22・8％、森永製菓22・7％が肩を並べ、ロッテ17・1％、江崎グリコ16・3％、不二家10・0％となっている。ゼロから10年で3位にまで浮上した。

個人会員権を買ってゴルフ場を攻略

重光は、立ち寄った店で自社の商品が売り場にないとすぐに担当者に指示を飛ばした。自宅から最寄りの初台駅までの商店街は、欠品することのないよう営業部員が常に見て回ったというのは半分笑い話かもしれないが、たとえ余暇の時間でも、売り場の開拓に貪欲だったことがうかがえる。

日曜日に行ったゴルフ場の売店にロッテのチョコレートが置かれていないことに気付いた重光は、

6 藤井勇『ロッテの秘密』こう書房、1979年

翌日、出勤するとすぐに幹部社員を集めてこう語った。

「諸君らもご存じのように、ゴルフコンペには、必ずといっていいほどチョコレートが景品に使われる。ゴルフ場の売店に、ロッテのチョコを置いてもらいたい」

重光がゴルフを始めたのは10年ほど前から。月2回程度のペースでコースを回り、ハンデは28くらいになっていた。

高度経済成長期でゴルフ場ブームが到来、プレーヤー同士が〝握り〟と称してチョコレートを賭けていた。土日なら1日40～50組が回る。200人が1人1枚買えば、1日200枚は売れると皮算用をした。しかし、これに目を付けたのは明治製菓の方が先だった。

ロッテ商事の社員はゴルフどころではない。日々の営業目標を達成するのが精いっぱいの社員は、ゴルフとの縁は浅かった。従ってゴルフ場の売店は常に掌握していなかった。

そこで重光は、「ゴルフ場攻略作戦」に力を入れる。必要だったら会員権を購入して、ゴルフをしてもいいからゴルフ場の売店にガーナミルクチョコレートを納品しろ、という。

「さっそくゴルフ担当が選任され活動がスタートした」と語るのは元役員の細川好司だ。

7000万円、8000万円クラスの会員権はさすがに困難でも、1000万円台くらいなら社内稟議が通ったというからすごい。当時、法人名義の場合は2人以上の契約が必要ということが多く、その分出費がかさむ。そこで、会員権はいずれも重光の個人名義となった。その数、九州から北海道まで200カ所以上。チョコレートを売るためとはいえ、世界で一番ゴルフ会員権を個人所有しているというギネス記録にでもなりそうなエピソードである。

売り場開拓では、もっと身近なところでもロッテが切り開いた対象がある。タバコ屋の店頭に板ガムのディスプレイまで考えて配置したように、ここでも重光はガムを置いてもらうため、売店の陳列台をデザインして製作している。ガム、タバコと置くスペースを区分した陳列台は、売店を運営する人たちに好評だった。

東京五輪大会を前にマナーを徹底

64（昭和39）年といえば、日本で初めての夏季五輪大会が東京で開催された年である。当時の日本人は皆、東京大会に熱狂していたイメージで語られるが、必ずしもそうではない。NHKの番組を書籍化した『1964東京ブラックホール』では、当時の映像記録から実態を描き出している。6月実施のNHK世論調査で、「あなたは近頃どんなことにいちばん関心を持っていらっしゃいますか」という問いに対して、都民で「オリンピック」と答えた人がわずか2・2%しかいなかったというのである。

都民の当時の関心事は、4年越しで続く交通インフラを中心とした関連工事の騒音とホコリ、自衛隊がハエの大群に火炎放射器で立ち向かう夢の島、死んだ魚が浮かぶドブ川と化した隅田川といった、公害に汚染された都市の実態をどうするかにあった。

訪日外国人観光客の目を気にした都知事は、毎月10日を「首都美化デー」と定めて、一斉に掃除をさせた。裏を返せば、東京はそれだけ街中にゴミが散らかり、汚れていたのだ。

美化の標的の一つとなったのがガムである。噛み終わったガムがそこら中に吐き捨てられてしまい、売り上げが頭打ちになるほど社会問題化していた。開通したばかりの東海道新幹線の売店では、一切、ガムの販売ができなくなっていた。

61（昭和36）年7月の段階で、「ガムは紙につつんでくずかごにお捨て下さい」という表示が板ガムの外装紙に記載され、マナー向上を促す動きは顕在化していたのだが、3年経っても改善は見られない。

大会開始を前に、ロッテの社員も清掃活動を始める。マニキュアを取るときに使う除光液のようなガム取り液を開発してもらい、国鉄や鉄道弘済会、私鉄、映画館などに行き、そこら中にこびりついて黒い塊となっているガムをヘラでこそぎ落としていった。

64（昭和39）年はガム業界にとって変わり目の年でもあった。前年には中小メーカーが相次ぎ倒産、4分の1の20社余りしか残らなかった。この年1月にハリスは鐘淵紡績に吸収合併され、カネボウハリスとして再起を期すことになった。

11月には、研究室の手塚七五郎が『チューインガム工業』を著している。「ボクはね、手塚君がノーベル賞を取ったってあまりうれしくはない。それより、君が作ったチューインガムが評判になって、どんどん売れること。要するにみんなから好かれる品質のいいたくさん売れる商品を開発してもらいたい」と檄を飛ばした重光だが、のちに手塚が母校の早稲田大学から博士号を授与されたときには、最初は役員だけの、次には各職場で、そして研究室や工場でもお祝いの会を開いた。「本当に情の厚い人だと思いました」と手塚は振り返るが、このあと韓国に本格的に進出する際も、チョコレートのブラック、ガムの手塚と、ロッテ技術陣の二枚看板として処遇していく。

戦後20年目で日韓国交正常化の65（昭和40）年。『ロッテのあゆみ』が初めての社史として発行された。同書の冒頭で、発刊によせて重光が今日のロッテ繁栄の要因を3つ挙げている。

一、常に消費者の立場に立って、質の良い製品をつくることに心がけて来たこと
二、ガムの宣伝・普及に努力し、消費者（需要）の開拓を行なったこと
三、特約代理店をはじめ販売関係者のたゆまざる努力があったこと

ここから先、ロッテは取り扱い品目を増やして総合菓子メーカーを目指すとともに、韓国投資を本格化させていくことになる。

第8章　日韓国交正常化と韓国進出

日韓国交正常化

1963（昭和38）年から大統領となって第三共和国を立ち上げた朴正熙《パクチョンヒ》は、第1次5カ年計画（62～66年）のため、外資を導入する必要性に迫られていた。

東京五輪大会の影に隠れて印象が薄いが、64（昭和39）年8月、トンキン湾事件が起きている。北ベトナム軍の哨戒艇が米海軍の駆逐艦に魚雷を発射したとされる事件だが、これを契機に、北緯17度線で南北に分断されたベトナムでの紛争に、米軍が積極的に関与していく。72（昭和47）年のパリ合意後に完全撤退するまで、ベトナム戦争の泥沼に足を踏み入れてしまったのだ。

日本は朝鮮戦争のとき以上に軍需工場としての役割を求められ、ベトナム戦争特需に踊る。未返還の沖縄は米軍の出撃基地と化し、韓国は部隊の派遣を求められてのちに物議を醸す猛虎部隊（首都機械化歩兵師団）などが戦闘に加わっていく。それ以上に多くの企業がベトナムに出稼ぎの人員を送り込むなどして外貨を稼ぎ、財閥として拡大する基盤を作りあげていった。

こうした情勢下で、日韓の国交正常化交渉に対しても、反共防衛線という観点から米国による早期締結圧力が強まっていった。

65（昭和40）年6月22日、佐藤栄作総理大臣と朴大統領は日韓基本条約を締結した。10（明治43）年発効の日韓併合により消滅していた両国の国交を回復し、韓国政府を朝鮮半島唯一の合法的政府と認めることが条約の骨子だ。同時に4つ協定が結ばれている。

まず、戦前から日本に住んでいた韓国人とその家族の永住を許可する「在日韓国人の法的地位及び待遇に関する協定」で、91（平成3）年に特別永住者制度が施行されるまで続くことになる。他に、文化財の返還と漁業に関する協定もあった。李承晩《イスンマン》ラインにより韓国の実効支配下に置かれた竹島（韓国名は独島《トクト》）の帰属といった紛糾しそうな話題は棚上げされている。

4番目の「財産及び請求権に関する問題の解決並びに経済協力に関する協定」では、日本が植民地時代に残したインフラなどの資産を放棄する一方、両国の国と国民の請求権が完全かつ最終的に解決されたことなどが記されている（しかし、現在は徴用工問題で紛糾している）。

経済協力金という名の事実上の賠償金として、日本側から10年間で3億ドルの無償供与、有償2億ドルの借款（長期低利の貸付け）供与、民間借款を別途3億ドルということで合意した。無償供与分だけで当時の韓国の国家予算並みだった。

この金額の合意に際して、大平正芳外務大臣と朴大統領の右腕である金鍾泌《キムジョンピル》KCIA部長の間で、興味深いやりとりがあったと橋本明が著書で記している。[*1] 橋本は共同通信に長く務めた国際畑のジャーナリスト。橋本龍太郎元首相のいとこで、明仁《あきひと》上皇の学習院でのご学友としても知られて

1 橋本明『韓国研究の魁 崔書勉』未知谷、2017年

いる。特使である金部長に、朴大統領は「なんでもいい、日本から2億～3億ドル持ってこい」と指示している。

金「いま日本の外貨準備高はいくらくらいあるのか」

大平「そうだな、十五億米ドルくらいか」

金「だったら、半分ほど出してくれ。兄貴分として当然だろう」

大平「ウームー、そうだな、でもね」

むにゃむにゃ口ごもる大平の口から5億ドルという数字が出るまでいくらもかからなかった。

事実上の賠償金を精査して数字を積み上げたわけではない様子がうかがえる。対日賠償請求額は、李承晩政権20億ドル、第二共和国期38・5億ドルだったから、韓国国内では少なすぎると反発も大きかった。

しかし、朴としては、開発のための外資が喉から手が出るほどほしかった。結果として総額8億ドルは大平の答えた日本の外貨準備高の半分相当となる。

同郷人がつないだ朴正熙との縁

ここで少し、朴正熙の経歴を見ておこう。61（昭和36）年の5・16軍事クーデターで権力を手にし、79（昭和54）年10月26日に当時のＫＣＩＡ部長だった金載圭《キムジェギュ》の手で大統領警護室長の車智澈《チャジチョル》と共に暗殺されるまで、独裁者として君臨している。その間、70年代からは「漢江の奇跡《ハンガン》」と呼ばれる高度経済成長を実現し、韓国を中進国まで引き上げた。

朴は17（大正6）年に慶尚北道《キョンサンプクト》の貧農の末子として生まれ、創氏・改名で高木正雄、のちに岡本実と二度名前を改めた。満洲国陸軍軍官学校から日本の陸軍士官学校に留学し、満洲国軍少尉に任官。終戦後、米軍政下で職業軍人として歩むも、南朝鮮労働党の軍内細胞であることが露見し西大門《ソデムン》刑務所に送られ、内部情報の提供と引き換えに死刑を免れた。

朝鮮戦争時には少佐として軍役に復帰し、米陸軍砲兵学校留学を経て、休戦時には准将に昇格している。その後は少将になるも、閑職といわれる釜山《プサン》軍需基地司令部司令官からソウル第2軍副司令官となり、クーデターを起こす。戦前の10万人規模から最大70万人近くまで肥大化した韓国軍の人事の停滞への不満もクーデターの背景にはあったようだ。

李元大統領とは異なり、日本の産業界にも支援を求め、在日韓国人にも大きな期待を寄せていた。特に、日韓国交正常化のあと発した談話で、戦後日本に不法入国した場合や在日本朝鮮人総聯合会（朝鮮総連）など日本で共産主義党活動に加担した場合にも赦免するとして帰国を促している。

重光に朴を最初に紹介したのが、同郷人で、当時は大統領府秘書室長を務めていた李厚洛《イフラク》だった。24（大正13）年に慶尚南道蔚州郡《キョンサンナムドウルジュ》で生まれ、重光と同じ蔚山《ウルサン》の農業学校を卒業している。その後は軍人の道を歩み、朴と共に少佐のときクーデターに参加。のちには駐日大使やＫＣＩＡ部長も務めている。

重光との関係を見ていた四男の重光宣浩は、「彼は非常に頭のいい男で、KCIA部長の頃、韓国の中では『泣く子も黙る李厚洛』と恐れられた実力者でした」と語り、「（重光が）李承晩大統領については『あいつは経済も知らない。とんでもない野郎だ』と憤っていましたし、警戒もしていたようです。私は何度も韓国進出を勧めましたが、当時関心はあまりなかった。進出していた製菓工場も自らわざわざ縮小したりしてね。朴大統領時代になると、三星《サムスン》や現代《ヒョンデ》がどんどん台頭、気が付いたら桁違いの会社になっていた。何とかしなければならないということで『目が覚めた』わけです」と明かした。

政権中枢とのつながりができてから、本国投資の話が重光にも寄せられるようになる。

国家主導で産業育成を進めていくため強大な権限を持つ経済副総理兼経済企画院長官の張基榮《ジャンキヨン》は、朴とのパイプを構築した重光に対して、65（昭和40）年には、工場敷地の選定等をはじめいろいろな面で積極的に協力するからと、軍需産業への投資を何度も誘ってきた。さすがにこのときは首を縦に振るわけにはいかなかった。

韓国の工業化の最大の特徴は、政府主導による上からの工業化にある。「韓国では生産財、中間部品の輸入は経済開発計画が軌道に乗る66年頃から増加し、現在まで3割前後の水準で継続している」と指摘されている。[*2] 一方の日本は、原油と原材料が輸入の中心となっていた。

2 小玉敏彦『韓国工業化と企業集団』学文社、1995年

幻の石油化学事業進出

「民団では毎年、3機関長（団長、議長、監察委員長）と常任顧問など20～30人で大統領への表敬訪問をやっています。重光さんもこうした訪問団に同行し、朴大統領とのパイプを太くしていったのではないかと思います」と在日本大韓民国民団（民団）団長の呂健二《ヨゴンイ》は語る。

これまでは経済団体の顧問だけ引き受けてきた重光だが、66（昭和41）年6月6日、民団中央本部の新役員として顧問に選出された。朴大統領とも直接に話せる存在として、在日韓国人のみならず、韓国政界での知名度も高くなっていた。

この直後の6月10日に締め切られた第2製油工場の事業計画申請には6社が投資の意思を表明した。それは、具仁會《クイネ》の樂喜《ラキ》化学（現・LG化学）、徐甲虎《ソガプホ》の阪本紡績、重光の東邦《ドンバン》石油、金連俊《キムヨンジュン》漢陽《ハニャン》財団、ソンデスンの三洋《サムヤン》開発、そして金鍾喜《キムジョンヒ》の韓国火薬（現・韓火《ハンファ》グループ）である。

重光は「最初、韓国政府では僕に製油工場を建ててくれと言った」と語っている。[*3] 日本の経済成長を模範に改革を進めていた朴は、その秘訣は石油化学にあると考え、石油化学工場の建設を急がせていた。祖国進出に際して重光は、食品やサービス業ではなく、重化学工業に進出したかった。韓国の産業に貢献するためには、何よりも重化学工業が優先と考えたからだ。

重光は新規事業への進出に向け、一歩一歩足元を固めていく。7月25日にはソウルを訪問、日本

3『月刊朝鮮』2001年1月号

韓国ロッテ創業の地にはいまもグループ会社が残る

に戻ったのは8月3日で10日間も滞在している。これに先立ち、日韓国交正常化を祝う意味で大統領官邸に冷温設備を寄贈していたことを考えると、新規事業進出への最終調整を進めるために訪韓したと見た方がいいかもしれない。

ところがそんな状況のところに、李厚洛から会いたいという連絡が入った。李は重光と会うなり、思いがけないことを語り始めた。それは、朴大統領が製鉄所建設を計画しているが、韓国には技術も資本もない。日本の政界にも影響力がある重光に手伝ってほしいというものだった。

この提案に重光は正直困惑した。三井物産から融資を受けて東邦石油を設立し、製油事業に参加するという事業計画書を韓国政府に提出していたからだ。製油工場の話がいつの間にか製鉄所に替わっていた。

結局、第2製油工場の事業者は11月に樂喜化学が選ばれた。湖南《ホナム》精油所から現在はGSカルテックスとなっている。

同じ11月、重光は資本金500万ウォンで東邦アルミ工業を韓国に設立した。アルミニウム箔、軟包装材、段ボール箱、缶などを製造する総合包装素材専門会社で、韓国ロッテが生産する製品の包装を支援するこの会社は、その後、68（昭和43）年には東邦物産、70（昭和45）年にはロッテコーポレーション、80（昭和55）年7月にはロッテアルミニウムと改称を重ねている。当時の韓国には日本の総合商社的な機能を果たす会社がなかったため、自ら設立したという経緯があるようだ。

重光にとって製鉄業は専門外だが、大統領からの要請であれば受け入れざるを得ない。

製鉄所設立事業案に注力

「鉄に関しては、在日同胞で、日本でも有名な金鐵佑《キムチョルウ》博士がいるので相談してみてください」と、大統領経済首席秘書官から助言があった。

金は静岡生まれ。東京大学生産技術研究所で製鉄技術の研究をしていた。のちに日本の技術支援を取り付けて、浦項《ポハン》製鉄所の建設を指揮、韓国鉄鋼業の基礎を築くことになる。2013（平成25）年に87歳で亡くなった。

重光から連絡を受けた金は最初、製菓会社の社長が自分に会いたがっていることを怪しんだ。重光を日本人だと思っていたからだ。重光が韓国政府からの提案を説明すると、金は祖国のために喜んで参加し、支援を惜しまないと言った。

2人は意気投合し、年間100万トン規模の総合製鉄所の基本計画と事業化調査に着手した。重光は資金として3000万円を用意し、金はすべての仕事をさしおいてこの作業に没頭している。重光は金から、富士製鐵社長の永野重雄を紹介された。東大法学部卒の永野は、請われて倒産寸前の富士製鋼に入り、支配人兼工場長としてこれを再建、富士製鋼が日本製鐵に統合後、八幡製鐵所に転出するなど、戦前から日本の鉄鋼業界の中枢を歩んだ。戦後は銑鋼一貫の傾斜生産方式を確立して、復興を牽引する。「鉄は国家なり」を体現する経営者で、経済同友会の結成、日本経営者団体連盟（現・日本経済団体連合会）の設立発起人に加わるなど、戦後日本を代表する経済人の一人。70（昭和45）年には富士製鐵と八幡製鐵が合併してできた新日本製鐵（現・日本製鉄）の会長に就任している。

重光は永野の富士製鐵以外にも、川崎製鉄（現・JFEスチール）や八幡製鐵にも相談したようだ。「当時の八幡製鐵に相談に行ったら、『いや、個人じゃ無理でしょう』と言われた（笑）。それにしても政府の要請でもあるし、一年かけて日本の製鉄工場は全部見て回りましたね。欧米にも行った。その結果、年生産100万トン規模の設備なら十分競争できるし、銀行からの融資も受けられそうだ、となった」と答えている。[*4]

重光は製鉄産業進出に向けて全精力を注いでいた。

「僕は1年半の間、日本内の富士製鐵所の支援を受け、設計図を作りました。年間100万トンの

4『週刊ダイヤモンド』2004年9月11日号

生産規模で総投資額が1億ドルの計画でした。そのうち3000万ドルは私が出資し、残り7000万ドルは日本における借款などで建設することにしました」[5]

ここで1年半とあるが、正確には8カ月程度の期間である。

韓国の新聞もこのことを大々的に取り上げていた。[6]

「屈指の在日韓国人実業家の重光武雄（ロッテ製菓財閥）が日本の三菱商事と提携し、粗鋼年産120万トン規模の総合製鉄工場の建設事業計画書を政府に提出した。26日、関係当局によると、重光武雄が提出した事業計画書では、第一段階は国内需要を考慮して60万トンの施設として進める」

ところが同じ日の『東亜日報』には、「張基榮経済企画院長官は26日午前、第2次5ヶ年計画期間に建設される総合製鉄は国営にする」と、まるで違う話が出ていた。韓国政府は製鉄事業を国営で行っていく方針を固めていたのだ。

重光が製鉄工場建設に向け8700万ドルの借款申請書を提出したことに対しては、「参考として受け取った」と軽く流し、「在日韓国人には中厚板（厚い板状の鋼板で、船舶、橋梁など産業用機械などに使われる）の工場などを任せるつもりだ」と張長官は述べたと報じた。

韓国政府2度目の裏切り

新しい製鉄会社は慶尚北道慶州《キョンジュ》の隣町、東海岸の漁村だった浦項に造られた。浦項製鉄（現・

5『月刊朝鮮』2001年1月号
6『毎日経済新聞』1967年7月26日付

ＰＯＳＣＯ）の社長には国営企業「大韓《デハン》重石」社長の朴泰俊《パクテジュン》が就任した。27（昭和2）年生まれの朴は、6歳で日本に渡り、戦後に朝鮮警備士官学校に入学。ここで朴大統領と出会う。陸軍大学校を主席で卒業、少将を最後に経済界に転身し、64（昭和39）年に大韓重石社長に就任。わずか1年で黒字経営に転換したやり手の経営者として注目されていた。

金博士が重光を探しているという伝言を受けて、重光は首をひねった。逆の例はあったが、そのようなことは初めてだったからだ。約束の場所である東京大学の金博士の研究室のドアを開けて入ったとき、そこに居たのが朴泰俊だった。2人は初対面だったが、重光は悟った。朴は自分が総合製鉄所の企画および建設責任者に内定されていると言った。重光はまたしても祖国に裏切られたのである。

朴の説明を聞いた重光は、自分が苦労して作った総合製鉄所の基本計画と事業化調査を朴に渡した。その背景を、一緒に動いていた重光宣浩は次のように説明している。

「製鉄のときには半年近くかかり、計画書を政府に出すたびに却下され本当に大変だった。原因は何度も請求された袖の下を渡さなかったからだと思います。本来誠実で、クリーンな朴大統領から『7億円出せ』と要求がありました。政権を維持していくにはやむを得なかったのかもしれません。『3億円までだったら』と提言もしたのですが、兄はそういうことに慣れていなかった。実直というか、そういうことを嫌う。仮にその要求を呑んだとしても、後にそれが問題になってしっぺ返しを食うという思いが強かった。だから計画書の作成までは何も言わなかったけれども、最終段階ではOKを出さなかった。そのときは『やる』とも『やらない』ともいわない。そうこうしているうちに、朴大統領はこちらの調査報告を踏まえて自分でやろうということになったようです」

韓国をはじめとする発展途上国の国策事業では、一定のリベートを渡すのは商習慣として当たり前のように行われていた時代だった。

実際、この直後の9月に『京郷新聞』が三星のサッカリン密輸事件を特ダネとして報じている。「三井物産が蔚山の韓国肥料の工場建設事業に関連して100万ドル以上のリベートを提供した」というのだ。[*7] 当時は1ドル360円の固定レートだから、3億6000万円以上ということで、宣浩の発言が生々しく感じられるだろう。朴大統領の複数の側近と三星の関係者が、現金の代わりに大量のサッカリン原料を建設資材に偽装して韓国内に持ち込ませ、それを換金して政治資金、工場の建設費や運営費に充てようとしたものだった。

このとき三星会長の「李秉喆《イビョンチョル》は韓国肥料を国に移管するとして経営の第一線から退き、二男李昌熙《イチャンヒ》が身代わりとなって逮捕された」というのだ。[*7] 韓国の国会でも追及され、三星は窮地に追い込まれる。

朴泰俊は68（昭和43）年4月、浦項総合製鉄社長に就任。翌年、永野に一貫製鉄所建設の協力を要請する。永野は日本政府と折衝を重ね、国家資金の協力を取り付けるとともに富士製鐵、八幡製鐵、日本鋼管3社の協力で日本の最新プラントを提供した。71（昭和46）年には金博士が朴に請われて同社建設部長に就任。73（昭和48）年に第1高炉が稼働を開始、のちに年間550万トンを生

7 柳時敏『ボクの韓国現代史』三一書房、2016年

産する世界屈指の鉄鋼大手に成長した。この高炉は2021(令和3)年に閉鎖が決まっている。

2つの事業にかかわることはできなかったが、重光には貴重な人脈が残された。この頃、「どのような財界人と会っているか」という質問に、重光は八幡製鐵の稲山嘉寛、富士製鐵の永野重雄、三菱銀行(現・三菱UFJ銀行)頭取の田実渉、西武百貨店の堤清二といった名前を挙げている。

韓国政府には2度裏切られたが、韓国政府から日本の企業人や政治家を紹介してほしいという要望はその後も多く寄せられた。重光は誠意をもって応えたものの、そのことを「誰にも知らせるな」と弟の重光宣浩には言っていたという。

身柄を拘束された弟と甥

石油化学と製鉄で2度、韓国政府から裏切られた重光だが、韓国での本格的な事業立ち上げを諦めたわけではない。その前に、58(昭和33)年に兄弟5人の名前で立ち上げ、二男と三男が主に経営にあたっていた韓国ロッテのその後を振り返っておこう。

転機は66(昭和41)年だった。11月に第2製油工場の選定に漏れ、石油化学工業進出に挫折、同じ月に東邦アルミ工業を設立するところまでは先述した。

この翌月、12月17日未明、韓国ロッテ社長だった轍浩《チョルホ》と常務で重光の甥の東榮《ドンヨン》が身柄を拘束され、事務所が家宅捜索された。

容疑は業務上横領、私文書偽造および同行使、公正証書原本不実記載だった。重光や三男で専務の春浩《チュンホ》などの決裁印を偽造し、この2人が取締役を辞任したように見せかけた後、登記簿の名義変更をして、韓国ロッテの財産を横領したという疑いだった。

年が明けて、67（昭和42）年1月5日、重光兄弟の父である鎮洙《ジンス》は大統領と法務部長官に「社会に物議を醸して申し訳ありません。今回の紛争の責任はすべて自分にあるので、拘束された息子の轍浩と甥の東榮を解放してください」という嘆願書を提出した。[*8]

翌6日には、轍浩と東榮など6人を相手に春浩が提出した取締役・監査職務執行停止および職務代行者選任の仮処分申請が受理されている。

父・鎮洙は、ロッテとロッテ化学工業の会長名義でお詫び広告を出した。[*9]自身の事業欲が強く、会社の統合と名義の書き換えに逮捕された2人を巻き込んでしまっただけで他意はない、というものだった。

病に倒れた轍浩は、翌68（昭和43）年2月28日に保釈された。8月、ソウル刑事地裁は「被告人らの犯罪事実は認められるが、家庭問題であり、被害者と和解したので国家経済建設に参加する機会を与えるため、（刑の）宣告を猶予する」という判決を下した。被害者とは重光のことであり、弟や甥の刑事罰までは望まなかった。

轍浩と春浩は、会社の運営を巡って63（昭和38）年の段階ですでに仲違いしていた。春浩は、小規模の粉末ジュースの工場を建設。その後も、香料、テレビや時計の組立工場などを手掛けたもの

8『京郷新聞』1967年1月5日付
9『京郷新聞』1967年1月7日付

のうまくいかず、当時韓国で出回り始めたばかりのインスタントラーメンに勝負を賭けることにした。「私はラーメンの作り方は分からないから、理研ビタミンに春浩を派遣して、そこで覚えて帰っていった」と語るのは手塚七五郎である。

いまやインスタントラーメン消費量が１人当たり年間約70食と世界一の韓国だが、初めて三養《サミヤン》食品の「三養ラーメン」が登場したのは、日本で日清チキンラーメンが発売された５年後、63（昭和38）年のことだった。明星食品から無償技術供与を受けていた。

春浩のこの計画に、重光は頑なに反対した。春浩は「兄がだめだという事業を私が成功させてみせる」という一心で、65（昭和40）年９月18日、ロッテ機工を設立して翌々年から「ロッテラーメン」を売り出す。ラーメンにロッテのガムを挟んで販売したこともあった。

当時の新聞広告[*10]を見ると、「おひさまがくださったプレゼント、ロッテラーメン」「ガムが入ったラーメンロッテラーメン」という文句と共に、ロッテの「おひさま」マークが大きくプリントされている。翌年の広告[*11]にも「袋ごとにガムをプレゼントする味良いラーメンロッテ」という文句が見られる。重光の許諾なしには不可能なマーケティングだった。

しかし、ロッテ機工は設立当初の４～５年間苦戦した。新聞沙汰になったこともある。[*12]

「労働庁の勤労監督機動班は30日、ロッテ機工株式会社代表の辛格浩氏を勤労基準法違反の疑いで立件、調査中だ。ロッテ機工は昨年末に支給した１５０％のボーナスが事務ミスによる超過支給だったという理由で２９８万１０００ウォンを管理職社員79人の１月分の給料から控除した疑いを受

10『毎日経済新聞』1968年3月1日付

11『毎日経済新聞』1969年3月18日付

12 鄭淳台『辛格浩の秘密』（未訳）

けている」

ロッテ機工の代表は春浩だったので誤報だが、重光としてはロッテ機工によって自分とロッテの名誉が損なわれることを快く思わなかったようだ。それがロッテ機工にロッテの商号を使わせないようにした原因となった可能性もある。

春浩は、78（昭和53）年に「農夫の心」という意味の農心《ノンシム》に社名を変更した。いまに続く看板ブランド商品「辛ラーメン」を売り出すのはソウル五輪大会を前にした86（昭和61）年のことである。

一方の轍浩は、ロッテのキャンディとビスケットの部門を切り離したメロン製菓を設立、韓国のロッテとは袂を分かつことになった。

◉韓国にロッテ製菓を新設

67（昭和42）年4月3日、重光はロッテ製菓を設立した。資本金3000万ウォン、代表取締役会長に劉彰順《ユチャンスン》、代表取締役社長に重光自身が就き、所在地はかつてと同じソウル市龍山《ヨンサン》区葛月洞《カロルトン》だ。10年前に立ち上げた韓国のロッテ、そしてロッテ機工はこれを機に解散となるが、その整理には2年を費やすことになる。

定款に掲げられた事業目的も日本のロッテと比べるとシンプルで、各種菓子類の製造業と販売業、ラーメンの販売業、嗜好飲料の販売業、輸出品の販売業、そして、前記の各号の付属事業となっている。

過小な資本金はその後、急速に増資されていく。単位はいずれもウォンで、67年11月に3855万、12月に3145万、68年8月と12月、そして69年1月に各1億、70年1月に8000万といった具合だ。当時の為替レートは1ウォン＝1・15円くらいだった。

劉彰順がロッテ製菓の会長に選任された背景については若干の説明が必要だろう。彼は朴正熙軍事政権によって韓国銀行総裁、商工部長官、経済企画院長に任命されたものの、金をもっと作れという朴政権の要請を断り、軍政延長に反対するなど、自分の所信を曲げなかった。そして63（昭和38）年2月、経済企画院長に任命された1カ月後に辞表を提出、牧場で隠遁生活に入ってしまう。そんな劉が、旧知の重光の懇願で活動を再開した。

韓国のロッテ製菓は発足したものの、67（昭和42）年7月に製鉄事業を国営で行うと政府が方針を転換するまで、重光は製鉄業の事業計画づくりに邁進していた。その後の青天の霹靂のような事態に、仕方なく韓国でも製菓業を直接経営するようになった。

こうして、日本と韓国を行き来する重光のシャトル経営がこの頃から徐々に始まる。

「すらりとした背丈（173センチ）、未だ黒い髪のかくしゃくとした辛氏は、大財閥の総帥らしくもなく、誰一人お供をつれずに小さな書類カバン一つだけで一人で帰国する。たいてい午後2時ごろ金浦《キンポ》空港に着くが、彼を出迎えるのは韓国ロッテの秘書室職員だけだ。天性仰々しいことが嫌いで、誰の前にも自分をあらわすのをいやがる習性のためだ[*13]」

13 朝鮮日報経済部『韓国財閥25時』同友館、1985年

のちに奇数月は韓国、偶数月は日本に滞在するという報道が出たこともあるが、必ずしもいつもそういうわけではなかったようだ。とはいえ、1年の半分は韓国、残り半分は日本で過ごす生活が40年ほど続くことになる。

当時のロッテ製菓の問題点の一つに「品質」があった。日本のロッテのような最新鋭の生産設備は導入されていなかったからだ。

本社のある龍山区葛月洞の第1工場ではガムを製造していた。ガムの個装は自動設備で可能だったが、これを5枚1組に包装するのは人手だった。当時、数百人の女子工員がこうした作業に従事していたという。68（昭和43）年には工場拡張工事が行われた。

ロッテ化学工業が使っていた第2工場は漢江を渡った、周りに鉄工所の多い永登浦《ヨンドゥンポ》区楊平《ヤンピョン》洞にあった。日本のロッテにはなかったパンやビスケット、キャンディ、キャラメルなどを生産していた。こちらの事情はさらに劣悪で、電気オーブン（パン）、煉瓦オーブン（ビスケット）、クッカーと成形機（キャンディ、キャラメル）が各1台ずつしかなく、しかもすべての製品を手で包装していた。

第2工場と同じ町内（楊平洞）に、いまも稼働している新工場が竣工するのは69（昭和44）年2月のことで、竣工時にはカラー刷りの新聞一面広告を出している。[*14] そこにはガムの手塚、チョコレートのブラックという、日本のロッテが誇る2人の技術者の顔写真も載っていた。

14『東亜日報』1972年2月10日付

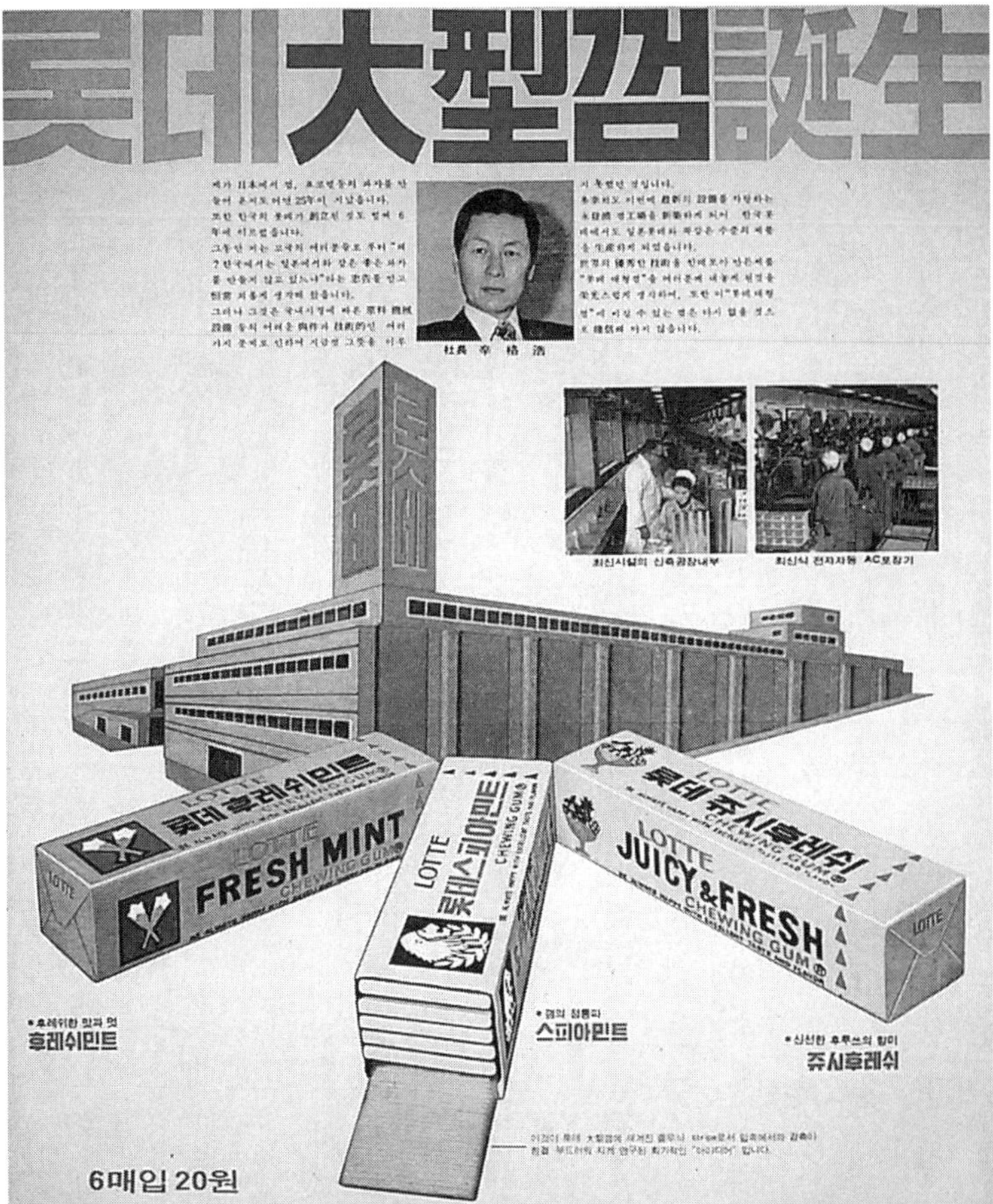

韓国新製菓工場の竣工を知らせる新聞広告『東亜日報』1972年2月10日付

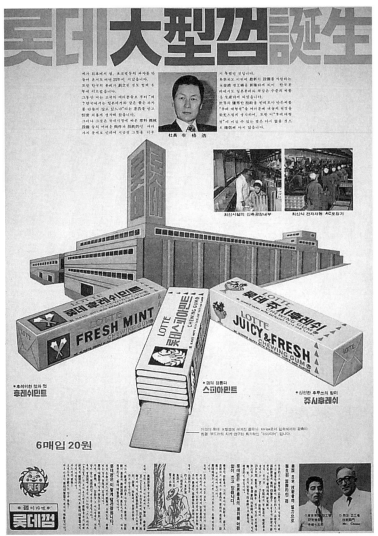

おひさまのイメージの韓国ロッテ

韓国のロッテ製菓の強みは、日本のノウハウが直輸入されるという点にあった。工場の職員は日本の工場で研修を受け、技術者も中央研究所で技術を学んだ。

韓国ロッテの公開採用一期生、權益夫《グォンイクブ》の証言が載っている。[*15]

「入社早々会社に缶詰めにされ、日本語の分厚い配合表を渡されて会長と二人でチューインガムを作った。ライバル会社の製品分析はもちろんのこと、この原料なら日本ではいくらで、韓国ではいくらかみんな知っている。味もデザインも単品ごとにあの人（重光武雄）が決めた。会長は間違いなくロッテ製菓の研究所長です」

ロッテは「タイムマシーン経営」で名を馳せていくことになるが、それは設立直後のロッテ製菓でまず発揮された。バーブミント、クールミント、ジューシィミント、ペパーミント、オレンジボールガム、フーセンガムという、日本での発売時期の異なる6つの主力製品を一斉に発売し、韓国ガム市場を揺るがす。

会社設立の翌月、『東亜日報』など67（昭和42）年5月11日付主要日刊紙に、重光は「躍進するロッテ」というタイトルの全面広告で登場した。

「小生は長い間日本で『ロッテ』商標で製菓、不動産及び商事会社を経営してきました。新たに韓

15『日経ビジネス』1989年8月28日号

国ロッテ社長職を務めることになりましたが、祖国を長い間離れていた関係で下手だった点も多々あると思われますが、小生は誠心誠意に持てる力量を傾注します。小生の企業理念は①品質本位②薄利多売③労使協調で企業を通じて社会や国家に奉仕することです」

6月には宣伝課を新設した。新聞広告「黄金の果実ガムオレンジボール」には「おひさま」が登場する。[*16]

「両頬を赤く染めて三色の髪を靡かせながら笑っているロッテの太陽は『おひさまがくださったプレゼント』という宣伝文句と共に消費者の誰にでも親密感を与えた。都心の屋上や野外に設置された大型広告看板と売店看板、遊園地や高速道路の入り口の野立看板でおひさまの顔が行き交う人の視線を集めた。（中略）太陽は信頼と希望と発展のシンボルだ。他の会社の商標が静的な形を図案したのなら、ロッテのおひさまは太陽を擬人化して暖かい情感を呼び起こす童話の中の全人格的な主人公だ」

68（昭和43）年1月31日から始まった「グリーンガム・スペアミントガム新発売記念ロッテ大プレゼント！」イベントは、「韓国版1000万円懸賞」だった。6月まで5回にわたって実施されたこのイベントの総景品額は1000万ウォンに達した。

毎回抽選を通じて特賞1人に乗用車「トヨタ・コロナ」を、1位2人に19インチのテレビ、2位12人に高級自転車、3位2000人にガム1ボール（箱）を贈呈した。副賞で特賞受賞者が指名する学校に奨学金10万ウォンを渡したのも、日本の懸賞と同様の趣向だ。

16『中央日報』1967年7月25日付

「世界のロッテのガムでコロナに乗りましょう」「いつでもどこでもロッテのガムで明朗な生活をしましょう」という新聞広告のコピーが印象的だ。

「おひさまの日曜クイズ」謝恩イベントも似たような仕組みだった。8月17日から9月20日までの間、毎週日曜日に計5回抽選を実施した。景品はピアノ、螺鈿《らでん》の箪笥、雄牛、冷蔵庫、録音機付き電気蓄音機、撮影機・映写機・映写幕セット、バイクなどだった。雄牛はどのように渡したのか謎だが、農民が多かった韓国の当時の様子を伝えてくれる。

第9章　球団の買収と自由化への対抗

岸信介との縁

ある時期から、重光は日韓両国の政治家との付き合いが広がっていく。直接的には日韓国交正常化に向けた1960年代からだが、89（平成元）年のロッテワールド、97（平成9）年の釜山《プサン》ロッテワールドのテープカットに日本の元首相の姿がそれぞれ3人、4人と並んでいるように、日本の政治家とは幅広く付き合っている。

ただ、個人的に深いつながりがあると目されているのは、元首相（58年6月～60年7月）の岸信介であり、その系譜に連なる05（明治38）年生まれの元大蔵省主計局長で元首相（76年12月～78年12月）の福田赳夫、そして若手代議士の頃から付き合いがあり、やはり首相（82年11月～87年11月）を務めることになる18（大正7）年生まれの中曽根康弘である。

重光の言によれば、岸信介との出会いはある経済団体の会合で紹介されたことがきっかけで、岸が総理大臣在職中の50年代末のこととなっている。すでに見てきたように、重光は日韓国交正常化に韓国側の意を汲む形で深く関与していた。

1896（明治29）年山口生まれの岸は、東京帝国大学法学部を卒業後、農商務省に入省、36（昭和11）年10月には前年に建国されたばかりの満洲国に赴き、国務院実業総務司長、産業部次長、総務庁次長を歴任する。わずか10年で潰えるが、満洲国は日本の植民地経営の集大成であり、統制経済を取り入れた「産業開発5カ年計画」など内地ではできない実験的な政策を大胆に実行することで、岸は革新官僚として売り出していく。

東条英機（関東軍参謀長）、星野直樹（満洲国国務院総務長官）、鮎川義介（日産コンツェルン総帥）、松岡洋介（南満洲鉄道総裁）と並んで「弐キ参スケ」と呼ばれた。こうした人脈は太平洋戦争開戦後の東条内閣にも集い、彼らの戦争指導が大日本帝国の瓦解につながっていく。

岸は、笹川良一、児玉誉士夫らと共にA級戦犯として逮捕され、巣鴨プリズンに拘留されるが、48（昭和23）年12月24日、不起訴のまま無罪放免となる。その前日には東条英機らA級戦犯7人が絞首刑に処されていた。

首相在任中に両国の捕虜交換を行うなど日韓関係に強い関心を寄せていた岸は、退陣後、軍事クーデターで実権を握った元満洲国軍将校の朴正熙《パクチョンヒ》とも気脈を通じ、旧満洲や韓国人脈と日韓国交回復交渉を支える。日韓基本条約に調印した総理大臣は実弟の佐藤栄作であり、国交正常化後の69（昭和44）年には日韓協力委員会を立ち上げ、初代会長に就いている。ちなみに、その後の会長は福田赳夫、中曽根康弘である。

映画界のドンを救った球団買収

黒澤明監督『羅生門』でヴェネツィア国際映画祭金獅子賞とアカデミー外国語映画賞、溝口健二監督『雨月物語』でヴェネツィア国際映画祭銀獅子賞、衣笠貞之助監督『地獄門』でカンヌ映画祭金獅子賞とアカデミー特別賞を受賞するなど、全盛期だった大映。「永田ラッパ」と呼ばれる強引な手法のワンマン経営を行い、戦後日本の映画界をリードした大映映画社長の永田雅一。昭和20年代は6割配当を行うほど大映は羽振りがよく、日活社長の堀久作が経団連の要職を務めるなど、当時の映画産業は娯楽の王様として絶頂期だった。

ところがテレビに押されて60年代半ばに入ると斜陽化、大作主義の大映は収益が急速に悪化する。看板役者の長谷川一夫が引退し、勝新太郎が独立、娘婿の市川雷蔵は肝臓がんで急逝するなどして経営は火の車となり、傘下のプロ野球球団「大映オリオンズ」の経営を単独で維持することが困難になってきた。

49（昭和24）年に日本野球機構が発足、セントラル・リーグとパシフィック・リーグの2リーグ16球団が誕生している。野球好きの永田にとって、球団は自分の人生そのものだった。米国で名誉職といわれるプロ野球球団の経営に憧れ、48（昭和23）年にプロ野球球団「金星スターズ」を買収、大映スターズとなった。10年後には毎日オリオンズと合併、大映毎日オリオンズが誕生し、64（昭和39）年から東京オリオンズと改称していた。本拠地球場の東京スタジアムは荒川区南千住の下町にある球場としても有名だった。

それがいつの出来事だったのか詳らかにはされていないが、69（昭和44）年のある日、重光は旧知の元首相である岸信介に料亭に呼び出された。部屋に入ると、岸の隣には永田が黙って座っていた。そのときの様子をこう綴った記事がある。[*1]

「永田さんがね、重光さん頼むよ、頼むよ、と僕の腕を離さないんだ」

（中略）

「野球はよく知らないから駄目です」

重光は渋ったが、永田も簡単には引けない。

「君、アメリカのリグレーだって、宣伝で大きくなったじゃないか」

そんな永田を見かねた岸が、「オリオンズを頼む」と頭を下げた。岸にとって、永田は当時の政治資金のスポンサーだった。さすがの重光も恩義のある岸からここまで言われてしまうと、嫌とも言えない。

いまでいうネーミングライツ、球団名の使用権を渡すから使用料をくれという話だった。重光はいったん持ち帰り、社内で検討するも、案の定、次から次へと反対の声が上がった。

「菓子メーカーにとって巨人ファンも阪神ファンも同じお客様です。そこでわざわざ球団を持てばお客様からはそっぽを向かれる」

1『日経ビジネス』2005年7月18日号

そんな社員たちの声に後ろ髪を引かれながら、赤字12億円の東京オリオンズの資金ショートを防ぐため、その半額6億円を出資、向こう5年間、毎年1億円の広告費を出すことにした。東京オリオンズは69（昭和44）年からロッテオリオンズとなるが、重光は球団経営には一切関与しなかった。

「もちろん社内では反対意見がありましたよ。しかし、カネを出すかわりロッテは球団を宣伝に使えるし、全国の大映の映画館でロッテ製品を売ってもらう。球団の役員に私がならないのは私が多忙なせいと、一方では永田さんの〝くちばしをはさんでもらいたくない〟という意向を尊重したから」[*2]

野球を知らない球団オーナー

ロッテオリオンズは70（昭和45）年にパ・リーグ優勝を果たし、永田は東京スタジアムのグラウンドで、観客からの「永田さんおめでとう」の喝采とともに胴上げされ、号泣しながら宙を舞った。

その3カ月後の71（昭和46）年1月、永田は大映の再建に専念するため球団をロッテに売却した。球団社長には岸政権の総理大臣秘書官を務めた中村長芳が就任した。中村は岸の娘婿である安倍晋太郎の山口高校の同級生で、中央大学法学部を卒業後、69（昭和44）年にはロッテオリオンズの球団副社長に就任していた。

重光が球団買収に踏み切った当時の心境はどのようなものだったのか。実際にやってみると何千

2 沢開進「六億円をポイッと投げだした男：ガムの王様・重光武雄さんのこと」『潮』1969年5月号

「ロッテオリオンズ」の調印式（左から永田雅一東京オリオンズ会長、岸信介元首相、重光武雄ロッテ社長（1969年1月、写真提供／毎日新聞社）

万円も持ち出しがあった。宣伝効果はあるのだが、「それより気になるのはロッテのイメージなんですよ。宣伝効果はあるにしても、かりにオリオンズが、とても強いチームになって巨人軍をやっつける。うまくいって優勝争いに加わるとなると、巨人軍のファンはウチの製品を買わなくなる心配はないか。そうした面がいささか不安になりますね[*3]」。

当時、30分間の漫画番組を全国ネットで提供すると年間5億～6億円はかかったから、割安な買い物ともいえる。ただ、あまりチームが負けすぎても、ロッテのガムやチョコレートのイメージダウンになるのではないかと重光はいろいろ取り越し苦労をしている。

ところがその中村も、わずか1年務めた後、重光がソウルに出張中、西鉄ライオンズ（のちの太平洋クラブライオンズ、現・埼玉西武ライ

3 藤井勇『ロッテの秘密』こう書房、1979年

オンズ）球団社長に就任してしまった。

次の球団社長にはロッテ専務の松井静郎が就任した。松井は08（明治41）年生まれと、重光より一回り年上で、当時岸派だった福田赳夫の推薦で迎えた。東京国税局の調査部長を務め、金沢国税局長で退任した。『法人税の実務』や『わかりやすい法人税』といった税務に関する実用書を多く発行しており、大学の講師をしていたところを重光が65（昭和40）年にスカウトした。67（昭和42）年にロッテ商事取締役、74（昭和49）年にはロッテ専務取締役、のちには副社長にもなり、金庫番の大番頭として頼りにされるようになる。

岸ゆかりの人物を球団経営者にしたのは、重光なりの岸への気遣いだったのかもしれない。もっとも、それ以前から国税局長クラスの税務に詳しい元役人を節税対策の意味も含め、雇用しているので、その一環という見方もできる。

のちに自らも球団社長を務めることになる松尾守人はこう証言している。

「高橋義種という球団代表がいました。ちょうどそのころマスコミから『球団経営にオーナーの熱意がない』と書かれた。秘書室長を経て本社総務部部長をしていた関係で高橋代表から、『重光社長を川崎球場に連れてきてくれ』と言われ、仕方がないから重光社長がスリーハンドレットクラブでゴルフをやった帰り、なんとか説得して川崎球場まで来てもらったのです。そしてネット裏の観客席に座ってもらい、すぐに写真を撮ってマスコミに配った。『重光が来ている』『球団経営に関心を持っている』ことをアピールし、理解を求めたわけです。その後、私が球団の代表になったとき再び重光社長に『球場に行きませんか』と誘うと『僕が球団経営に関心持ったら、君困るだろう』っていうわけです。本音だったと思います」

松尾が重光と試合を見ていたとき、バッターがレフトフライを打ってアウトになった。すかさず三塁からランナーがホームに向かい、追加点を挙げた。ところが重光は、「これ違反じゃないの」と言う。最も古くからの球団オーナーなのに、犠牲フライを知らない。この程度の知識もないほど、重光は野球に関心がなかった。「赤字球団を維持しているのは一種の社会貢献なんだよ」という重光のつぶやきを松尾はいまも忘れない。

◉金田正一監督起用の舞台裏

ロッテは73（昭和48）年、金田正一《まさいち》をロッテオリオンズの監督として迎えた。日本プロ野球史上唯一の400勝を達成した名投手であり、通算奪三振4490、通算完投365、通算イニング5526回と3分の2、通算対戦打者2万2078人など、いずれも日本記録であり、史上最年少でノーヒットノーランも達成。沢村栄治賞を3回連続受賞している。

享栄商事高校2年生のとき、エースとして夏の甲子園大会愛知県予選で準決勝まで進んだが、翌年、3年生になる直前で、設立されたばかりの国鉄スワローズ（現・東京ヤクルトスワローズ）にスカウトされ、入団した。50（昭和25）年のことである。64（昭和39）年12月、巨人移籍を正式発表。

川上哲治監督の下で9連覇に貢献するものの、肘を痛めて引退している。

その後はテレビ解説者を務める傍ら、タレントとしても活動していた金田が、重光に会いたいといってきた。『ロッテの秘密』にはこんなやりとりが記されている。

「このワシをロッテオリオンズの監督にしてくれませんか。必ずお客を呼んでみせますよ。もちろん一流の球団にしてみせます。カネやんのいうことを信用してください。男です。約束を守ります」

「キミも男なら僕も男だよ」

金田は両親とも韓国人の在日二世で、元の名前は金《キム》慶《ギョン》弘《ホン》という。のちに帰化したが、同胞として重光は親近感を抱いていた。

金田は約束通り、監督就任2年目、74（昭和49）年に日本一を達成し、男を上げた。重光も金田を評価し、金田が推薦した国鉄時代の恩人、西垣徳雄を球団代表に据えている。

しかし、金田のワンマンぶりは選手間の不協和音を引き起こし、川崎球場初年の78（昭和53）年に退任する。

次の監督の山内一弘は52（昭和27）年に毎日オリオンズにテスト生で入団した後、63（昭和38）年まで毎日大映オリオンズで「大映ミサイル打線」の一員として打点を重ねるスタープレイヤーだった。監督就任後、79・80（昭和54・55）年に二度のパ・リーグ前期優勝を果たすも、将来のロッテのためになればと何度も待遇や施設の改善案を進言してきたが一向に改善される気配がなかったことに堪忍袋の緒が切れて、辞表を提出する。6畳間に2人という貧相な二軍の寮、ドラフトでも選手たちから毎年のように敬遠されるなどロッテ球団は待遇の悪さで有名だった。しかし、山内の苦言をフロントが握り潰し、オーナーの重光の耳には入れていなかったものと見られる。

後任監督選びに窮する中、元広島で近鉄の山本一義コーチが82（昭和57）年から就任するものの、球団史上初の最下位に終わる。84（昭和59）年に稲尾和久、87（昭和62）年に有藤道世と監督交代が続き、チームも低迷、金田の復活を期待する機運が高まる。ロッテはこの頃、川崎球場に代わる新たな本拠地を探していた。

ソウル五輪大会が開かれた88（昭和63）年は、南海と阪急が球団を身売りしたプロ野球界再編の年だった。その2年前から福岡にプロ球団の誘致を進めていた地元の青年商工会議所は、水面下でロッテと福岡移転交渉を行っていた。年間11億円もの赤字の負担がネックだったが、地元の集客努力などでクリアできそうになったところで、ソウルに建設を進めていたロッテワールドの工事が一段落するまで待ってほしいという回答がロッテ側から届く。87（昭和62）年の年の暮れも近づいていた。

『1988年のパ・リーグ』という本にこのあたりの経緯が詳しい。かいつまんで流れを追ってみよう。

同じ頃、球団参入の意思を固めていたダイエーがロッテにアプローチしてくる。当時のロッテ球団社長は松井静郎で、球団の財務状況を示した後の一言は衝撃的だった。

「ロッテが球団を持つ時代は終わりました。了解いただければ、間違いなく重光を説得します」。

その背景には、韓国でスーパー事業を展開しようというロッテが、ダイエー側にノウハウの指導を仰いでいたことで、中内功と重光というワンマンオーナー同士の人間関係から契約書もなく進んでいたことが挙げられる。ダイエーの店舗にロッテの菓子専用商品棚が並ぶなど、その関係は蜜月そのものだった。

しかし、88（昭和63）年のゴールデンウィーク中にダイエーは南海球団の買収で合意し、ロッテは交渉を打ち切る。こうした紆余曲折を経て、90（平成2）年に第2次金田監督時代となり、92（平成4）年から千葉ロッテマリーンズに球団名も変更された。

これはそれから20年ほど先の話だが、重光のプロ野球に対する姿勢は終始一貫していた。現場の担当者にとっては理不尽な仕打ちでもある。

連載「サラリーマン球団社長」[*4]で、著者の清武営利はこんなエピソードを記している。毎年40億円の赤字が悩みの種だったロッテマリーンズの球団社長に2004（平成16）年から就いている瀬戸山隆三に対する重光の条件は、「うちの赤字を20億円にまで減らしてくれ」というものだった。

時は2010（平成22）年10月、「史上最大の下克上」といわれたクライマックスシリーズ優勝の翌日のことである。重光に呼ばれて、試合の行われた福岡から東京のロッテ本社に瀬戸山は駆け付けた。

「同席した息子の重光昭夫の表情が強張っている。本業に忙しい重光は球場には来ないので、昭夫がオーナー代行として業務を仕切っていた。そこへカリスマの異名を取る重光が現れ、瀬戸山が『こ

4『週刊文春』2019年12月19日号

のたび、日本シリーズ進出を……』と挨拶をするや否や、怒鳴りつけた。

『そんなことは、どうだっていいんだよ！』

『はっ……』

勝利の酔いは一度に吹き飛び、空気が凍り付いた。

『困るんだ。赤字はどうなるんだ！』

怒気をあらわにした形相は、君は何をしてくれたんだ、と言っている。このままでは、選手年棒を上げてやらなければならないではないか。重光の関心事は赤字の圧縮と球団財政にある。日本一など関心がないのである」

40億円の赤字を18億円にまで減らす算段はつけていたが、「赤字は10億円までだ。今は昔と時代が違うんだ」と、重光は納得しなかったという。結局、サブローのような高額年棒の主力選手からトレードに回すことになった。

韓国にはロッテ・ジャイアンツ

これまで見てきたとおり、重光は野球に特段の愛着は感じていなかった。

ところが、初めて日本シリーズに優勝した翌年、75（昭和50）年には韓国のロッテ製菓の傘下に社会人野球チームを作る。まだ韓国にプロ野球はなく、セミプロ球団と呼ばれた。他チームは団体名や会社名をそのまま球団名としていたが、「ジャイアンツ」をチーム名にした。最強のチームを作ろうと、韓国最初の選手公開募集や海外（鹿児島）への転地訓練、千里行軍、女性サポーター組織など多くの話題を振りまきながら、翌76（昭和51）年の初シーズンには優勝している。

「韓国でもプロ野球球団をつくらないか」と重光にも韓国野球委員会（KBO）から要請があった。これは政権からの要請であり、断ることはできなかった。

「韓国のプロ野球発足は『国策』だった。韓国の国民は政治にばかり興味をもち、地域対立も加わってぎすぎすしている。プロ野球を振興して、国民の気持ちを和らげよう、というのが全斗煥《チョンドファン》政権の狙いだった」*5

82（昭和57）年、「KBOリーグ」が6球団（現在は10球団）の参加により発足した。後にも先にも、日韓でプロ球団のオーナーとなったのは重光しかいない。

ロッテ・ジャイアンツの本拠地は釜山広域市、本拠地球場は86（昭和61）年から横浜スタジアムを模した社稷《サジク》野球場である。社稷とは国家を意味する言葉であり、ジャイアンツと合わせると、読売巨人軍の姿が浮ぶかもしれない。

他の5球団（本拠地）は、総合電機メーカーのサムスン・ライオンズ（大邱《テグ》広域市）、テレビ放送局のMBC青龍《チョンヨン》（ソウル特別市／90年からLGツインズ）、大手ビールメーカーのOBベアーズ（大田《テジョ》広域市・忠清南道《チュンチョンナムド》・忠清北道《プクト》から85年にソウル特別市／99年「斗山《ドゥサン》ベアーズ」に改名）、大手製菓業のヘテ・タイガース（光州《クワンジュ》広域市／2001年から起亜タイガース）、海運大手の三美《サンミ》スー

5『朝日新聞』1988年7月17日付

パースターズ（仁川《インチョン》広域市から2000年にソウル特別市／青宝《チョンボ》ピントゥス、太平洋《テピョンヤン》ドルフィンズ、現代《ヒョンデ》ユニコーンズで廃業）だった。このように並べたのは、この中の企業の多くが、通貨危機後に経営破綻に追い込まれているからだ。

プロリーグ発足時、出身高校による球団の選手に対する保有権の原則が作られたため、有力選手を手放さざるを得なくなり、釜山と慶尚南道《キョンサンナムド》出身の選手でチームが構成された。

韓国のロッテ球団にも、金田正一を髣髴《ほうふつ》とさせる大投手がいる。84（昭和59）年の韓国シリーズで4勝1敗をあげて強豪のサムスン・ライオンズを下し、チームに初優勝をもたらした崔東原《チェドンウォン》である。その後もエースとして多く登板する。

ところが、ちょうど日本で球団の身売り話が出ていた頃、崔らはプロ野球選手協議会（労働組合）組織を主導したという理由で、サムスン・ライオンズに放出されてしまう。この件は古いファンにとってはいまでも痛恨の出来事として語り継がれている。

韓国シリーズを制覇したことは2回（84年と92年）あるものの、ロッテ・ジャイアンツはKBOリーグ発足当時からある6球団中で唯一、レギュラーシーズン1位や年間勝率1位の経験がない。2019（令和元）年、15年振りに最下位となってしまった。

韓国のプロ野球は、選手の出身地も地元で固まっているので、地域対決の様相が日本よりもはるかに強い。中でも、全羅南道《チョルラナムド》・光州広域市のタイガースと慶尚南道・釜山広域市のジャイアンツの試合は大変な奮闘ぶりで、日本の巨人・阪神戦とは一味違う激しさのようだ。

GNP世界第2位の日本に迫る自由化

東京五輪大会翌年の「40年不況」のあと、57カ月続く「いざなぎ景気」(65年10月~70年7月)が訪れていた。3Cと呼ばれた乗用車(カー)、クーラー、カラーテレビという「新三種の神器」が爆発的に普及、世間は好景気を謳歌していた。この頃、団塊の世代が大学生になるが、それはベトナム反戦運動と絡む全共闘の時代でもあった。

こうした景気拡大は日本経済の国際的な地位を押し上げていく。日本の国民総生産(GNP)は、66(昭和41)年にフランス、67(昭和42)年に英国、68(昭和43)年に西ドイツを抜くことで、ついに米国に次ぐ世界第2位となっている。その背景には、いざなぎ景気が始まった頃に日本の人口が1億人を超えたことが挙げられる。人口が6000万人に届いていなかった当時の西ドイツと比べると、1人当たりGNPは2倍近く差があり、欧州先進諸国を凌駕したという実感は乏しかったかもしれない。

それでも、〝先進国クラブ〟入りし、経済大国と呼ばれるようになると、これまでのような保護主義的なあり方には変更を迫られるようになる。

振り返れば、岸政権が60(昭和35)年に「貿易・為替自由化計画大綱」を閣議決定し、日本経済を開放経済体制へ移行させるとしたときから、貿易自由化の歩みは着実に進んでいた。63(昭和

38）年にＧＡＴＴ11条国へ移行（国際収支を理由とした輸入の数量制限を禁止）、64（昭和39）年にＩＭＦ８条国へ移行（国際収支を理由とした為替制限の禁止）、67（昭和42）年から資本の段階的自由化が進められる。

製菓業界もこうした自由化の流れとは無縁ではなかった。61（昭和36）年から始まった日米間の通商や経済協力問題などを討議する経済関係閣僚の日米貿易経済合同委員会で、68（昭和43）年12月、チューインガムの自由化が検討された。背後には日本市場を虎視眈々と狙うリグレーの思惑が見え隠れしていた。

リグレー上陸の阻止、が最も望ましいシナリオだが、それは現実的ではない。業界団体として打てる手は、上陸の延期で時間稼ぎをする間に、砂糖の関税を下げるなどして競争条件を整えることにあった。

ロッテは業界団体も通じて、岸らに猛烈な陳情攻勢をかけていく。

「このとき岸の〝密命〟を帯びて農林省や大蔵省に働きかけたのは、岸の側近で、のちの太平洋クラブのオーナーとなった中村正芳である」[*6]。ここでは「正芳」とあるが、のちに球団社長に迎える「長芳」の間違いであろう。

とにかく、この工作がうまくいったのか、リグレーの上陸は２年間ほど延期されることになる。

ここで先述のオリオンズを巡ってのやりとりを思い出していただきたい。69（昭和44）年のある日、岸に呼び出された重光が、関心もないプロ野球球団の支援にポンッと６億円も投げ出したこと

6 藤井勇『ロッテの秘密』こう書房、1979年

の意味を。偶然ばかりとは言い切れないだろう。

世界市場への展開に着手

チョコレートへの進出はロッテにとってガムに続く第二の柱を打ち立てたという意味でエポックメーキングな出来事だった。

ロッテ創設20周年となる68（昭和43）年、リグレー上陸の日が見えてきたロッテは、業界シェアトップのガム製品のてこ入れを図ることにした。製造技術の見直しによる品質強化、絞り込んだ競争力のある新製品、外資系企業と競うマーケティングの検討、そして国際化の推進である。61（昭和36）年以降、業界首位の座を守り続けてきたガム事業だが、カネボウハリスも新製品「チューイングボン」で首位返り咲きを狙うなど、内外での新たな競争に備えなくてはならない。

まず、外国製品に負けない高品質の製品を生産するため、69（昭和44）年春から、製造技術の見直しを行った。外国人顧問として、元リグレーでトップレベルのチューインガム製造技術者、ウィリアム・シコーネと機械設計技術者ゲイ・ボンブレークを迎える。70年代半ばに向け、製造現場で徹底した合理化が推進された。

69（昭和44）年3月にキャンディコーティドガム、71（昭和46）年2月のセンターリキッドガム、72（昭和47）年5月には香水ガム「イブ」といった新機軸の新製品を着実に打ち出したが、自由化対応の筆頭が70（昭和45）年8月に売り出した「大型ガム」だった。6枚入り20円だった板ガムを7枚入り30円と〝大型化〟し、天然チクルをベースに香料を効果的に調合した、世界的にも最高級のチューインガムと自負できる主力商品群である。

全社的に「外国メーカー打倒」運動を展開し、標語の募集やワッペン作戦、ポスター作戦などを繰り広げて社員の意識を高める一方、社外から講師を招き、他業種における外国企業との戦いの事例と社内対策などについても学んだ。

そして、「外国メーカー打倒には逆上陸が先決」という重光の発想から、積極的な海外進出が実行されていく。68（昭和43）年1月にはタイの首都バンコクに駐在員事務所を開設、9月には香港でロッテ製品の販売を開始する。70（昭和45）年1月にはタイの駐在員事務所を現地法人に格上げし6月から営業をスタート。7月に米ロサンゼルス、8月に西独ハンブルク、9月に同じくミュンヘンと、世界各地の食品見本市に出展していく。

68（昭和43）年7月、製品や原材料の輸出入業務を取り扱う貿易商社「ロッテ物産」が設立された。翌8月にはイランへチューインガムのプラントを輸出、71（昭和46）年11月にポーランドに技術輸出をしている。

67～69（昭和42～44）年のこの時期は、新たに立ち上げた韓国のロッテ製菓でも製造設備の更新などが進む一方、日本でも浦和第2工場（68年6月）、狭山工場（69年6月）がそれぞれ立ち上がっている。

この頃のロッテは、総合菓子メーカーを目指して、新たなアイテムに挑む時期でもあった。ガム、チョコレートに続く第三の柱に取り上げられたのがキャンディである。

ロッテ第三の柱、キャンディ

重光が第三の柱としてキャンディ市場に参入を決めたのは66（昭和41）年のことだった。このときガーナミルクチョコレートが全国発売されてから1年数カ月、設備投資の拡充に追われていた時期だった。これは重光の経営の特徴でもあるが、次の戦略に着手するタイミングを早めに設けることでリードタイムを長くとる傾向がある。

キャラメルに勢いがない一方で、飴菓子として古くから日本でも親しまれてきたキャンディは実績を上げていた。

大手総合菓子メーカーが寡占状態のチョコレートとは対照的に、キャンディは専門メーカーが上位に君臨、2500社もひしめく中で、専業上位10社が44％のシェアを占めていた。この競合の多い業界動向を分析した重光は、「変化とスピードが要求される時代を反映して、これからは〝なめるキャンディ〟から〝食べるキャンディ〟へ移行するだろう」とにらんでいた。[*7]〝食べるキャンディ〟とはすなわち〝ソフトキャンディ〟のことである。

ここでチョコレートのときに発揮された「勝利の方程式」が再び適用される。未経験の領域に進

7『ロッテのあゆみ30年』ロッテ、1978年

出する場合には、欧州生まれ、米国育ち（大量生産システムで急成長）というその原点に必ず立ち返り、現地で一流の技術者を探して「お雇い外国人」として招聘、そこから新しい製品を考え出すのだ。「自分たちでできないことは、いろいろ一番よく知っている人、できる人を連れて来る。当たり前のことだけど、それをズバリとやるわけ」と手塚七五郎は重光流の人材スカウト術を解説している。

欧州のめぼしいキャンディ工場を67～68（昭和42～43）年にかけて視察し、ジョルジュ・ボーダンを招聘することになった。仏領アルジェリアのオランで23（大正12）年に生まれたボーダンは、伯父の経営する製菓工場を振り出しに大手工場の技術部長を務めては有名なボンボンなど独創的な製品を生み出し、20年のキャリアがあった。

ボーダンの活躍の舞台として用意されたのは、床面積1万平方メートルに及ぶ新設の狭山工場（69年6月）だった。ここでボーダン指導の下、日本初のソフトキャンディ「ココロール」や高級ソフトキャンディ「チョコレートキャンディ」が開発される。ＣＭには青春スターの森田健作（現・千葉県知事）が充てられている。

いつものように新商品は徹底的にマスコミで宣伝、これに連動させて店頭には「ＰＯＰ作戦」を展開した。商品は大ヒットし、増産体制が敷かれた。

同じ年の10月からは、ボーダンに代わって英国人のケネス・デビッドが技術部長に就任した。デビッドは26（大正15）年バーミンガム生まれ。現在はネスレ傘下だが、「キットカット」で有名なロントリー・マッキントッシュの研究所長や工場長を歴任している。デビッドはソフトキャンディ以外にもチューインキャンディ「ラブミー」や、74（昭和49）年からハードキャンディ「小梅」「小夏」「小雪」などを矢継ぎ早に製品化した。「小梅」の前には梅ガムの経験もあり、すっぱいキャンディもロッテにとっては経験済みだった。

〝現代の竹久夢二〟と称される林静一の描く大正ロマン調の少女のイラストが話題となり、「小梅」「小夏」「小雪」のシリーズは、キャンディ業界で空前の大ヒットを記録した。

Ⅳ

＊

日韓逆転の1980年代

第10章　資本自由化の裏で進めた多角化

帝王リグレーの上陸

1970（昭和45）年は日本の高度経済成長期の頂点だったかもしれない。3月15日から9月13日までの183日間、千里丘陵で開催された大阪万博には約6421万人が訪れている。ロッテが会場で販売した「太陽の塔」の貯金箱セットが好評だった。

71（昭和46）年6月にチューインガムの輸入が自由化された。続いて、同年10月からはチョコレート、キャンディ、ビスケットなどが自由化されていく。日本の菓子メーカーが困惑したのは、国内農業保護の一環で、使用する原料が海外と比べて割高であり、このままでは競争にならないと危惧したからだ。

チューインガム業界として自由化対策に掲げたのは、製品輸入関税の50%への引き上げ、香料の輸入関税（15%）の引き下げ、砂糖の消費税撤廃と輸入関税の大幅引き下げなどであった。政治工作が実ったのか、ガムの関税は40%に引き上げられ、なぜか七面鳥とアーモンドの関税が代わりに引き下げられている。

チューインガムでいえば、米国リグレーの生産性は極めて高かった。「日産50トンのチューインガム生産に、わが国では直接作業人員400名、リグレーの場合はわずかに40名。しかも生産のロスはまったくないといわれていた。商品原価は、国内原価の約50%安とみられていた」[*1]。創業20年の歴史の中で最大のピンチだと、「外国メーカー打倒運動」をロッテが全社的に展開したのもよく分かる状況だった。

国内メーカーが50～60年代に激しく競った結果、日本は世界第3位のガム市場となっていた。ガムとは何かを認知させる必要もなく、リグレーをはじめ外資系メーカーにとっては、文字通りおいしい市場に育っていた。

では、自由化後の変化はどうだったのか。翌72（昭和47）年の輸入実績を見ると、チューインガムが4倍、チョコレート3倍半というように急増していた。

韓国進出に注力していた50代の重光武雄

20世紀に入ってから輸入が始まり、第一次世界大戦中には新聞広告などでリグレーのガムの日本上陸は確認されている。銀座に事務所を置くなどして日本市場の情報収集は怠らなかったようだ。

ガム自由化後に、リグレーの打った手は大胆

1『ロッテのあゆみ40年』ロッテ、1988年

だった。菓子業界の両雄である森永と明治の流通網に乗せて、一挙に全国展開を狙ったのだ。73（昭和48）年に入ってからは、ガムの生産を明治製菓に委託して、ロッテの主力商品と競うべく、「スペアミント」「ダブルミント」「ジューシーフルーツ」の3種を5枚入り30円で販売を開始した。その前年に発売されたロッテ「イブ」のように50円という高級品もあったが、板ガムのボリュームゾーンに価格を合わせてきた。ロッテ側は前年8月に〝大型ガム〟と称して、主力製品を7枚入り30円に揃え、店頭での大量陳列と合わせて、リグレー迎撃態勢を整えていた。

自由化で勢い込んで進出はしたものの、シェア7割にも及ぶロッテの牙城を崩すに至らずリグレーは苦戦する。

ロッテが外資系を迎え撃つための準備は、先述したように、製造過程の合理化など着々と整えられていた。重光はむしろ、「外国メーカーの打倒には逆上陸が先決」と号令をかけ、自由化前から海外展開を進めていた。自由化前年の秋からは米国で開催された見本市に出展を重ねるようになり、米国に本格的に進出していく。

日本市場以外では、70年代初頭からリキッドセンターガムの引き合いがリグレーからあり、ロッテが輸出したこともあるし、米国でリグレーのOEM生産を行うため、現地法人「ロッテUSA」を78（昭和53）年9月に設立して、ミシガン州バトルクリークで操業を始めるなど、協業関係にもあった。

86（昭和61）年3月には、40セントのフーセンガムではあるが、自社ブランド「バブリーズ」も出しているし、91（平成3）年には〝おいしい〟を意味するヤミーをつけて、コアラのマーチを「コアラヤミーズ」という商品名で市場に出している。

70年代に入ってからのロッテは、総合菓子メーカーとして扱うアイテム数を増やすことに力を注いでいくことになる。第四の柱として、重光がゴーサインを出したのが、アイスクリームだった。

アイスクリーム進出の決め手は植物性

アイスクリーム市場は当時で約700億円とチョコレートを上回る規模だった。大手7社が市場全体の64％を掌握するチョコレートを上回るような超寡占市場で、約1000社のメーカーのほとんどは残り3分の1の市場を分け合っていたが、大手のシェアは年を追うごとに拡大傾向を示していた。

チョコレートが秋から春にかけて売り上げが多く、夏場に弱いのに対して、アイスクリームはその真逆で、4～9月の半年間に全消費量の約84％が集中する季節商品である。日本の1人当たり消費量は年約6リットルで、食後のデザートとして定着している米国の4割程度だった。

重光は例のごとく、欧米での実態調査を行う。16世紀にシシリー島からフィレンツェのメディチ家を経由してフランスの宮廷にもたらされ、欧州全土に広まったといわれるだけに、本場イタリア系のアイスクリームが業界を牽引していた。イタリアをはじめ、英国、デンマーク、米国などの技術者を招いて研究を重ねた結果、一つの検討点が浮上してきた。

アイスクリーム業界では高脂肪=高級品という観念が支配的で、高級なアイスクリームほどねっとりとしていて、食べた後に水分が欲しくなる。これは動物性の乳脂肪が多いためだ。業界がこうした固定観念に支配されていることに、重光は新規参入のヒントを見出した。イタリアンタイプの中から日本人の味覚に合ったものを選び、きめが細かくてべたつきのない、後味がさわやかで、たくさん食べられるようなアイスクリームの開発を進めていくことを決意する。決め手は植物性脂肪の採用にあった。

72（昭和47）年3月にアイスクリーム工場が竣工、この浦和の工場で、一気に34種類のアイスクリームの生産が始まった。「とくにフリーザーは製品の特徴に合わせてイタリア、デンマーク、アメリカ、イギリス製を使い分けるというように、一流の設備がぜいたくなほど整備されていた」。重光のこだわりを感じさせる。〝太陽のデザート〟と称して、ブランド名を「イタリアーノ」とし、本場感を演出している。

ロッテが短期間のうちにアイスクリーム市場を席捲できた理由としてもう一つ、流通面での仕掛けもあった。商品を冷凍庫で管理しなければならないため、冷凍倉庫や冷凍車を持つような専門卸に頼らざるを得なかったが、そのほとんどが大手メーカー系列だった。この専売制の厚い壁を打ち壊して、併売制に持っていくという方針を重光は掲げた。これは既存の流通機構との闘いである。

小売店でアイスクリームを販売するには店頭に専門の冷凍庫であるストッカーが必要となる。このストッカーはメーカーが貸し出しているため大手メーカーの商品が優先され、ロッテのような新参組はなかなかその隙に入り込むことができなかった。

そこで、小売店から攻略し、指名買いを増やす戦略を再び打ち出すことになる。72～74（昭和47～49）年にかけ活躍したのが、新規小売店開拓のための組織MFP（マーケティング・フィールド・プロモーター）である。10年前に立ち上げたLHP（ロッテ・ホーム・プロパー）もここで力を再び発揮する。MFPは末端小売店の店有率を高め、LHPはストッカー内の占有率を高めるという役割分担をしながら、ロッテの取り扱い店舗を増やしていく。

こうして獲得した小売店を集めて「ロッテアイスクリーム優良チェーン店会」を組織し、イタリア語で〝躍進〟を意味する機関誌「ボラーレ」を発行した。73（昭和48）年1～2月にかけて、この会員6000人によるハワイ親善旅行が行われるほどに拡大していった。

73（昭和48）年2月には、九州、四国、中国の西日本方面を受け持つ供給拠点として、九州工場が福岡県筑後市に設けられた。第2期工事で生産能力を拡張した浦和工場の約半分の生産能力を持つ第2アイスクリーム工場である。「その後さらに全国に約20社の協力工場を配し、およそ60種類の多彩な製品を販売するまでに発展した」[*2]。

2『ロッテのあゆみ40年』ロッテ、1988年

第五の柱はビスケット

この後も総合菓子メーカーを目指して新たな取り組みが続いた。第五の柱、ビスケットである。オイルショック後の需要減退で菓子業界が伸び悩む中、ビスケットには勢いがあった。「生産金額は（昭和）48年832億円、49年1215億円、50年1372億円と増え続け、菓子全体の10％を上回る大きな市場であった」[*3]。その上、売り上げの季節変動も少なく、量販店で家族向け商品として大量展示できる点など、いいこと尽くめであり、これを見逃す手はない。

ここでも「勝利の方程式」は発揮される。ビスケットの本場として着目したスコットランドから、首都エジンバラ生まれのライアン・ハンターを呼び寄せる。37（昭和12）年生まれでビスケット一筋20年。狭山のキャンディ工場の隣に約35億円かけて生産ラインを建設する。原料の調合では胚芽入りの全粒粉を使った製品を打ち出した。製品を左右する焼き加減では、すべてコンピュータ制御とし、生産ラインに全長72メートルのバンドオーブンを据えた。

最先端工場が完成した翌月、76（昭和51）年11月に関東・関西地区から販売が開始されたビスケットのブランドは「マザー」とした。宣伝では、TVドラマ「奥様は魔女」で圧倒的な知名度を誇るエリザベス・モンゴメリーを起用している。

市場規模が桁違いに大きい飲料にも触手を伸ばした。ソフトドリンクである。最初の取り組みは

3『ロッテのあゆみ40年』ロッテ、1988年

高麗人参だった。70（昭和45）年11月に韓国農漁村開発公社と高麗人参84万ドル分の輸入契約を締結したことがある。当時、ロッテ物産は高麗人参の在庫問題で頭を悩ませていた。このとき重光が出したアイデアが高麗人参のエキス「ジーン（gin）」を入れたドリンクで、「活気づける（gin-up）」という意味を持つ「ジンアップ」の名で製品化した。[*4] これに自信を持った重光が、この開発陣を投入して、新たなドリンクプロジェクトに挑む。

ソフトドリンクは72（昭和47）年末から研究に着手しており、第四の柱としての期待もかかっていた。コカ・コーラに象徴される炭酸飲料、カルピスのような乳酸飲料は比較的寡占化傾向にあったが、果実飲料やコーヒー飲料にはチャンスがありそうだとの見通しを得る。

果汁飲料はオレンジの占める比率が7割と極めて高い。そこに、南国のフルーツを投入しようと、75（昭和50）年3月に売り出されたグアバドリンクは画期的な製品だった。ざらつきの原因である石細胞を、旨みを逃さずに除去できる技術を開発したことで実現した。王道のオレンジ、九州向けにはカボス、そしてコーヒー飲料も投入したのだが、残念ながら他の菓子のような地位を築くことはできず、２００４（平成16）年に撤退している。

この経験はほぼ同時期に進んでいた韓国市場で生かされ、企業買収によるソフトドリンク進出で成功を収めている。

このように、64（昭和39）年のチョコレート発売以来、ロッテは2～3年ごとに新しいアイテムに挑んで新たな生産拠点を立ち上げ、事業領域を拡大していった。このような急成長は他に例を見

4 ジンアップのTV宣伝ではコント55号の故坂上二郎を起用している。

ないだけに、製菓業界ではロッテ経営の秘訣を探ろうと、「ロッテ学」の探究に熱を上げ、「ロッテ神話」という言葉も生まれている。

相次いだ菓子以外での多角経営

日本マクドナルド第1号店の銀座店が銀座三越店内に開店したのは71（昭和46）年7月20日のことだった。4日後には第2号店の代々木店が開店、関西第1号店は72（昭和47）年7月に京都の藤井大丸に開いた。その後、2000（平成12）年には3000店舗に達した。実は、ダイエーの中内功もマクドナルドとの合弁交渉をしていたが、出資比率で折り合わず、日本初のハンバーガーショップ「ドムドム」を早くも70（昭和45）年2月、東京郊外のダイエー原町田店で開いていた。

「菓子メーカーから食品メーカーに脱皮し、これまで培ってきた力を生かせるような市場を探せ」という重光の号令が下された。外食産業、中でもハンバーガー主体のファストフードはこれにうまくあてはまる。

内外の動きを見極めて、調理用機器は米国から直輸入、72（昭和47）年2月に「ロッテリア」を設立、7月に浦和工場内に実験店舗を作った。そしてその2カ月後の9月、髙島屋日本橋店と松坂屋上野店、そして横浜の3店舗を同時に開店した。これを皮切りに、毎年十数店舗から20店舗を新規出店していく。

「総合菓子メーカー」に向けたアイテム開発

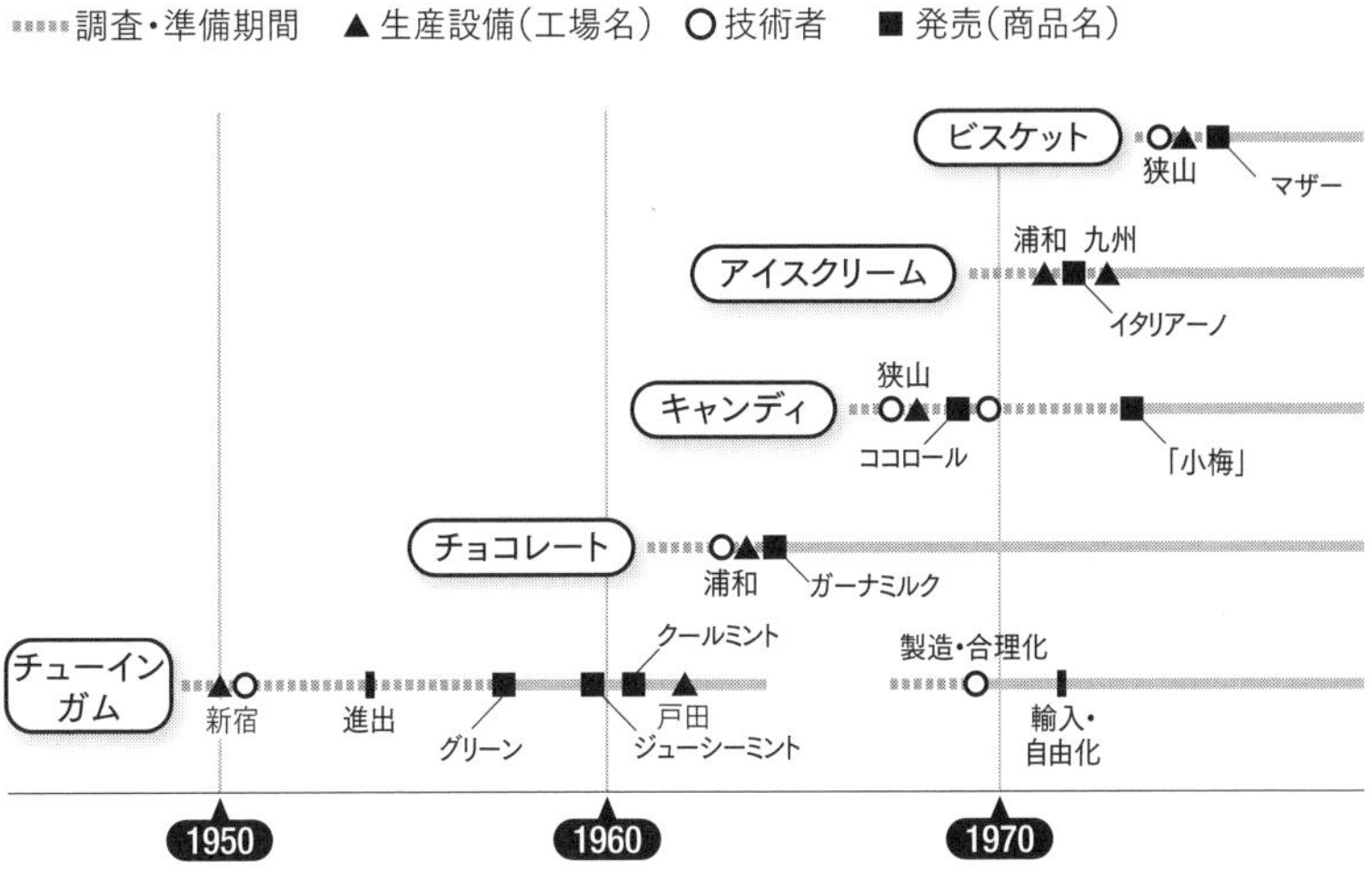

同じ頃、森永製菓の森永ＬＯＶＥ、明治乳業の明治サンテオレ、江崎グリコのグリコアなど食品メーカーによる同様の業態が相次いだ。77（昭和52）年に投入したエビバーガーのヒットで売り上げに占めるフードの割合も上がり、２０００年代の低迷期にも経営改革と並行して、絶品チーズバーガー（２００７年）などヒット商品を出すことで乗り切ってきた。

韓国ほどではないが、日本国内でもこの頃、さまざまな企業が作られている。64（昭和39）年に１００億円だったロッテの売上高は75（昭和50）年には５００億円を大きく超え、77（昭和52）年には６００億円に達している。

ロッテ商事から宣伝部門を切り離したのが67（昭和42）年7月設立のロッテ・アドで、絵コンテまで自ら確認し、広告費削減は許さなかった重光の肝いりの会社ともいえる。「小梅」（74

年）から始まる一連のハードキャンディ、シールが受けたチョコレートの「ビックリマン」（77年）、女子学生人気に火がついた「コアラのマーチ」（84年）といった大ヒット商品を裏で支えた。

68（昭和43）年11月設立のファミリーは、郊外にこの頃大量に供給されていた公団公社系団地の居住者を対象に創刊された無料のコミュニティ・ペーパー「ザ・ファミリー」を発行した。最盛期には発行部数50万部になったが、２００８（平成20）年３月28日号を最後に通算１９８０号で幕を閉じた。社内的には文化事業の位置づけだった。

70（昭和45）年６月には総武線錦糸町駅の北口に、直営で結婚式場、バッティングセンター、ボウリング場、ゲームセンター、ビアガーデンなどを備えた総合レジャーセンターを設けた。ロッテプラザは82（昭和57）年にロッテ会館として分社化され、２０１０（平成22）年にはスカイツリーに近い複合商業施設「ロッテシティ」を併設するロッテシティホテル錦糸町として生まれ変わっている。

71（昭和46）年12月、公害防止の集塵装置を扱う専門メーカーとして設立されたロッテ電子工業は、２年後に韓国でも同様に立ち上がっている。元はこの装置を10年以上研究してきた青年の売り込みに重光が応えた形で創業しているのが珍しい。紆余曲折があり、75（昭和50）年に「チルチルミチル」の商品名で東海が発売した１００円ライターが大ヒットしたときには、翌年に「ルーキー」の商品名で参入したこともある。日本純水素（現・日本パイオニクス）と共同開発し、78（昭和53）年に発売された携帯用使い捨てカイロ「ホカロン」は大ブームを巻き起こした。他にも医療用具、除湿防虫剤、芳香剤なども手掛け、現在はロッテ健康部門として存続している。

ロッテ球団の他、冷菓販社として日本食品販売（76年）、各種機械の貸し出しおよび割賦販売事業をするロッテサービス（78年）、ロッテリースといった企業群がロッテグループに作られた。

77（昭和52）年には本社管轄の中央研究所が発足、86（昭和61）年には独立している。

これらとは別に、持ち株会社的な役割を担う菓子の包装紙や容器などを扱う光潤社（67年）、みどり商事などもこの時期に作られている。

日本との時間差が縮まる韓国のロッテ製菓

海外での事業展開も徐々に始めた日本のロッテだが、重光が最重要視していたのは韓国のロッテである。投資の9割は韓国に向けられていた。

二男と三男が韓国のロッテの経営から離れる一方、ニューヨーク大学経営大学院で学び帰国した五男の俊浩《ジュンホ》が韓国のロッテ製菓に入社する。

ロッテ製菓は70年代に入ると成長が本格化していく。72（昭和47）年1月、ジューシィフレッシュ、フレッシュミント、スペアミントを6枚入り20ウォンで発売した。「大型ガム」を標榜したこの3つの製品の本格的な販売は3月から実施された。このときに出した新聞広告は非常に印象的だ。

「いままで私は故国の皆さんから『なぜ韓国では日本と同じ菓子を作らないのか』という忠告を受

けて、いつも辛く思いました。しかし、それは国内事情による原料、機械設備などの厳しい環境と技術的なさまざまな問題で、その願いを叶えることができなかったのです。幸いにも今回、最新の設備を誇る永登浦《ヨンドゥンポ》ガム工場を新築するようになり、韓国ロッテでも日本ロッテと同じレベルの製品を生産するようになりました。世界の優秀な技術を集めて作った製品『ロッテ大型ガム』を皆さんに出すことを光栄に思い、またこの『ロッテ大型ガム』に匹敵できるガムはないと確信しています」[*5]

韓国人の中には、いまでもこの3つの製品を「一つのセット」と考える人がかなりいる。このようなコマーシャルソングがあったからだ。

「メキシコチクルのように穏やかに話しましょう。ロッテのガムのように香ばしく笑いましょう。ジューシィフレッシュ、フレッシュミント、スペアミント。お~ロッテのガム。良い人に会うと、分けてあげたいです。ガムならやっぱりロッテガム」

日本では、「ガムはやっぱりロッテガム」という広告文句よりも「お口の恋人」というフレーズの方がはるかに有名だ。一方、韓国で「ロッテ=お口の恋人」というイメージを思い浮かべる人はほとんどいない。

「お口の恋人！　お口の匂いを消すメキシコ産の天然チクルのグリーンガム」

韓国の新聞でも「お口の恋人」という宣伝が68（昭和43）年5~7月に集中的に流されていた。[*6]

それでも韓国でこのフレーズが定着しなかった理由は何だろう。韓国人の感覚に「お口の恋人」は

5『東亜日報』1972年2月10日付
6『東亜日報』1968年5月23日付

合わない、「お口の中の恋人」としたらもっと口にくっつくような感じでより強い印象を与えたはず、という意見がある。当時の重光は日本語の方が流暢だったからか、韓国語の微妙なニュアンスを感じ取れなかったのかもしれない。

72（昭和47）年7月、ロッテ製菓は第1回ミスロッテ選抜大会を開催した。日本では53（昭和28）年11月にミスロッテが選ばれているから、ほぼ20年の時を経て韓国にも上陸、応募者は3000人余りに達した。このとき初代ミスロッテの栄冠を勝ち取ったのが、当時中学生の徐美敬《ソミギョン》だった。その後3年置きに開催され、明賢淑《ミョンヒョンスク》、元美京《ウォンミギョン》、朴敬得《パクギョンドゥク》を選抜して幕を下ろした。

徐美敬はのちにソ・スンヒという芸名で3年間ほど映画やテレビで活躍したが、81（昭和56）年4月に引退して日本へ留学した。83（昭和58）年3月20日、重光との間に娘（由美《ユミ》）が生まれ、その5年後、重光は娘の出生申告をした。

韓国のロッテで重光の右腕として働いてきた五男の俊浩

75（昭和50）年2月にチョコレート工場が完成、韓国でもガーナミルクチョコレートが製造されるようになった。同年7月にはヒット商品となったガム「イブ」の販売が始まる。77（昭和52）年4月にはアイスクリーム工場が稼動し始めた。日本では創業から24年かかったが、韓国では10年後にアイスクリームの発売にまでこぎつけたように、同じアイテムでの日韓の時間差が短縮されていった。

◉——日本以上の総合食品メーカーに

韓国でのグループ企業の中には日本と同名の会社もあり混乱するが、ざっとその展開を見ておこう。日本のロッテは製菓業が主体だが、韓国では幅広く展開している。そのため、自前主義の日本とは異なり、合弁会社の設立や既存の会社の吸収合併も盛んに行われている。

66（昭和41）年11月設立の東方《ドンバン》アルミ工業は、70（昭和45）年10月にロッテコーポレーション、80（昭和55）年7月にロッテアルミニウムと社名が変更され、現在に至っている。このアルミ関連メーカーからは74（昭和49）年11月にロッテインターナショナルが分社された。同じ年にはロッテ商事（日本の同名企業とは別法人）やロッテ産業などが設立され、その後紆余曲折を経て、韓国の主たるロッテ系商社はロッテ商事へと集約されていった。

73（昭和48）年11月には公害防止施設専門メーカーのロッテ電子工業（現・ロッテ機工）を韓国でも立ち上げた。同じ月、オーディオ機器メーカーであるパイオニアとの合弁企業ロッテパイオニアも設立するが、91（平成3）年合弁を解消してロッテ電子となり、2004（平成16）年にはロッテ情報通信に合併された。

食品関連では、「七星《チルソン》サイダー」で有名だった七星韓美飲料を買収し、74（昭和49）年12月にロッテ七星を設立している。同時期に新規参入した日本では結局うまくいかなかったソフトドリンクは、韓国では成功した。

酒類にも挑んでいる。74（昭和49）年頃、重光はサントリー社長の佐治敬三に会って話を聞き、64（昭和39）年入社の大卒一期生である林勝男《イムスンナム》に、サントリーやニッカのウィスキー工場を見学させただけでなく、スコットランドにも1カ月ほど派遣した。ソウル南方の烏山《オサン》市の土地もすでに確保してあった。

サントリーに協力してもらい立ち上げる予定でいたが、ネックは輸入品には200％もかかった酒税だった。酒税法の改正を働きかけるも失敗、サントリーとの話は頓挫した。

しかし、重光は諦めなかった。「食品の中で酒は非常に重要なポジションを占めているということを考えなさい」と林に語り、ソウル近郊に新しい工場を造る一方、小さな会社や潰れた会社の免許を買い集めた。こうしてロッテウイスキーが立ち上がり、焼酎をはじめビール、清酒、ウィスキー、ワインを製造・販売するようになった。なお、斗山《ドゥサン》グループから受け継いで、ロッテ酒類も設立されている。

「サムガンハード」というアイスクリームを製造していた三岡《サムガン》産業を買収、78（昭和53）年2月にロッテサムガン（現・ロッテフード）を発足させた。2カ月後にはこのロッテサムガンにロッテ乳業が子会社として設立されている。ロッテ乳業はロッテ畜産、ロッテハム、ロッテ牛乳など商号が変更された後、ロッテフードの一員になった。

乳業と畜産業に参入するとき、重光はユニークな手法を取った。約2万頭の乳牛を各農家に2、3頭ずつ預けて飼育してもらったのだ。回収した牛乳で全脂粉乳やバターなどの乳製品を作り、経年牛でハムやソーセージを製造する。豆乳工場を建て、大豆の搾りかすを牛のエサとして農家に一括で供給する。無駄がない。

78（昭和53）年1月にはバニラの香料など食品添加物を製造する韓一香料工業が設立された。この会社は2009（平成21）年10月にロッテサムガンに吸収される。

重光は韓国ロッテグループの総合管理に向け、運営本部を発足させた。ロッテ製菓社長を務めていた重光はグループ会長に就任した。ロッテ製菓会長の劉彰順《ユチャンスン》はロッテ製菓、ロッテサムガン、ロッテ七星など関連会社の会長に留任した。78（昭和53）年3月のことである。

同年5月17日、京郷新聞が「透徹した祖国観と反共精神で韓国社会の経済・文化的地位の向上に貢献した在日韓国人73人に国民勲章を与えた」と報じた。国民勲章とは、国民の福祉向上および国家発展に寄与した功績が明確な者に授与されるもので、重光と郷里の先輩である徐甲虎《ソガプホ》だけが国民勲章1等級の無窮花《ムグンファ》章を共に受けている。

悲願の重化学産業への進出

79（昭和54）年は、重光と韓国のロッテグループにとって大きな飛躍の年となっている。この年開業のロッテホテルとロッテ百貨店については次章で詳しく見ていくが、ひょんなことから、石油化学関連企業がロッテの傘下になった。6月のことである。

全羅南道《チョルラナムド》麗水《ヨス》市は麗川郡を併合後、2012（平成24）年に国際博覧会が開かれた港町だ。ここには70年代後半、蔚山《ウルサン》に続いて石油化学コンビナート「麗川工業団地」が建設されている。

韓国綜合化学（韓国政府100%出資）と日本側投資会社の第一化学（三井物産、三井石油化学、三井東圧化学、日本石油化学が出資）による総投資額2000億円の巨大プロジェクトで、三井グループにとっては総投資額6500億円のイラン石化計画に次ぐ事業規模だった。

エチレン（年35万トン）は韓国綜合化学の100%子会社である湖南《ホナム》エチレンが製造する。誘導品は韓国綜合化学出資の麗水石油化学と第一化学が半々ずつ出資した湖南石油化学が取り扱う。計画では、高密度ポリエチレンを年7万トン、ポリプロピレンとポリエステル樹脂の原料となるエチレンオキサイド／エチレングリコール（EO／EG）をそれぞれ年8万トンずつとなっている。合成ゴムの原料となるブタジエンは取りやめられた。

この湖南エチレンと湖南石油化学の韓国側持ち分を民営化することになった。情報をつかん

青瓦台で無窮花章を授与された（1978年）

だ林勝男は、さっそく日本に飛び、重光に報告する。ところが、重光の反応は意外なものだった。

「韓国ロッテは消費するものしか売らない。サービス業しかやらない」

重光が重工業に進出したがっていたことを知る林は食い下がった。「政府のために何か寄与するものをやらなければならないのではないですか」と言っても、重光は「もうそんなことはやりたくない」と首を縦には振らない。

それでも林はくらいつき、7回にわたって説得を重ね、ダメ押しで「会長だって早稲田で応用化学を専攻していたではありませんか」と言ったら、重光も最後はしぶしぶ納得した。

林は韓国に戻り、入札に参加しようとするが、政府内にもロッテの進出に反対する勢力がいた。「重光さんは日本人じゃないのか。日本人なら入札に参加する資格はない」と言われ、林は区役所で重光の住民票を取った。そこには「国籍は韓国、名前は重光武雄、韓国名は辛格浩《シンキョクホ》」と明記されていた。これで入札参加資格を得ることができた。

本当は現代《ヒョンデ》グループに払い下げたかった韓国政府商工部は、次のように主張した。[*7]

「韓国出身の重光氏が率いたロッテといえば、韓国政府に友好的な企業にちがいない。けれども実体的には、やはり日本資本なのだから、外国勢力とみなすべきではないか。基幹産業を〝外国〟の影響下におくのは、国策や民族産業保護の観点から好ましくない」

入札結果を見て商工部は騒然となる。現代が降りてしまったのだ。ロッテによる単独取得は好ましくないと、行政指導により、大手ゼネコンの大林《テリム》産業にも株が分けられた。

7 藤井勇『ロッテの秘密』こう書房、1979年

林は重光に尋ねられた。「湖南石油と湖南エチレンのどちらをとればいいのか」と。延世大学で化学工業を学んでいた林は「湖南エチレンは原料を売るだけですが、湖南石油は製品を作って売るところですからマーケットをもっています」と答えた。

このとき重光の脳裏には、湖南エチレンがもし原料の供給を渋った場合どうなるのかという不安がよぎった。

「原料をくれなかったらどうするのか」

「ナフサクラッカーをこちらで作ればいいじゃないですか」

ナフサクラッカーとは、ナフサを分解してエチレン、ポリプロピレン、ベンゼン、トルエンなど石油化学工業の基礎原料を作り出す装置だが、その導入にはそれほど大きな資金は必要ない。

1964年入社の大卒一期生、林勝男

結局、湖南エチレンは大林産業がほとんどを取り、湖南石油化学の韓国側持ち分の多くはロッテが取った。このときロッテは内部留保と日本の金融機関から受けた融資により160億円を投じている。その後、大林産業はこの事業から離れていき、ロッテが株を取得していくことになる。

数年後、今度は三井グループと配当方針を巡り意見が対立する。三井側は上場企業として利益が出れば配当に回したい。非上場のロッテは利益が出たらそれを韓国国内で再投資したい。この再投資方針は、韓国政府がロッテの株保有を許可したときの条件でもあった。

結局、三井側は湖南石油の株を手放し、ロッテがそれを買い取った。湖南石油は社名をロッテケミカルと改めた。現在は韓国のロッテグループの基幹企業となっている。

◉――「平和建設」買収で地獄の日々に

五男の俊浩はロッテ製菓で食品企業の買収などを担当していた。韓国のロッテをもっと成長させるためには、世界に進出しなければならない。その思いから、韓国政府の勧めもあって平和建設《ピョンワ》の買収を重光に提案する。当時は、オイルマネーを目当てに中近東への建設会社の出稼ぎブームもあり、この業界は活気づいていた。

ところが重光はあまり関心を示さない。建物のデザインをすることには関心があり、建築家の黒川紀章の支援もしていたが、建設事業そのものには興味がなかったのだ。

俊浩は重光の説得を続けた。これに対して、林勝男は猛然と反対する。それはなぜか。

「建設業界というのは賄賂が当たり前のように横行する業界で、それはロッテの体質とは合わないと思ったからです」（林勝男）

東京にも3度行き、ロッテ副社長の松井静郎にも訴えたが、韓国のロッテで企画部門の責任者を務めていた俊浩の意見が通り、78（昭和53）年9月に平和建設を買収する。

いざ傘下に置いた会社の内情を目にして、俊浩は愕然とする。収支は大赤字で、社員のモラルは崩壊、平気で会社のものを盗んでいくような状態だったからだ。

「当時はまだ、建設業界のことなんてよく分からなかった。菓子や食品も2億〜3億ウォンの赤字を出していましたが、建設の赤字はケタが違う。会長からは『どうやっていくつもりなんだ。会社を売却するのか』と問い詰められ、仕方なく『私が平和建設に行きます』と言いました」（俊浩）

買収早々立て直しのため自ら乗り込んだ俊浩は、社員を集めて3時間ほど話をした。仮に平和建設の再建に失敗し、倒産することにでもなれば、ロッテ系列の企業もすべて潰れてしまう。

「『会社が潰れたら私は死ぬしかない』と語りながら、長いナイフを取り出して、『この建設会社の再建がうまくいかなければ私は切腹する』と宣言しました」（俊浩）

社員を奮起させるための言葉ではなかった。本気でそう思い詰めていたのだった。

平和建設は国内では仕事が取れなかったこともあり、サウジアラビア中心に海外で事業を展開していた。俊浩と実態を見に行った林は、「現場に行って本当にびっくりしました。考えられないくらいの赤字を出している。2000万ドルで受注した工事が4000万ドルを投入しても完成しない。3000万ドルで受注したのに1億ドルを投入しても完成していないものもありました。俊浩さんは3日間寝られなかったようです」と振り返る。

「海外の事業でロッテはホテルだけじゃなくて、グループ全体の存続自体が危機に瀕することになるのではないですか」

会食相手の韓国政府の建設部長官にそう問われた重光は林勝男を急遽呼び寄せた。

「林、お前、平和建設に行ってくれないか」

林は企画調整室と兼ねて、78（昭和53）年から馬山《マサン》クリスタルホテルの社長にも就いており、毎日経済新聞が経営していた頃は5年連続で赤字が続いていたこのホテルをわずか1年で黒字化したばかりだった。しかし、門外漢である建設業は手に負えないと重光の要請を断った。

それから1カ月後、再び重光から呼び出された。

「これは一応命令だから、行きなさい。数字だけでもきちんと報告しなさい」

重光は経営実態が分からない現状に苛立っていた。1年ぐらいするとほとんどの重役や社員が辞めてしまい、離職率が30～40％にも達していたという。

林は平和建設に行くことは覚悟したが、重光に1つ条件を出した。途中で本社から切り捨てられても納得がいくだけの人材を連れていきたい、と。林が指名したのは、日本のロッテ本社秘書室の三羽烏だった。1人は設備に強く英語が堪能、もう1人は工場建設のほとんどを担当してきた。残る1人も英語が堪能で、資材の発注関係をすべて担当してきた。

この3人の名前を聞いて、重光は「できない」と拒んだ。林も必死で食い下がった。

「この3人をくれなければ、私は行きません」

1週間考えた末、「連れていきなさい」と重光は許可した。

会長室に挨拶に来た林を、重光は事務室に連れていき、「最高責任者というのはなあ、自分の社員に責任を持たなければならない」と3時間にわたって3つの教訓を語ったという。

まず、サウジアラビアには3000人の部下がいる。その家族を入れると1万5000人、取引先を入れれば5万人が食べていけるよう、責任を持ちなさい。それが最高責任者というものだ。

次に、お前は専門ではないから土木や建築はやらないといっているけれども、最高責任者に専門なんてないんだ。専門性を考えるような人間は最高責任者にはなれない。だからお前が正直に考えて、これがいいと思ったら、それがいいことなんだ。それが最高責任者としての専門性なんだ。

そして、企業は赤字を出したらだめだ。絶対に黒字にしなければならない。その責任は最高責任者にある。赤字をたくさん出す会社が多いような国は潰れる。黒字を出す企業が多い国は発展する。そのくらい企業は大切なものなんだ。その責任者が最高責任者なんだ。

社員と言葉を交わす機会があまりない重光が、自分の経営哲学を伝えるなど異例中の異例のことである。それだけ事態は切迫していたし、林への信頼も厚かったのだろう。

◉――サウジアラビアでの撤退戦

林と元秘書室の3人は、紅海に臨むサウジアラビア第二の都市、ジッダに向かった。イスラムの聖地メッカの玄関口でもある。ここに平和建設の連絡事務所があった。81（昭和56）年3月、平和建設はロッテ建設に社名が変更された。

中東で最初に取り組んだのは、国際入札で少しでも安い企業に発注しようと考えての入札制度の導入だった。ところがソウルの本社からは、執拗に「この会社を使え」といった指示が来た。韓国の要人から紹介を受けたコスト高の企業だった。林は本社の指示には従わなかった。そのため、ロッテ建設本社の社長とは毎日のように喧嘩になってしまった。

もう一つ、大きな問題があった。仕事の発注元は主に米軍だったため、受注や支払いにはワシントンのペンタゴンまで行かなければならなかった。現場での地質調査がきちんとできないため、見積書をソウルの本社は推測で作成していた。いざ現地に行くと砂地の1メートル下に岩盤があるようなケースがよくあった。水を30キロ、40キロ先からトラックで運ぶ費用も馬鹿にならない。

林の結論は、新規の受注を止めて4年間で事業を整理するというものだった。83（昭和58）年、重光と今後の対策について相談するため、林は東京に赴いた。

「朝の10時頃から重光会長と事務室に入りましてね、夕方の5時まで延々と怒られました。2人で一緒に初めて昼食を食べたんですが、パンを食べながら『お前自殺しろよ』『割腹しろ』と怒鳴られたもんですから、『なんで割腹しなければならないんですか』と反論したら、『営業を中断するなんて、そんな責任者いるか』と怒鳴られました。そこで私は『このまま受注を続けたら、もっと赤字が出ます。いずれは潰れます。今ならまだ、小さな被害で済みますが、あとになったら雪だるまが転がるように膨れ上がって取り返しのつかないことになってしまいます』と実情を説明したのです。それでも納得できずに『経営者というのはどんな厳しい状況でもなんとか工夫して経営していくものなんだ。それでも営業を止めるというのか。お前を責任者にした俺が間違いだった』と怒りが収まらないようでした」

とはいえ、現実を前に、重光も林の提案を受け入れざるを得ない。林は言う。

「私が追加の資金を要求すると、重光会長は怪訝な表情で『あとどれくらい必要なんだ』と聞いてきました。それで『3000万ドル必要です』と答えると、『3000万ドル、お前、どのくらいの金額なのか分かっているのか。いったい何やっているんだ。お前の給料はいくらだ』というものですから、『会長、給料は関係ありません。私の給料なんて微々たるものです』と申し上げました」

竣工検査までやれば残金がもらえるので、それまでのつなぎとしてお願いしますと、林はひたすら頭を下げた。松井副社長も林を慰めてくれたものの、重光会長は怒りが収まらない様子だったという。もちろん重光も支店から報告を受けており、数字もすべて把握している。やりきれない気持ちを林にぶつけていたのだろう。

林が翌日サウジアラビアに戻ると、すでに3000万ドルが振り込まれていた。オイルマネーに釣られて中東に殺到した韓国の建設会社は次々に倒産していった。ロッテ建設は最大の危機を乗り越え、離職率もゼロになっていた。

◉朴大統領が打ち立てた維新体制

静岡大学の朴根好《パククノ》教授はこのように語っている。[*8]

「朴大統領ら政府首脳は、日本が朝鮮戦争の特需で戦後復興を成し遂げたことをよく知っていた。韓国もベトナム戦争に積極的に加わり、特需により経済発展を遂げようとしたのです」「韓国は65年から72年まで米国からのベトナム特需で潤い、その総額は10億2200万ドルにのぼる。うち72%が、労働者や軍人の送金、道路建設、浚渫《しゅんせつ》工事、輸送など貿易外だった」「韓国は売る物がなく、労働力を提供するしかなかった」

「ベトナム行きのバスに乗り遅れるな」を合言葉に韓国経済を潤してきたベトナム戦争も米軍の旗色が悪くなっていった。69（昭和44）年1月にリチャード・ニクソンが大統領に就任、71（昭和46）年7月のヘンリー・キッシンジャー特別補佐官の訪中に続き、72（昭和47）年1月にはパリ和平協定が調印され、3月には米軍のベトナムからの撤退が完了。ニクソン大統領もこの間、2月に訪中するなど、アジアでの国際関係が大きく変化していく。

韓国では、朴大統領は71（昭和46）年の大統領選挙で三選を果たしたものの、野党・新民党の金《キム》大中《デジュン》候補に90万票差まで詰め寄られ、その直後に行われた国会議員選挙では新民党が3分の1を大幅に上回る議席を獲得したため、憲法改正が事実上不可能になった。

8『朝日新聞』2008年1月28日付

72（昭和47）年10月27日、朴は非常戒厳令を宣布、憲法を自らの手で改正して「維新体制」を確立してしまう。第四共和国である。

国家安全保障を強く打ち出し、大統領の権限を強化する一方、国会の権限を大きく削ぎ、国民の基本的人権を制限する。夜間外出禁止令で午前零時から4時まで一般人は外出できなくなった。73（昭和48）年8月には金大中事件を日本で起こすなど、反対派には容赦ない姿勢を示すようになった。

この頃の経済状況はどうだったのか。高麗《コリョ》大学教授の高承済《コスンゼ》はこのように解説している。[*9]

「73年に韓国が31億5000万ドルの輸出をしましたが、そのうち日本市場向けが第1位を占めています。一方投資面をみれば、数字を申し上げますと4億2700万ドルで、やはり、やはり日本が1位です。71年まではアメリカが投資額において第1位を占めていたのですが、現在は1億7400万ドル、すなわち日本の3分の1程度で、それだけ日本と韓国の経済統合も、その度合が急激に高まっています」

韓国にとって日本は不可欠のパートナーであり、多くの在日企業が韓国に進出していく。

「朴大統領がソウル南西部の九老洞《クロトン》に九老公団という工業団地を初めて造成したときには、電気部品や繊維産業など軽工業を中心に多くの在日企業が進出しました」と民団団長の呂健二《ヨゴンイ》が言うように、九老や亀尾《クミ》、馬山に造られた海外輸出用の軽工業製品を生産拠点は、「漢江《ハンガン》の奇跡」と呼ばれた韓国の高度成長に少なからず貢献している。九老には中国の朝鮮族が多く住み、ボルチブと呼ばれる蜂の巣のような住宅が密集していたが、現在は九老デジタル団地に生まれ変わり、IT・ベン

9 韓国研究院、国際関係共同研究所『韓国にとって日本とは何か』国書刊行会 、1977年

チャー企業が集まっている。

ソウル市では60年代後半から、「江北《カンブク》（漢江の北）地域の人口集中抑制策」を主要な行政課題としていた。漢江の南側（江南《カンナム》）の開発を進めて、市内南北の人口バランスを取ろうというもので、当時の人口比の北8：南2の割合が、半世紀余り過ぎた現在はほぼ5：5となっている。

例えば、いまや韓国一地価が高い江南区は、63（昭和38）年にソウル市城北《ソンブク》区に編入された後、75（昭和50）年に分区された。ソウル大学に多くの卒業生を送り込んできた公立名門男子校「京畿《キョンギ》高校」は76（昭和51）年に当地に移転してきている。

ソウル大学も同じ頃に多くの学部が江南の冠岳《クァナク》区に移転しており、こうした人気校の移転が人口移動に拍車を掛けた側面もある。九老公団が造られた九老区もまた漢江の南にある。

第11章　財閥化の端緒、ホテルと百貨店

◉――三度目の正直はホテル建設の要請

朴《パク》大統領から「ぜひ会いたい」と直接電話が入ったのは１９７０（昭和45）年11月３日のことだった。実はこの頃、重光は一抹の不安を抱えていた。

「ソウル市不正食品特別取り締まりチームは、11月12日に、第３回目の取り締まりを実施。市中で販売されているロッテ、東洋《トンヤン》、太極堂製菓などの有名な製菓店で製造販売されている菓子のうち、人体に有害な砂や異物が入っている不正食品の１１２店舗１６８品目を摘発、３カ月間の営業停止処分にして不正食品を廃棄処分する一方で、店主を検察当局に告発した」[*1]

こうなると、一にも二にもソウルに行って実情を見極めなければならない。重光はこの記事が掲載されたその日のうちに大韓航空に搭乗しソウルに向かった。このとき、重光には１人の同行者がいた。駐日韓国大使となっていた李厚洛《イフラク》である。金浦《キンポ》空港に降りた２人は大統領府に直行した。当時、景武台《キョンムデ》と呼ばれた旧朝鮮総督府官邸を青瓦台《チョンワデ》と改称し、大統領官邸・公邸として使っていた。現在の建物ができたのは91（平成３）年のことである。

1『毎日経済新聞』1970年11月13日付

ロッテホテルと百貨店に夢中だった頃の重光武雄

2人に対し、朴大統領は開口一番、次のように語った。[*2]

「私が重光社長に会いたいといったのはほかでもなく、半島《バンドン》ホテルのためなのです。ご存じの通り、半島ホテルは観光公社が引き受けて経営していているが、実績が良くないのです。国営としてはいけない。その横にある国立図書館も払い下げるから、重光社長は努めて世界のどこに出しても恥ずかしくないような観光ホテルを建てて経営してください。政府は最大限の支援をいたします」

この唐突な申し出に、重光は困惑して、返事に躊躇した。しかし、後ろにいた李大使が、「いったんこの場では『はい』と答えて」とサインを送ってきたので、仕方なく「はい、かしこまりました」と答えることになったのだ。

重光は複雑な心境だった。ホテル経営につい

2 孫楨睦『ソウル都市計画物語』(未訳)

ては全くの素人であり、将来の可能性さえ見通せない。しかも政府は、石油精製、製鉄と二度にわたって新規事業の進出を要請してきておきながら土壇場で外された。「二度あることは三度ある」と重光が疑心暗鬼になるのは当然のことだろう。

実際、このときもロッテの他に2つ、国際標準の高級ホテルにゴーサインを出していた。一つは後述する新羅《シルラ》で、もう一つは1年早く78（昭和53）年に開業する南山《ナムサン》中腹のグランドハイアットだった。

なぜ、朴大統領はこのような要請をしてきたのか。同じ年の1月17日未明、半島朝鮮アーケードで火災が起き、コンクリートの構造物だけを残して3時間半後に鎮火した。この商業施設は、ソウル市庁《シチョン》にも近く、半島ホテルと朝鮮《チョスン》ホテルの間にあり、宿泊する外国人観光客を対象としたものだった。火災の跡はウェスティン朝鮮ホテル（70年から改称）に隣接する皇穹宇《ファングンウ》という圜丘壇《ファングダン》付属建造物の石材にいまも黒くすすけて残っている。

著名な土木史の専門家でソウル市の企画管理官だった孫楨睦《ソンジュモク》は、「半島朝鮮アーケード火災事件が起こったことを契機にして、その（朴大統領の観光政策を大転換する）決心が固まったものと推測される」と自著に書いている。[*3]

観光は外貨獲得手段として重視された。論文「植民地朝鮮における朝鮮総督府の観光政策」[*4]で李《イ》良姫《ヤンヒ》が描くように、植民地時代にも妓生《キーセン》は日本の芸者のように人気を博していたが、70〜80年代の観光戦略は「外国人男性観光客、特に日本人男性観光客の誘致が国家政策であったといっても過言

3 孫楨睦『ソウル都市計画物語』（未訳）

4 李良姫「植民地朝鮮における朝鮮総督府の観光政策」『北東アジア研究』島根県立大学、2007年3月

ではない」状況であり、「主に日本人団体男性客を対象とした妓生パーティという名の売春が斡旋される妓生ハウスは全国に25カ所を数え（中略）1976年から1982年までに韓国を訪れた日本人観光客の男女比率は男性が90～96％であった」という状況でもあった。

重光は結局、韓国に9日間滞在した。記事にもなった不正食品の取り締まりによる営業処分は、告発後まもなく取り消されていた。どうやらこの行政処分は、当時の市行政の機微をしらない市保健社会局長が功を焦った過剰な措置だったと判明する。韓国のロッテ製菓が抱えていた当面の問題も解決したということで重光は日本に戻る。

◉――街のランドマーク「半島ホテル」

日露戦争のあと東清鉄道南満洲支線、のちの南満洲鉄道の経営権を手に入れた日本は、朝鮮半島経由の鉄道網の整備と合わせて、満洲で満鉄直営のヤマトホテルを主要都市で展開し始める。朝鮮半島では同様の西洋式ホテルがなかったため、朝鮮総督府は併合後の14（大正3）年に地上4階建ての朝鮮ホテルを開業した。日本の敗戦後は「敵産」として米軍政庁に接収され、軍政庁司令部が置かれたこともある。

一方の半島ホテルは、朝鮮ホテルのすぐ近くに32（昭和7）年にできた。こちらは朝鮮半島で窒素肥料工場や発電所をはじめとする大規模事業を展開した日窒コンツェルンの野口遵《したがう》の手による。カーバイドの研究をしてきた野口は、電気化学工業の父とも呼ばれ、日本窒素肥料（現・チッソ）をはじめ、旭化成、積水化学工業、積水ハウス、信越化学工業の創業にかかわった。

戦後は米軍の接収を受けた後、国際観光公社（現・韓国観光公社）が運営していた。８階建てのひときわ目立つ、ランドマーク的な建物だった。

重光は朴大統領の要請に応えるべく、プロジェクトチーム秘園《ビウォン》を立ち上げた。綿密な検討を重ね、50ページにわたる報告書を作成する。その概要は以下のとおりである。株式会社秘園（ソウル中区乙支路《ウルチロ》小公洞《ソゴンドン》／半島ホテル、国立図書館など）。投資規模４８００万ドル（約１７３億円）。敷地２万１４６０平方メートル（６５０３坪）。地上33階・地下３階建て。客室数１２０５室。工事期間32カ月。

いまでこそ、この周辺には同じくらいの高さの超高層ビルも珍しくないが、日本一の超高層ビルといわれた霞が関ビルディング（65年竣工／36階建て）と遜色ない高層建築物をソウルに建てることなど、誰にも想像がつかなかった。

秘園の報告書にもあったように、このプロジェクトは半島ホテルを単純に建て替えるだけでなく、付近にあった国立図書館や雅叙園《アソウォン》という高級中華料理店なども含む再開発プロジェクトだった。ちなみに、雅叙園にあった庭の滝はロッテホテル本館のラウンジからいまでも見ることができる。

ロッテホテル設立委員会が発足したのは73（昭和48）年2月26日。委員長には重光が就いた。３月13日には重光の名義で外国人投資の認可申請書、借款契約認可申請が政府に提出された。日本でこの経緯を見てきた重光宣浩は当時を思い出してこう語る。

「韓国で初めての本格的な土地買収でしたから、夜遅くまで説得しても兄はなかなか『うん』と言ってくれない。『ホテルなんて建てても儲かるものじゃない』と。殺し文句はいまでも忘れはしません。『この地域のこの場所を二度と買収するチャンスなんかないんだから、ホテルじゃない、記念碑として建てましょうよ』。最後はうやむやになってなし崩しのような形で納得してくれました」

外資導入法と重光の奇策

73（昭和48）年3月に提出した2つの申請は、4月25日に経済企画院外資導入委員会で決議された。

　重光は日本に20年以上住んでいたとはいえ一貫して韓国籍だ。その重光がなぜ外国人投資の認可申請をしなければならなかったのか。これは韓国の外資導入法の規定に基づく。第2条には「大韓民国の国籍を保有する自然人でも外国に10年以上永住している者については『外国人に対する条項』も適用される」と明示している。

「在日コリアンの韓国経済発展への寄与」という論文で、青巌《チョンアム》大学の金仁徳《キムインドク》は、「1966年8月に外資導入法を宣布し、これは在日1世の韓国投資を外国人投資として優遇することを保証する『外資導入施行規則』として制定された。（中略）日韓国交正常化以来、在日同胞の母国投資総額は

10億ドルを突破した」としている。

まだ資本不足の当時、外国資本に破格の恩恵を与えた。外国資本優遇策として、不動産取得税、財産税、所得税、法人税などが5年間免除され、以後3年間は50％だけ賦課される。また、韓国内の営業のために導入される資本財に対しては、関税や物品税も免除されたという。

ロッテホテルは、日本のロッテが100％出資した会社である。本来、「外国人は49％以上の持ち分を保有することができない」という韓国の関連法規によって経営権を行使できない。

この問題の解決策は実に奇抜なものだった。「『在日韓国人の重光武雄』が『大韓民国国民の辛格浩』に経営権を委任する形で100％投資が可能になる」[*5]

これは、重光にとってとても都合の良い仕組みとなる。投資した資金とその利益について、投資時に日韓政府当局の承認を受けた状況計画表に限らず再投資することができるからだ。この仕組みは、韓国経済企画院と日本の大蔵省の承認を受けたという。

「この時の文書が『前例』となり、重光武雄は母国投資に何らの制約を受けることなく、日本に一銭の配当を行わずに韓国ロッテを拡張し続けていくことができた。このような内容の文書を官僚たちの反対にもかかわらず承認した日本の当時の大蔵大臣は福田赳夫だった」[*5]

こうして日本から投資した資金を韓国での事業拡大に再投資し続けられる仕組みができたことで、ロッテグループは韓国で十指に入る財閥として成長する端緒をつかんだ。

ロッテホテル設立委員会の発足直後から、世界中の有名ホテルチェーンから提携話が殺到した。

5 鄭淳台『辛格浩の秘密』（未訳）

経験のないロッテは、必ずどこかとホテル運営契約を結ぶはずと見られたからだ。

有名ホテルチェーンの看板とノウハウは世界中から集客する上では魅力的だが、その対価も大きい。MC（マネジメント・コントラクト）方式と呼ばれる管理運営受託方式が一般的で、売上高の数％のロイヤリティに加えて、さらに営業利益の20％程度を別途支払うような契約となる。

同じタイミングで建設が進められていたのが、ホテルオークラの支援を仰いで三星《サムスン》グループが手掛けたホテル新羅である。23階建てで客室数４６４、迎賓館も備えた。開業も同じ79（昭和54）年3月だが、こちらの方が2日早い8日だった。

重光はこうした費用を支払うつもりは全くなかった。最高の施設と独自の運営方式により自前でやっていけると考えていたからだ。後日、重光が言った「我々の技術で建設して、我々の手で経営するロッテホテル」がこうして胎動した。

隠された政権上層部の思惑

ロッテホテル設立委員会ができて3カ月も経たない73（昭和48）年5月5日に、新ホテルの運営会社である株式会社ホテルロッテ（のちにロッテホテルに社名変更）が設立された。初代社長には重光武雄が就任したものの、6月11日には金東煥《キムドンファン》に代わっている。彼は朴大統領の右腕で当時首相を務めていた金鍾泌《キムジョンピル》の第一の補佐役だったという。

韓国政府も今回は重光への支援を惜しまなかった。8月1日には開発予定地周辺を「半島特定街区整備地区」に指定している。

ソウル市にも協力を惜しまないよう指示が来ていた。『ソウル都市計画物語』の著者である孫楨睦は、当時、ソウル市都市計画局長になっていた。

「73年10月に当時の梁鐸植《ヤンテクシク》ソウル市長とともに首相室に呼ばれて、金鍾泌首相からホテルロッテ建設にすべての支援を惜しむなと指示されたとき、金首相が強調したのがまさにその点だった。つまり重光武雄が日本で、そして日本人として集めた財産だから『母国への財産搬入』という次元で扱うべきであり、決して一企業を支援するというレベルではないという点だった。当時、金首相の口調があまりにも強かったので私はその後長い間、重光武雄が日本に帰化したと勘違いしていた」[*6]

当時の重光は事実上日本人と見られていた。日本人の夫人と2人の息子は日本で育てられている。相続ともなれば、重光の財産は子どもたちに渡る。「当時、韓国政府の要人たちは、彼が日本で集めた莫大な財産の一部だけでも母国に投資させ、母国に不動産の状態で残そうとする下心があった」。政府の要人たちというのは、朴正熙《チョンヒ》、李厚洛、劉彰順《ユチャンスン》などだけではなかった。金鍾泌、丁一《チョンイル》権《ゴン》、朴鐘圭《チョンギュ》など、当時権力の座に就いていたすべての人たちが、重光に対して共通の望みを抱いていたというのだ。

そのような要人たちの思惑を重光が知っていたかは分からない。未知のホテル事業についても、製鉄のときのように最初からコツコツと勉強していく。

6 孫楨睦『ソウル都市計画物語』(未訳)

翌74（昭和49）年3月、半島ホテルの買い入れに関する協議が始まった。この話がニュースになって流れると、焼け跡となった半島朝鮮アーケードの商人たちが反発し、デモを起こした。これに職場を失うことになる半島ホテルの従業員が同調していく。

アーケードの商人たちには移住費の名目で5000万ウォンを与え、新設のホテル内に商店街を分譲すると約束した。のちのロッテ一番街である。これは当時かなりの大金で、漢江《ハンガン》の南、銅雀《トンジャク》区の92平方メートルの分譲マンション6戸分にも相当した。ホテル従業員には、全員に巨額の退職金を与えることに合意した。こうした大盤振る舞いは事業費に上積みされていく。

半島ホテルに隣接していた雅叙園は69（昭和44）年に創業者の一人娘から三男の春浩《チュンホ》が土地・建物共に購入していた。雅叙園の経営陣が建物は共同所有であるとして、この売却を無効とする訴訟を起こすが、約5年にわたる民事裁判の結果、ロッテ側が勝訴している。

雅叙園の土地を巡っては、重光と春浩の兄弟喧嘩も起きている。当時、重光に接していた林勝男《イムスンナム》は、このように解説する。

「雅叙園の敷地を巡って、重光社長は『この土地をくれ。この土地は俺の金で買ったんじゃないか』と春浩さんに言ったら、春浩さんは『兄さんの金だけれども、兄さんが私にくれた金じゃないか。その金を私は一生懸命貯めてこの土地を買ったんだ。これは俺の土地だ』と主張したのです。結局、銅雀区大方洞《テバン》にあったロッテラーメンの工場を春浩さんに渡すことで、雅叙園の土地と交換してもらいました」

弟からすると理不尽な思いだったかもしれない。重光の長男としての意識が支配欲としてこのように発現することがこの後にもあり、結果的に弟たちはロッテグループの会社から離れていってしまう。

74（昭和49）年6月3日、半島ホテルの一般競争入札が行われた。応札したのはホテルロッテのみで、落札価格は41億9800万ウォン、5日後に正式に契約が結ばれた。7月3日、半島ホテルは廃業、25日にホテルロッテは経営権を取得した。3800万ウォンを費やした撤去作業は10月下旬から開始され、ホテルの備品や什器は9000万ウォンで一般に売却された。

11月20日には国立図書館が形ばかりの競争入札でホテルロッテに払い下げられた。こちらの落札価格は8億3600万ウォン。この他にも東国製鋼《トングク》の建物など周辺の地上げが続いた。最初の頃は相場の坪60万ウォン台だったが、75（昭和50）年4月に最後の土地を手に入れた頃には市中価格の2〜3倍程度まで高騰していた。

ホテルにのめり込む重光

品質本位を重視する重光は、一流のものを好んだ。負けず嫌いで、なんでも自分の手で調べないと気が済まないこともあって、ロンドン、パリ、ローマ、ヴェネツィア、ウィーン、ニューヨーク、アトランタ、ラスベガス、ロサンゼルスなど、一流といわれるホテルを泊まり歩いた。設計はもちろん、サービスを直接体験するためだった。重光はホテルの設計を専門家に丸投げしたくなかった。だから自ら勉強を始めた。重光宣浩は当時の兄の様子をこのように語る。

「世界一のホテルを作ろうという思いでいっぱいでした。スタッフを引き連れて世界中を旅しながらホテルを見て回り、どんなホテルを作ろうか考えていました。自分でデザインを考えたりしていたようで、部屋のデザイン画を作らせては自分たちでいろいろ決めていたようです。ドアノブまで直接かかわっていました。当時の韓国では建物はとりあえず大工に任せればいいんだという風潮で〝インテリア〟という単語すらなかった。挙句の果てには韓国にはなかったインテリアの会社まで作ってしまいました」

ホテルロッテは当初、基本設計契約を日本の鹿島建設と結び、鹿島建設は韓国一といわれる建築家、金壽根《キムスグン》の環境設計事務所と共同で設計に着手していた。

しかし、重光ののめり込み方が半端ではない。海外視察から戻るたび、建設会社や建築家に自分の意見を伝えては設計変更を申し入れた。建設会社や建築家には不平不満が募り、両者の軋轢は強まっていく。鹿島建設としては、当然、設計の後は施工監理まで請け負うつもりでいたが、基本設計の段階でそうした思惑は頓挫してしまう。

75（昭和50）年6月、契約先が戸田建設に変更され、韓国内のパートナーも嚴徳紋《オムドクムン》建築研究所に交替した。

日活のプロデューサーから縁あって71（昭和46）年に転職してきた松尾守人は、当時、経営企画部の課長を経て、本社総務課長として、重光のホテルへの取り組みを間近に見ていた。

「一般的には帝国ホテルをまねたといわれています。確かにどんな店を何階に出すかといったソフトの部分については帝国ホテルをモデルに研究しました。重光社長も帝国ホテルには足しげく通っていたようです。しかし、実は全体のイメージはホテルロッテの本館を見ていただくと分かりますが、京王プラザホテルです」

淀橋浄水場跡地に造成された新都心6号地に、2年7カ月かけて建設された47階建ての京王プラザホテルは、「新宿副都心計画」の最初期に建てられた超高層ビルであり、当時、世界最高層のホテルでもあった。71（昭和46）年6月5日に開業している。当時まさに最新鋭のホテルだったのだ。

松尾はその後に発生した難問にも直面する。

「京王ホテルを設計した日本設計事務所の村尾成文さんを何度もお呼びして話を聞かれ、基本設計をお願いしたのです。村尾さんの基本設計をもとに戸田建設が実施設計をしました。ところが当時、韓国ではソフトに対する支払いができなかった。戸田建設は施工監理までで、実際の工事は韓国の建設会社が請け負いました。だから日本設計にも戸田建設にも設計費用を払うことができなかったのです。その辺は苦労しました」

ロッテは78（昭和53）年竣工の12階建ての新本社ビルを西新宿3丁目に建設するが、日本設計と戸田建設に発注している。そこから歩いて行けるほど近くなった初台の重光邸の改修工事も同社に依頼している。このようにして韓国での借りを東京で返したということなのかもしれない。

相次ぐ干渉とオイルショックの余波

敷地買収が完了し、75（昭和50）年5月から建設工事が始まる。最初は部分的な掘削工事から着手し、10月下旬から地上部分の基礎工事に取り掛かった。12月23日には韓国最大のタワークレーン1号機が設置された。「工事を始めると、道行く人たちがみな振り返り、『ビルというのはこんな風に建てるものなのか』と口々に話していたようです。韓国では鉄骨鉄筋コンクリート造の高層ビルを建てるのは初めてのことでした」（重光宣浩）

ソウル市は最大限の便宜を尽くしてくれていたが、ちょっとした行き違いも起きた。工事は順調に進んでいたが、実はこのときまだソウル市から建設許可が下りていなかった。正式に許可が下りたのは翌年の5月10日のことである。

支援すると言っていた韓国政府からは干渉が相次いだ。重光は最終的に地上38階建てと決めていたのだが、首相室からは「43階案」「45階案」「48階案」とさまざまなことを言ってくる。困ったことに、大統領警護室からは「青瓦台が見えるから18階建てにしろ」という高さ半分の指示まで届いた。さすがに重光も承服しかねて、「38階を基準に作っていた建物を半分にすることは到底できません。技術的に不可能だからです。それで私が大統領府と時の首相に陳情して、本計画通り38階建てを建てることになりました」と直接交渉で事態を打開している。[*7]

7『月刊朝鮮』2001年1月号

大統領警護室長の車智澈《チャジチョル》からは、青瓦台が見えないよう北の窓は黒く塗り潰せという条件を呑まされた。

ごたごたが続く一方で、こんなニュースも飛び込んできた。76（昭和51）年4月に開かれたアジア太平洋観光協会総会で、次回79（昭和54）年の総会開催地にソウルが選ばれたというのだ。当然、ロッテホテルが宿泊施設として必要となる。いきなり締め切りが設定されてしまった。

73（昭和48）年にオイルショックが起きた。重化学工業化を進める朴政権は、資金獲得のためベトナムに代わる出稼ぎ先として、オイルマネーが溢れ建設需要が増加している中東に着目した。大手建設会社は皆、出稼ぎに行った。その名残が江南《カンナム》エリアのメインストリートであるテヘラン路である。

一方、国内の建設現場は人手不足に陥った。韓国の大手建設会社と一括施工契約を結ぶことができず、300余りの中小建設会社と部門別に契約を結ぶことになった。施工監理にあたった戸田建設の苦労がしのばれる。

オイルショックは建築資材価格の高騰にもつながり、当初見積もりの工事費用150億ウォンが75（昭和50）年頃には280億ウォンとほぼ倍増、工事費が上がるたびに外資導入法の規定により変更手続きを繰り返すことになる。

構想変更で誕生したロッテ百貨店

土地を巡るやりとりはあったものの、三男と四男は兄のためにこのような話をしていた。

「春浩兄と私は『成功したのだから韓国で兄が自分の立場を示せるようなもの、歴史に残る大きな建物を造らないといけない』と、ホテルをはじめ、アーケード、百貨店などを含めた複合施設の建設計画を立てたのです」（重光宣浩）

ホテルロッテが計画していた付属建物は、9階建ての「外国人観光客のためのショッピングセンター」だった。ホテルロッテにショッピング事業部が設置されたときも同様だった。

ところが、76（昭和51）年3月13日付のソウル市告示では25階建てに変更されている。

何があったのか。重光は構想を大きく変更、一部をデパートとして活用する計画をすでに立てていた。日本や他の先進国に比べて後進的な韓国国内流通業界において、最新施設と先進的な経営システムを備えた大型デパートを開店することが消費者、究極的には国家経済の発展に貢献できると確信したからだ。

75（昭和50）年11月、報告書「ロッテセンターの市場調査および需要予測」が韓国科学技術研究所（現・韓国科学技術研究院）から届いた。デパート事業のフィジビリティスタディ（事業化調査）を依頼していたのだ。付属建物の地下1階から10階までをデパートとし、外国人観光客対象の免税事業を盛り込むなど、重光の構想案がそのまま収録されていた。

ソウル市は当時、「江北《カンブク》地域の人口集中抑制策」を行政課題としていた。ちょうどソウル大学も江南《カンナム》に移転した時期で、江北の既存の繁華街にキャバレーやナイトクラブはもちろん、人の集まるような飲食店も新規出店が憚られるような状況で、ましてやデパートの新設など論外という雰囲気だった。

ところが重光は、ソウルの古くからの繁華街にデパートを作るという自らの構想を貫徹してしまった。

77（昭和52）年から付属建物の掘削工事が始まり、この年6月にはホテルロッテのショッピング事業部がショッピングセンター事業本部に再編された。これはロッテによる韓国国内流通産業への進出宣言のようなものだった。

ホテルとデパート、言葉を変えれば観光と流通を同時に推進していくという重光の決意でもあった。「観光流通」という概念が韓国に定着し始めたのは、大型観光流通センター「ロッテワールド」の建設が進められた80年代後半からであった。

78（昭和53）年12月22日にロッテホテルは竣工、一部開館した。翌79（昭和54）年3月10日に全館開業して記念行事が開かれている。交通部長官、ソウル市長、日本からはのちに経済団体連合会会長となる斎藤英四郎・新日本製鐵社長以下、そうそうたる財界の面々が参列した。

「秘園」プロジェクトの最初の見通しでは、工事期間32カ月となっていた。実際には49カ月余りと

ホテルロッテ（ソウル）のオープニング・セレモニー（1979年）

大幅に延びている。投資規模も当初は4800万ドルの見積もりだったものの、完成後に精算した結果、1億4500万ドルとほぼ3倍に達していた。これは70（昭和45）年完工の京釜《キョンブ》高速鉄道の総工費（約1億900万ドル）よりも嵩んだことを意味している。

どんなに費用がかかっても最高の資材にこだわった重光は、ホテルのオープニング・セレモニーでこのように述べた。

「私は、一つの立派な芸術作品を祖国に残したいという切実な望みと、ソウルの心臓部に世界に誇れる名所を建設するという一念でロッテホテルの建設を主導してきました。我々の技術で建設し、我々の手で経営するロッテホテルが今後我が国民皆様が自慢できるものになり、韓国観光の基礎を固めるのに一役を果たしていくことを祈願しています」

◉──紆余曲折を経て誕生したデパート

総客室数1020室のホテルは79（昭和54）年3月に全館開業したが、デパートの方はすんなりとはいかなかった。

ホテル支援施設「外国人に向けたショッピングセンター」と市に申請していたものを「デパートの賃貸事務室」に変更したいと用途変更申請許可申請書を提出したところ、ソウル市の関係部署は騒然とした。江南開発に注力していたこの時期に、都心に百貨店の営業許可を出すことなどあり得ないことだった。大統領やソウル市長など内心では許可を出したいとは思っていたが、そうするだけの名分がない。そのときソウル市の職員が奇抜なアイデアを考え出した。それはあえてデパートとは明記せずに、ショッピングセンターとしたまま、デパートをやるというものだ。

ショッピングセンターとデパートの商品構成にそれほど違いはない。大きな違いは、前者が多数の小売店の集合商店街であるのに対して、後者は経営主が売り場を一括して管理するという点ぐらいだ。ホテルロッテもこの助言に従い、「デパートの許可申請書」を「ショッピングセンターの許可申請書」に変更して再提出した。

朴大統領の裁可を受け、すぐに市としての許可が出され、ロッテ側に通達されたのは79（昭和54）年10月26日のことだった。この翌日は焼け落ちた半島朝鮮アーケードの商人たちが入る小公洞の地下商店街「ロッテ一番街」のオープン日だった。

この26日の夜は衝撃的な事件で記憶されることになる。朴大統領が、車智澈と共にＫＣＩＡ部長の金載圭《キムジェギュ》によって射殺されたのだ。朴は享年61。あっけない最期だった。

重光は大きな衝撃を受けた。文字通り頭を抱えてしばらく微動だにしなかった。日韓国交正常化の舞台裏で活動、韓国に自ら進出することになってから20年近くの間、韓国側のトップはずっと朴だった。もし大統領の裁可が1日でも遅れていたら、どうなっていたことだろう。孫楨睦が「ロッテショッピングセンターは、朴大統領が重光武雄に与えた最後のプレゼント」と感慨を込めて著書に書いたとおりだろう。

この地下街は、3年前にオープンした福岡の天神地下街を参考にしている。韓国では画期的なオープンショップ方式、店舗ごとに扉を設けず百貨店のように一体感のある売り場が登場した。

このとき、日本での設立から7年遅れて、韓国のロッテリア第1号の小公店が9月に開店している。進出の検討自体はその3年前から始めていた。

まず価格の問題があった。韓国人の好きなジャージャー麺《ミョン》が1杯50ウォンだったのに対して、ハンバーガーは1個５００ウォン、オレンジジュースをつけたら７００ウォンはかかる。

次に韓国の小麦粉ではふっくらしたバンズ（パン）が作れなかった。この問題は第一製糖に技術開発してもらって、バンズに合う小麦粉を作ってもらうことで解決した。

強力なライバル、日本マクドナルドも和信《ファンシ》百貨店と組んで韓国進出を考えていた。和信は三越と提携している。銀座三越に第1号店を出店したこともあり、日本マクドナルドの創業者、藤田田《でん》はこの縁を韓国でもと考えていたようだ。

進出のためには経済企画院の許可が必要となる。ここでロッテが政治力を発揮する。ロッテリアがある程度軌道に乗ってから外資（日本マクドナルド）の進出を許可するという方針が出て、3年ほど時間稼ぎができた。

付け加えれば、当時のソウル市内を走る地下鉄は、74（昭和49）年8月15日に開業した京釜線や京仁《キョンイン》線と相互乗り入れのため左側を走る1号線のみだった。初の環状線となる2号線は80（昭和55）年から順次開通していくが、83（昭和58）年9月に乙支路入口《ウルチロイック》駅ができたとき、ロッテ百貨店は地下鉄駅と連結された韓国初のデパートになった。これも日本での銀座線と三越や丸ノ内線と伊勢丹の様子などを知っていた重光が先導したものだった。

ロッテ百貨店を成功に導いた仕掛け人

当初の予定では78（昭和53）年の9月に開業しているはずだったが、工事が遅れて79年9月に、それからさらに3カ月遅れて、突貫工事の末、なんとか年内に開くことができたというのが偽らざるところだった。

同業者は強く反発していた。建議書「ロッテ百貨店建設反対」を地元の百貨店が連名で青瓦台に提出していた。まず、ロッテ百貨店の売り場の計画面積が他のデパートの2～3倍と広いことは韓国の現状にそぐわないと指摘、「外資」の国内流通業への進出にも反対した。

ホテルはともかく、デパートへの「外資」の進出についてはソウル市としてもこのまま放置できない。そこで、別途国内法人を設立せよという条件を出してきた。11月15日、重光個人の全額出資で、韓国法人ロッテショッピング株式会社を設立した。これまで免除されていた各種税金もこのときに納付した。そしてロッテ百貨店、登記上はロッテショッピングが12月17日に正式に開業する。

正午、重光夫妻らによるテープカットのあと、初日は店内だけで約10万人が訪れ、付近一帯はその何倍もの人でごったがえした。その後の100日間で来店客1000万人超という前代未聞の記録を樹立している。興味津々の市民の受けは良かった。日本のデパートのように従業員が深々とお辞儀をするという韓国ではそれまでなかった接客が、「ロッテ文化」と名付けられるほど強烈な印象を与えることになった。

重光にとって、経験がない点ではホテルもデパートも同じである。74（昭和49）年6月に業務契約を結んだダイエーが詳細な市場調査を行い、進出にあたっての留意点をまとめた報告書を作成していた。どういうスタイルの店舗づくりをソウルでしていくかという考えがすれ違った結果、76（昭和51）年4月にダイエーとの契約は解除されてしまう。

重光自身も、ホテルとは違って、さすがに自分で見て歩くだけの余力もない。そこで、専門家をスカウトすることにした。菓子の場合は欧米の技術者だったが、韓国の流通業では日本のベテランに声を掛けた。「お雇い日本人」として、周到に仕掛けたのが秋山英一である。

秋山は25（大正14）年佐賀生まれの福岡育ち。名門修猷館中学から旧制五高を経て早稲田大学に進み、三越で活躍した後、九州の博多と小倉に店舗を持つ玉屋の経営者に請われて入社、常務取締役営業本部長として販売の最前線に立っていた。

秋山のソウルでの奮闘ぶりは『秋山英一聞書　韓国流通を変えた男』[*8]に詳しい。ここでは当時、韓国進出にも関与した元幹部の話も交えながら見ていこう。

きっかけは北九州市若松の禅寺の住職からの電話だった。76（昭和51）年9月のことだ。

「親戚が菓子メーカーのロッテにいるが、ロッテが韓国で百貨店を始めるにあたり、秋山さんに責任のある立場になってもらいたいといっている」

住職の親戚とはロッテ本社海外事業本部の井口喜一である。この部署はホテルロッテの幹部社員育成のため、75（昭和50）年に作られたばかりで、山手線新大久保駅近くのロッテリアの2階に陣取っていた。当時、ロッテ本社総務課長だった松尾守人は、「ソウルには日本人が最初、支配人として行きました。ホテルの支配人や副支配人など幹部社員たちを集めて、ここで勉強させていました」と言う。

ロッテ側の秋山へのアプローチは執拗だった。50歳くらいで販売の統括責任者の経験がある人、という条件にぴったりあてはまっていたからだ。最初に声を掛けられてから2カ月後、直接会って断ろうと、秋山は新宿の京王プラザホテルに出向いた。そこで初めて重光と会う。葉巻を手に微笑

8 藤井通彦『秋山英一聞書 韓国流通を変えた男』西日本新聞社、2006年

み、これまでのいきさつを訥々と語った上で、ゼロから新しいものを作り上げるので、とにかくソウルを一度見てみませんかという重光の誘いに、秋山は好奇心をくすぐられてしまった。

翌77（昭和52）年2月、ソウルのホテルとショッピングセンターの建設現場を視察に訪れる。立地や街を往く女性のファッションなどから発展の可能性を感じた秋山は、ロッテ行きを決めた。ただ、世話になった玉屋に筋を通すため、重光に福岡に来て話をしてほしいと依頼した。

5月下旬、重光の来訪に合わせて、福岡のホテルのロビーにはロッテ九州工場の幹部社員が集まっていた。4年前に設立されたアイスクリーム工場だが、重光の顔を誰も見たことがないのだという。このときも秋山は、重光のカリスマ性を改めて心に刻んだ。

◉──ソウルで秋山英一が手掛けたこと

6月に入社した秋山の肩書は、日本では海外事業部所属取締役、韓国ではロッテホテル常務・百貨店事業本部長である。

ダイエーの残した報告書にもあったように、韓国での事業展開はゼロベースで考えないことには成功はおぼつかない。改善しなければならない点は山積していたが、特に重視したのが接客であり、その徹底がお辞儀文化として定着した。内装も自前で取り組み、これまでになかったような格式と楽しさを演出する。半分以上がテナント貸しという当時の他社のあり方を改め、9割以上を直営販売とし、正札での販売を徹底する。古巣の三越はライバル店の経営改善に取り組み中で、幹部社員の研修などは髙島屋の手を借りた。こうした諸事をわずか2年半でやり遂げたのだから凄まじい。オープンはしたものの、外壁のタイル貼りも、食堂街も免税店も完成していなかった。このあたり、韓国のケンチャナヨ（大丈夫）文化を感じてしまうが、責任者としてはそのような悠長なことは言っていられない。

食堂街には3つの直営店を含む25店舗があった。重光の注文でファミリー向けではなく本格的な専門店を集めることになったが、試食会をやっても、ダメ出しの要素が多すぎて秋山は頭を抱えてしまう。出店希望者のなかったしゃぶしゃぶ、てんぷら、牛丼は仕方なく直営することになる。牛丼は秋山自身が吉野家の味を研究したというほど切羽詰まっていた。

翌80（昭和55）年1月、「観光食堂街」が開業した。ラーメンはインスタントという韓国の常識もあって、ラーメン店は1年で撤退するなど、日韓の食文化の違いをまざまざと見せつけられることもあった。物販とは文化のやりとりであるという意味で、その後のロッテグループにとっては貴重な経験が得られたともいえる。

免税店はホテルの重要付属施設であり、デパートの目玉コーナーでありながら、こちらも立ち上がりが遅れていた。売り場面積は1600平方メートルもあり、重光の関心は大きく、外国のブランド品でも観光客に売れば輸出になるということで韓国政府の期待も高かった。

世界のブランド品を直輸入するため、秋山は手紙を書いては口説き落としていった。顧客のほぼすべてが日本人となるため、84（昭和59）年にルイ・ヴィトンが販売に同意したことは大きかった。88（昭和63）年には新館でエルメスも取り扱うようになった。

ゴマ油と塩の味付け海苔と小分けしたパック入りキムチという、ロッテ百貨店の免税品コーナーでの日本人の韓国土産の定番を生み出したのも秋山だった。

80年代に入ると、韓国のベビーブーマーが大学生になり社会人になり、消費動向にも変化が見られるようになる。61（昭和36）年にはわずか81ドルだった1人当たりGNPが、70年代を中心とした漢江の奇跡を経て、79（昭和54）年には1600ドル、87（昭和62）年には3200ドルを超えるまでになっていく。

秋山は韓国の流通業展開における重光の「大番頭」として、さらに大きな事業を手掛けていくことになる。

◉営業許可に一役買った全斗煥

朴大統領暗殺時に国務総理（首相）だったため大統領権限を代行し、79（昭和54）年12月には大統領に就任した崔圭夏《チエギュハ》の下、韓国中が「ソウルの春」と呼ばれる民主化ムードに包まれた。

しかし、同じ12月の粛軍クーデターで実権を握り、国軍保安司令部司令官兼合同捜査本部長を務めた全斗煥《チョンドゥファン》の圧力で、翌80（昭和55）年に「5・17非常戒厳令拡大措置」を出した結果、三金と呼ばれた金大中《キムデジュン》・金鍾泌・金泳三《キムヨムサム》の逮捕・軟禁から、精鋭部隊が市民を虐殺した光州事件へと、軍の政治関与が再び顕在化していく。

そして、陸軍士官学校11期生を中心とする軍幹部の支配下、同年9月1日に全斗煥が新たな大統領となり、第五共和国が始まる。次章で触れるが、全大統領の任期中にソウル五輪大会の開催が決まり、後を託した陸士同期の盧泰愚《ノテウ》の時代に開催されている。

「国民総生産600億ドルを目指し、日本から学んで日本に追いつこう」をキャッチフレーズにした全大統領は、日本との太いパイプを持つ重光に注目していた。財務部長官を務めた司空壹《サゴンイル》は、大統領お気に入りの財界人として、起亜《キア》、韓進《ハンジン》などの財閥会長と並んで重光の名前を挙げていた。全斗煥もまた、朴正熙に劣らず重光を支援したのは明らかだった。

それは駐車場を巡る一連の出来事からもうかがうことができる。

ロッテホテルは79（昭和54）年3月に全館開業していたが、実は駐車場が確保できず、竣工許可が下りないまま仮の許可で営業している状態だった。そんなとき、近くにあった産業銀行が土地の売却先を探しているという情報が入る。重光は駐車場用地としてこの土地が欲しかった。

同年4月17日、駐車場法の第19条2項で「駐車場を設置しなければならない建造物の用途別の規模及び駐車場の設置基準は大統領令で定める」と規定された。本来、すでに営業を始めているロッテホテルや竣工目前のロッテ百貨店は適用対象外なのだが、政府建設部とソウル市は、ソウル市内中心地域の駐車施設確保案がすでにできているものとして適用対象に含め、不足分の駐車場を産業銀行跡地に確保することも認める内容にした上で、24日に朴大統領が裁可した。

その後、設置基準を定めた大統領令「駐車場施行令」が7月13日に施行され、ロッテは708台分のスペースを持つ駐車場の設置が求められた。しかし、12月のロッテ百貨店開業後も、これだけの駐車場を確保できないまま営業を続けていた。新政権が適用を厳格に求めれば、即時営業停止処分が下されてもおかしくない。

しかし、全大統領はそうしなかった。81（昭和56）年1月27日、市が起案した「半島特街区ロッテ分区竣工措置案」を裁可する。この案には「ロッテが産業銀行本館敷地・建物を早く買収し、産業銀行を移転させた後、そこに不足分駐車場708台分を造成すること」という条件がついていた。朴前大統領の措置をそのまま受け継いだのだった。

83（昭和58）年3月29日、形式的な公開入札が実施され、4月4日に産業銀行はロッテと305億5000万ウォンの譲渡契約を結んだ。このとき、すでに88（昭和63）年のソウル五輪大会開催は決まっており、政府の方針もホテルの客室を増やす方向に変わっていた。重光もこの敷地に駐車場を建設する考えが全くなくなっていた。

4月27日、ホテルロッテ内に「新館建設本部」が発足した。五輪大会開催の少なくとも2カ月前までには新館を開館するという方針が決まった。

第12章　日韓逆転、ロッテ財閥への道

◉――グループ化に向けた3つの改編

韓国の財閥は、規模の拡大につれて、企業統治体制の変更を行っていく。論文「韓国財閥の歴史的発展と構造改革」[*1]で梁先姫《ヤンソンヒ》は、「ほとんどの韓国財閥が法的に存在しないグループ会長を作り、グループ統制組織を使い経営権を行使してきた」とした上で、「系列会社数の増加に伴って、グループ会長個人による財閥の統制・調整は限界の域に達した。グループ会長がより効率的に系列会社を統制し、系列企業が共同で推進する仕事を支援・調整・管理する機構の必要性が検討されることとなり、三星《サムスン》の秘書室やLGの企画調整室、また現代《ヒョンデ》の総合企画室などが設立された」と記す。

1959（昭和34）年に設立されていた三星の秘書室は250人ものスタッフを抱えていたこともあり、秘書室長はグループ会社の社長より上位に立っていたという。LGは68（昭和43）年に、現代は79（昭和54）年にそれぞれグループ企画調整室を新設した。

重光もまた、ロッテホテルとロッテ百貨店の開業を翌年に控えて、78（昭和53）年3月に韓国でのグループ経営の見直しを始めた。その皮切りに作られたのが運営本部だった。ロッテ製菓の社長

1 梁先姫「韓国財閥の歴史的発展と構造改革」『四天王寺国際仏教大学紀要』四天王寺国際仏教大学、2008年3月

を務めていた重光は、グループ会長に就任する。ロッテ製菓会長の劉《ユ》彰順《チャンスン》はロッテ製菓、ロッテサムガン、ロッテ七星《チルソン》など関連会社の会長として留任した。

同年9月には「スリーエルマーク」と呼ばれるグループのシンボルマークが制定されている。3つのLとは、愛（Love）、自由（Liberty）、豊かな暮らし（Life）であり、世界的な企業に躍進しようという意欲を示している。このような新聞への寄稿も行った。[*2]

「私はうちの社員に正直、奉仕、そして情熱を持った人になろうと共に誓っている。正直は正しく生きるということであり、奉仕は義理堅い人で生きようという意味であり、情熱は元気に生きようという考えからだった。正直は理性の作用であり、奉仕は意志の表現であり、情熱は感情の実現である。人はこの3つがよく調和してこそ人間らしく行動できるのだ。人は正直さで真実なことを行い、また奉仕することで善良なことを示し、また、情熱で美しいことを示す」

80（昭和55）年5月にはグループ訓「正直、奉仕、情熱」を制定する。それぞれ、品質第一主義、愛と信頼のボランティア、創意力の発揮を意味している。

ちなみに67（昭和42）年の新生ロッテ製菓設立当時の社訓は「清潔、人和、節倹」だった。劉彰順がその意義を社内報で書いたところによると、設立初期の社訓として、衛生問題、会社と社員の協調体制、そして節約に重点を置いていた。

一連の新たなコーポレートアイデンティティー（CＩ）をしっかりと確立するための動きの後、韓国での事業多角化はさらに加速していった。

2『韓国経済新聞』1983年1月26日付

80（昭和55）年2月に美化《ミファ》写真フィルムを引き受けて韓国富士フィルムを発足、6月には韓国富士写真フィルム販売を設立した。同年3月にロッテ冷蔵、82（昭和57）年4月には総合広告会社のテホン企画、83（昭和58）年にはグループ傘下企業の研究所を統合してロッテ中央研究所を発足させ、同年12月にはロッテ流通事業本部を設立した。85（昭和60）年にはロッテ産業の事務機器部門を独立させて、合弁会社ロッテキヤノンを設立した。

86（昭和61）年9月には韓国鉄道公社 京釜《キョンプ》線永登《ヨンドゥン》浦《ポ》駅ビルで、ロッテデパートなどを運営するロッテ永登浦駅舎も創設した。これは日本では一般的な民衆駅を韓国で初めて造ったという意味で画期的なプロジェクトである。電車を動かしながら地上8階・地下5階の駅ビルを建設、87（昭和62）年に着工し、91（平成3）年5月に駅ビル型百貨店として開業した。

韓国ロッテの発展を支えた「スリーエルマーク」

ソウル五輪大会の開催が決定

81（昭和56）年9月30日、西ドイツのバーデン＝バーデンで開かれた第84次国際オリンピック委員会総会で、

88（昭和63）年のソウル五輪大会の開催が決定した。11月26日には86（昭和61）年のアジア競技大会の開催都市にも選定されている。

中進国から先進国への道を爆走していた韓国にとって、64（昭和39）年の東京五輪大会以降の日本の国際的な地位の向上が脳裏に浮かんだかもしれない。「88《パルパル》」と呼ばれたソウル五輪大会の開催に向けて、関連施設の開発に一気に火がつく。

80年代、江南《カンナム》開発の動きはすっかり軌道に乗っていたものの、漢江《ハンガン》の少し上流域、百済の首都があった蚕室《チャムシル》の湿地帯周辺はまだまだ郊外感に満ちていた。蚕室はもともと砂島で、W字型に蛇行していた漢江の流れを真っすぐにするため、71（昭和46）年4月に止水壁工事が完了して陸地となった。当時の新聞は地元の人の様子をこう描いた。*3

「蚕室島と松坡《ソンパ》の間を流れていた漢江の支流が詰まってからソウルの孤島蚕室島は島から陸地へと変わった。（中略）瞬間的に川が詰まって流れが中断され、この歴史的な光景を見守っていた数千人の島の人たちは歓声を上げ、昼夜を問わず作業をしてきた重装備運転手らはお互いに抱き合って涙を流すこともあった。（中略）この川の遮断でソウル市は80万坪余りの新しい土地を得て蚕室地区は160万坪に広がり、新しい市街地建設の基盤を固めたのだ」

埋め立て工事と区画整理事業が続く中、当時の朴《パク》大統領は大規模な体育施設の検討を指示、76（昭和51）年に基本計画がまとまってから、運動施設の建設が徐々に始まった。

まず室内体育館（79年）と第1プール（80年）が開業した。地下鉄2号線総合運動場駅が80（昭

3『京郷新聞』1971年4月16日付

和55）年10月末にできると、付近のアパートの建設も進み出す。２つの大会の開催決定により整備計画は拡張され、野球場（82年）、そして10万人収容のメインスタジアム（84年）がオープンしていく。88（昭和63）年元日、会場周辺は江東区《カンドン》から松坡区として分区している。

ソウル市は、蚕室地区の商業地域約15・5万平方メートルの売却に際して、「２つのデパート・ショッピングモール・ホテル・慰楽施設などを開発できる資本力を持ち、買収後ただちに開発計画書を提出すること」という条件を付けていた。ロッテはこの頃、ホテルとデパートの建設が佳境に入っており、応札を考えるような状況にはなかった。

78（昭和53）年7月11日、対象地域の半分強、約9・1万平方メートルの入札が行われ、83億ウォンで栗山《ユルサン》実業が落札した。この会社はわずか3年前に設立された貿易商社で、中東向け建築資材の輸出で急成長を遂げた新興財閥だったが、急拡大が祟って、翌79（昭和54）年4月に巨額の不渡りを出して倒産してしまう。

この土地は土木建築系財閥の漢陽《ハンヤン》の手に渡る。82（昭和57）年に入ってから、韓国観光公社と組み、周辺の土地も買い足して約15万平方メートルを対象に、「総合観光流通団地」の建設に乗り出した。ところが、今度は中東に進出していた建設部門の不振で漢陽が経営危機に陥り、83（昭和58）年にはこの開発事業から撤退してしまう。

すっかりいわく付きの土地になったが、ここに重光は乗り込んだ。84（昭和59）年、2月と8月の2回に分けて535億ウォンを支払い買収した。翌85（昭和60）年の3月22日には財務省の事業承認を受けている。8月1日に黒川紀章の建築都市設計事務所に基本設計を依頼するところまで決まった。同月27日には土地の掘削工事が始まっている。

問題は何を造るか。ここで再び登場するのが、ロッテショッピング副社長兼営業統括担当の〝大番頭〟秋山英一だった。

集客のためのテーマパークづくり

再び『秋山英一聞書 韓国流通を変えた男』を参考に経緯を追ってみよう。秋山がまず確認したのは、漢陽が作成した基本構想案だった。そこには五輪大会後にはレジャー人口が飛躍的に増加するとあった。確かに、90（平成2）年には韓国のベビーブーマーはみな就職して家庭を持つであろう年代になっている。問題は、流通業については近代的システム導入の遅れで、急成長は見込めないと書いてあることだった。実はこの直前、秋山は韓国におけるセブン-イレブンの展開で非常に苦労している。こちらの解決は五輪大会後、秋山がロッテを離れた後、日本からの救世主がやって来るまで解決はしなかった。

話を戻すと、大型小売店からレジャー・文化施設、オフィスにホテルまで兼ね備えた複合開発を行う前提で、秋山が提示したのは「売り場面積1万平方メートルのデパート」だった。

これに対して重光は「3万平方メートル以上なければだめだ」と一喝してきた。当時はまだ、ソウル市南部の江南全域に商業施設が少なく、ショッピングのために江北《カンブク》まで行く場合が多かった。

それだけの売り場を維持するには平均して1日15万人の集客が必要となるほどハードルは上がるのだが、重光は「集める仕掛けをつくればいいじゃないか」と返してきた。テーマパークのようなものを、という。オーナー企業ならではのやりとりかもしれない。

「スーパーもいくつか開業したのだけれど、人が集まらない。結局、みんな北へ行っちゃう。そこで、僕は考えた。人を集めるためには、何が必要かと。その答えが『ロッテワールド』です。テーマパークを中核にして、ホテルもデパートもショッピングモールもある施設があれば、みんな来るんじゃないか。子どもと遊びに行ったり、奥さんとショッピングもできる。駐車場もたっぷり用意して、何でも一ヵ所に集中していれば便利じゃないですか」[*4]

1カ月間ほど米国のディズニーランドやカナダの大型屋内施設を視察した重光が関心を持ったのは、81（昭和56）年にできたばかりの北米最大のショッピング施設「ウェスト・エドモントン・モール」（カナダ・アルバータ州）だった。

「冬の寒いときに見に行きました。そうしたら、エドモントンは人口四〇万人くらいの都市なんだけれど、日曜日にはホテルやショッピングモールなどに一〇万人来ている。映画館もテーマパークもあるし、すごい人出なんです。それ見ろ、と思った（笑）」[*4]

重光はすっかり自信をつけたが、問題はソウル五輪大会の開催まであと4年ほどしか時間がないことにあった。

4『週刊ダイヤモンド』2004年9月11日号

ここでこの巨大プロジェクトの責任者に抜擢されたのが林勝男《イムスンナム》である。ロッテ建設のサウジアラビアの現場で撤退戦を指揮していた、重光と怒鳴り合いまでしたあの大卒一期生である。

当時は年に帰国できるのが10日ほど。普段お酒も飲めず、客の接待で少し飲んだときにはばれないように酒瓶を粉々に砕いて砂漠の砂にまぶすなど苦労していた。里心がついてきたところに重光がやって来た。

「ここらで韓国に戻ってこないか。ロッテワールドをお前に任せる」

なんとかロッテ建設を黒字化できるまで頑張ろうと思っていた林は、重光の申し出を断ってしまう。ところが重光は今回も強硬だった。

「ロッテ建設が潰れたって僕には関係ない。この建物を建てることが一番重要なんだよ。この建物はあと200年残らなくてはいけないし、若い連中に希望を与えたい。それに、この建築物はロッテが韓国で行っている投資の中で一番大きなものになる。これが失敗でもしたらロッテは潰れる。だからお前に任せるんだ」

ほんの数年前にはロッテ建設が潰れたらと怒鳴っていた君子はすっかり豹変していた。

その後に、本音めいた一言を重光は付け加えた。「韓国ではこうした建物を任せる場合はだいたい3%ぐらいは総責任者のポケットに入ることになっている。しかしそれをすると会社は10%ぐらいの損失になる。だから誠実なお前に任せるんだよ」。すっかり重光に篭絡された林は、85（昭和60）年8月に帰国する。

作りながら図面を描く現場

ロッテホテルとロッテショッピング（百貨店）建設の際に作られた建築部門のトップに林は就いた。重光から「これでやりなさい」と渡されたのは、設計図代わりの、構想を表したような1枚の絵だった。驚いたことに、建築許可を申請するための設計図がないのだ。

「よく当時の全大統領がこれにサインをしたものだと思いました。工事は鉛筆で設計図を書きながらやっていったのです」と林は振り返るが、もはや常識は通用しない世界に足を踏み入れていた。

構造計算をして図面を描いていたのは黒川紀章と日本からやってきた100人の設計士たち。韓国の設計会社と一緒になって工事をしながら、図面を描くという離れ業である。

テーマパーク部分の設計は、米国のディズニーランド出身のリチャード・バタグリアが担当した。キャラクターも含め、既視感があるのはそのせいかもしれない。

屋内部分にはロッテワールド・アドベンチャーがあり、向かい側の湖にはマジックアイランドがある。この湖は川の跡にできた石村《ソクチョン》湖水《ホス》で、約1万本もの桜の名所としてもすっかり有名になった。

難工事の連続だった。室内に大規模娯楽施設を建設した経験は誰にもなかった。元が川を埋めたような土地なので地盤の弱さも問題になった。施設と地下鉄駅との接続、33階建て高層ビルの建設など、解決しなければならない課題がたっぷりとあった。

外の天気に左右されない屋内テーマパークは重光の夢でもあった（ロッテワールド）

重光がこだわったのは屋内に全天候型テーマパークを造るという点だった。ホテルのときと同じく、細部に至るまでこだわりぬいた。外光が入るよう屋根にガラスが使われたが、これが厄介だった。ガラスは重い。支える鋼材の柱は1本70トンもあるため、現代から造船用のクレーンを持ち込んだ。現代の会長が3カ月に一度は見に来たというから、前代未聞の工事であったことは間違いない。

テーマパークと各施設を結ぶ地下1階部では、秋山が85（昭和60）年開業の複合開発で当時話題だったつかしん（兵庫県尼崎市）の計画にあたった米山浩・関西西武社長の協力を得るなどして、夜市のイメージでゾーニング、かつてない空間を作り出した。

重光と黒川紀章はどちらも譲らない性格だった。ロッテワールド・アドベンチャーの屋内施設では、色選びで意見が対立、なんとそれぞれの選んだ赤色が2つの線となって、壁にひかれているのだという。性格も対照的で、黒川が飛行機に乗るときは最前列に妻で女優の若尾文子と座るのだが、そもそも飛行機が嫌いな重光は最前列など願い下げだった。

その後も、千葉に造ったロッテ皆吉台カントリー倶楽部（市原市）では、設計が気に入らなかった重光が大きくうねるフェアウェイの窪みを「埋めて平らにしろ」と騒ぐなど、悶着があった。このコース設計者は関東ゴルフ場ランキングでナンバーワンの富澤廣親だったのだが。

同時に進んでいたロッテホテル新館

突貫工事のロッテワールドと並行して、ロッテホテルの客室数を倍にする新館の建設も進められていた。82（昭和57）年4月27日、ホテルロッテ内に「新館建設本部」が発足、重光は新館建設のために日本で資金を集め、9361万7000ドルを確保、12月29日に経済企画院から「外国人投資認可」を受けた。

日韓の金利差もロッテには大きな追い風となった。韓国の金利は24～25％まで上がったものの、80年代前半から13％程度と半減した。それでも日本は7％前後とさらに半分程度だった。この調達金利の差を享受できたのが、他の財閥にはない韓国のロッテだけが持つ「武器」なのであった。

80年代半ばは世界的に「原油安・ドル安・低金利」のトリプル安だった。おかげで工事費負担は

新館と本館が並び立つロッテホテル（ソウル）

かなり軽減されたが、それでも総工費は本館工事費に匹敵する額だった。

ここで最後の大きな課題となったのが、駐車場の確保である。新館の地下3階から地上5階まで自動機械式駐車場（850台規模）を造るとともに、不足分はホテルとデパートの間にあった狭い空間をすべて駐車場に充てて補った。駐車場用に取得してあった産業銀行の敷地の用途変更のため、半島特定街区整備地区事業の内容の変更も必要となった。こちらは84（昭和59）年末に事業変更認可申請書をソウル市に提出し、翌月には認められた。

アジア大会が開催される86（昭和61）年を「グループの歴史の転換点になる時期」とした重光は、ホテル新館を五輪大会までに完成させることでロッテを第二の飛躍期に導こうと考えた。

新館は本館よりも天井を高くし、本館より3

階低い35階とした。外観はツインタワーそのものだった。上棟式は86年10月30日に行われ、88（昭和63）年6月8日、予定通り新館が開業した（グランドオープンは8月10日）。

この新館にはデパートも併設されていた。すでに86（昭和61）年の段階で、近隣にある新世界《シンセゲ》百貨店本店や美都波《ミドパ》百貨店を抜いてソウル一番店になっていたのだが、新館を作ることで売り場面積を広げるだけでなく、文化的でユニークな空間づくりも実現しようとしていた。当時の建築法では新旧の二棟を接続して一体化するのは無理とされていたのだが、なぜか政府の許可が下りたのも重光のなせる業だったのだろう。こちらはホテルより一足早く88（昭和63）年1月にオープンしている。なお、美都波はその後、ロッテに買収され、２００３（平成15）年にロッテヤングプラザとして蘇っている。

この頃、ロッテワールドの建設現場は、まさに修羅場の様相を呈していた。

奇跡的に間に合ったホテルの完成

ソウル五輪大会は9月17日から始まる。少なくともホテル棟は絶対に開催前に完成させるという死守すべき約束があった。

ところが着工から程なく、設計変更の許可遅延が起きる。なんと7カ月間も工事が中断された。86（昭和61）年6月にようやく工事が再開されるものの、残された期間は27カ月しかない。

サウジアラビアの撤退戦から帰還した林にとって、ロッテワールドの現場は終わりのない塹壕戦のような激戦地だった。とにかく時間が足りない。休暇どころか休息も抜きで突貫工事を進める「100日作戦」が2回、「50日作戦」が1回、発動されている。

全大統領との約束を守らなければいけない。重光はすべての要員をホテルの現場に張り付け、他の工事は一切中止させた。

五輪開催1カ月前の段階でも、ホテル正門前には建設資材が山積みされていた。造園工事、歩道のブロック工事も進行中で、ホテル周辺は混迷を極めていた。当初の開館予定日は8月24日だった。

ここから奇跡が起きる。毎日ワンフロアのペースで積み上がっていき、28日には部分開館することができた。全館の開館式が行われたのは9月6日、五輪開幕のわずか11日前だった。11月12日には蚕室ロッテ百貨店、19日にはロッテショッピングモール（現・ロッテマート）がそれぞれオープンしている。このときから小公洞《ソゴンドン》にあるロッテショッピングセンターは名称をロッテデパートに変更した（明洞《ミョンドン》本店）。

テーマパーク部分は、89（平成元）年7月12日にロッテワールド・アドベンチャーが、90（平成2）年3月24日にロッテワールド・マジックアイランドが開業し、蚕室のロッテワールドの建設はすべて完了した。

ロッテワールドは、2016（平成28）年にドバイのＩＭＧ ワールド・オブ・アドベンチャー（14万平方メートル）に抜かれるまでギネスブックが認めた世界最大の室内テーマパークだった。

「蚕室」駅直結のロッテ百貨店（上）は地下にも趣向を凝らし、ロッテワールドへと誘う（下）

敷地購入費用を除く建設費用だけでも６５００億ウォン（当時のレートで約１２００億円）に達した。重光が社運を賭けている旨、林に語ったことは嘘ではなかった。

90年代から、ロッテはホテルとデパートの多店舗展開を進めていく。

ロッテホテルはソウル市内の2店舗以外にも、釜山《プサン》、蔚山《ウルサン》、済州《チェジュ》、モスクワにあり、そのビジネスホテルであるロッテシティホテルはソウル市内の麻浦《マポ》と金浦《キンポ》空港、済州にある。海外では他にもサイゴン、ハノイ、ヤンゴン、タシュケント、グアム、ニューヨーク、サンクトペテルブルクなどにホテルを持つ。

ロッテデパートはソウル市内だけでも91（平成３）年5月に先に取り上げた永登浦店（永登浦区）、94（平成６）年3月に清涼里《チョンニャンニ》店（東大門《トンデモン》区）、97（平成９）年10月に冠岳《クァナク》店（冠岳区）、２０００（平成12）年6月に江南店（江南区）、２００２（平成14）年2月に蘆原《ノウォン》店（蘆原区）、２００６（平成18）年12月に彌阿《ミア》店（江北区）、２００８（平成20）年10月に建大《コンデ》スターシティ店（広津《クァンジン》区）、２０１１（平成23）年12月に金浦空港店（江西《カンソ》区）がオープンした。韓国国内に32店舗、中国5店舗など海外にも展開している。

ロッテワールド内には韓国初の量販店「セナラ」もオープン。その後、コンビニの展開へと続くことになる。

日韓の政治の狭間で

90（平成2）年3月24日、ロッテワールド・マジックアイランドの開館式では、テープカットは重光夫妻を中心に、元総理大臣の福田赳夫夫妻、平民党総裁の金大中《キムデジュン》、民主自由党最高顧問の金《キム》鍾泌《ジョンピル》、同最高委員代行の朴泰俊《パクテジュン》などが参加した。この朴は製鉄業のときに登場したのちの浦項総合製鉄社長であり、軍人出身で首相経験者でもある。韓国の軍官政財界の実力者が錯綜する様子を体現する存在でもある。このとき訪ソ中の民主自由党最高委員の金泳三《キムヨンサム》はこの場にはいなかった。

88（昭和63）年2月に大統領となった盧泰愚《ノテウ》は、16年振りの民主的な大統領選挙に向けて、前年には「オリンピック終了後、然るべき手段で信を問う用意がある」と6・29民主化宣言を行っていた。五輪大会を前に民主化ムードは高まっており、ロッテ百貨店でも待遇改善を求めてのストライキが3日間起きていた。

前大統領の全斗煥によって活動を制約された「三金」のうち、平民党総裁の金大中を除いた統一民主党（金泳三）と新民主共和党（金鍾泌）の2党と盧泰愚の民主正義党が90（平成2）年に巨大与党となる民主自由党を結成した。この直後の式典だっただけに、参列者の間にも微妙なムードが漂っていた。

この三党統合に、金泳三と親しかった重光が関与している。当時、政務長官として関与した朴《パク》

ロッテワールドのテープカット風景（1990年）

哲彦《チョルオン》がこう証言している。[5]

「重光会長は3党の統合にかなり貢献したのは事実です。金泳三総裁と親しかったので盧泰愚大統領との架け橋を築くようになりました。（中略）金泳三総裁が民主正義党側に対し何を疑っているのか、何を不安と思っているかを把握しなければならない。そうしてこそ、YS（金泳三）の疑いを解くことができる。重光会長はそのような役割を主にしました」

同じ紙面で匿名コメントも掲載されていた。それは概ね、このようなものだった。

重光が韓国の政治実力者たちと円満なつながりを持つようになったのは、彼が日本通だからだ。日本の財界はもとより、政界にも影響力を及ぼす大物とされている。中曽根、福田など元首相と厚い親交を維持しており、特に福田は重光の二男である東彬《ドンビン》（重光昭夫）の仲人もして

5『京郷新聞』1994年4月7日付

いる。韓国の政治家が訪日する際、人を紹介してくれ、経費も支援してくれる。日本と外交懸案が発生したときには大統領の外交諮問の役割もしたようだ。

この頃から、日本でも韓国でも、重光には日韓関係の黒幕的なイメージがつきまとうようになる。初めは在日本大韓民国民団の経済的な支援者として活動していたが、40年も経つ間に、すっかり周りの見る目も変わってしまった。

◉――ヒット商品を連発した日本のロッテ

日本のロッテのイメージは、プロ野球球団を所有する総合菓子メーカーというものだろう。80年代にヒット商品を連発し、そのマーケティング力で、創業40年の頃、ついに業界トップに躍り出る。一方でこの頃には、ガムの売り上げがピークに達し（80年）、商品サイクルの短命化が著しい傾向となってきた。83（昭和58）年には「ロッテの菓子全商品にバーコードを印刷してPOS対応に備え、34品種を主力商品とした」[6]。その後、86（昭和61）年には14品種まで絞り込んでいる。

ロッテは70年代初頭の自由化を前に、チョコレートが売上額100億円の壁を越えられないなど既存商品の頭打ちに悩んだことがある。営業力には自信があったものの、消費者に向き合った商品開発の必要性を痛感するようになる。

6『「お口の恋人」70年の歩み』ロッテホールディングス、2018年このとき社長直属の組織として設けられたのが社長企画室である。別名PPR（プロダクト・プランニング・ルーム）と呼ばれ、のちの商品開発部につながっていく。71（昭和46）年11月のことである。

このPPRは、マーケティング主導の製品コンセプト作りに取り組んだ。中央研究所や工場と組んでヒット商品を生み出そうという試みが最初に花開いたのが73（昭和48）年の梅ガムであり、74（昭和49）年のキャンディ「小梅」だった。78（昭和53）年には最初の半生タイプのビスケット「ジャフィ」が出た。これが、80年代になってからヒット商品を連発する下地になる。

81（昭和56）年は「ブルーベリーガム」「雪見だいふく」、83（昭和58）年は「チョコパイ」「アーモンドビッグバー」、効能ガム「フラボノ」「ブラックブラック」や「フリーゾーン」、84（昭和59）年は「コアラのマーチ」とヒットが続く。

85（昭和60）年には一大ブームを生み出した「ビックリマン」（悪魔VS天使シリーズ）、そしてロングセラー「のど飴」が出ている。

これらの商品開発の背景にあったのが、ターゲットマーケティングの考え方だ。

「世の中の人気が同じ方向に偏っているときには、あえてアンチテーゼをぶつける。世の中にはヘソ曲がりな人間が必ずいるもので、その層が仮に10％を占めるなら、それをターゲットにした製品を出してロッテが独占すればそれだけの売上げは確実に得られる」[*7]

ここでいうヘソ曲がりとは、消費の多様化・個性化と考えればいい。

7『ロッテ50年のあゆみ』ロッテ、1998年新宿工場の向かいにある区立小学校がその香りで包まれるほど爆発的にヒットした「ブルーベリーガム」が出た背景には、その頃、基幹商品であるチューインガムの売り上げが前年割れしていたという危機感があった。板ガムの品目を増やすわけにもいかないため、グレープフルーツガムに替えて発売を模索する中で、ファッション性と新鮮さという切り口で挑んだ結果、月間10億円を売り上げるほどになった。

別名「香りのお菓子」と言われるチューインガムだが、実はブルーベリーには香りがない。ブルーベリーガムの香りは、ロッテのガム研究室で、「もしブルーベリーに香りがあったとすれば」と想像して、ラズベリーなどベリー類の香りとイチゴを混ぜたような香りを創り出したものなのである。いまでは世界中にブルーベリーガムがあるが、これらはロッテが考えた香りを真似したものなのである。

「雪見だいふく」はアイスクリームを餅で包むという斬新な製品だが、その前段階にマシュマロで包んだ「わたぼうし」という商品が売り出されていた。こういう組み合わせ型の商品を上手に作る伝統がロッテにはあるようで、他社が軒並み類似品を出してきても蹴散らしてしまった。

「チョコパイ」は森永の「エンゼルパイ」に似ている、という評判が立ったことがある。「エンゼルパイ」[*8]は61（昭和36）年から全国発売の超ロングセラー商品だが、これは間にマシュマロが挟まれている。「チョコパイ」の方は半年間持つ半生ケーキのバニラクリームだ。むしろ開発時の発想がユニークで、お皿に載せてナイフとフォークで食べるイメージのパイをもっと気軽にそのまま食

8 歴史を遡ってみると、真ん中にマシュマロを挟んだチョコ掛けソフトビスケットのルーツは17（大正6）年に米国で発売された「ムーンパイ」がある。これは臭いのきつい低品質のグラハムクラッカーを使っていた。森永のエンゼルパイのビスケットもこれにやや近い。74（昭和49）年に韓国のオリオン製菓が売り出したチョコパイではソフトなビスケットを使っており、それが好評だった。

べようというものだった。

重光がロッテのビスケット研究室に出した製品開発の指示はより具体的なものだった。まず、生地については触感と賞味期限の関係が問題だった。水分量（W）が少ないとパサつく一方、多いと賞味期限が短くなるからだ。通常の乳化は、油（O）の中に水溶性の原料が浮いているW／Oか、水分の中に油溶性の原料が浮いているO／Wのどちらかなのだが、パサつきを防ぎながら合成保存料なしでも長い賞味期限が確保できるよう特殊な乳化方式（O／W／O）を開発した。

間に挟むマシュマロは品質劣化しやすいため、「チョコパイ」では高コストのクリームを使用している。その結果、この市場を日本で切り開いた森永のエンゼルパイ、それに続くブルボンのシルベーヌをロッテのチョコパイが凌駕し、市場を独占するようになった。

多摩動物公園（東京）、東山動植物園（名古屋）、平川動物公園（鹿児島）に初めてオーストラリアからコアラがやって来た年、ブームを先取りする形で「コアラのマーチ」は誕生している。女子生徒からブームが沸き起こり、まゆげコアラや盲腸コアラなどレアキャラから都市伝説が生まれるなどストーリー化した点も過去のロッテにはない商品だった。

そして、小学生がメインターゲットの「ビックリマン」である。77（昭和52）年秋の発売当初はじわじわと広がっている印象だったが、85（昭和60）年8月に新規格シール「悪魔VS天使」シリーズが出てから人気が沸騰した。ブームのピークは88～89（昭和63～平成元）年で、5センチ四方のシールに描かれたキャラクターが漫画化、映画化され、他商品にも使われるようになった点も含め、歴史に残るヒット作である。

そして、スティックタイプの包装で売り出された「のど飴」は現在も定番商品となっているロングセラーだ。13種類のハーブエキスの入ったこの商品は、手塚七五郎宅の庭にあったカリンから妻の恵子《しげこ》が発案したという意外なエピソードもある。手塚が毎日「飴が売れない」とぼやくのを聞いて、のどにいいといわれてカリン酒を作っていた恵子が、カリンを入れて飴を作ったらどうかと提案したのだという。

ここまで長々とヒット商品を並べてきたが、重光はこうした商品開発には一緒に取り組んでいた。その後の宣伝などマーケティング活動にも意見するなど、フーセンガムの時代から一貫している。韓国のロッテがコングロマリット化していく中で、日本で自らの原点に触れることは一服の清涼剤のようなものだったのかもしれない。

80年代半ば、最盛期には年間200億円近く売り上げた超大ヒット商品だった「ビックリマン」があまりに売れすぎるので、重光は「これが売れなくなったときはどうするのだ」と担当者に問いかけたことがある。1個30円の商品なのだが、製造原価の2割程度とシールのコストが高いうえ、1回の発注ロットが10億円単位で、それを資材の担当課長が単独で発注していたのを知り、そこにリスク要因を見出したからである。

◉――逆転した日韓ロッテの存在感

日本のロッテは菓子の売り上げだけを比較すると、80年代に入る頃には森永、明治とほぼ互角の勝負をしていた。「ロッテの実力」[*9]として掲げられた78（昭和53）年度の売上額では、ロッテの製菓部門は1273億円、森永製菓は1157億円、そして明治製菓が1752億円となっている。明治の数字には抗生物質など製薬部門の数字も含まれており、菓子だけを抜き出すと1135億円で、この年度の森永は経常赤字だった。

83（昭和58）年1月、ロッテはついに業界トップになった。このとき、ロッテ商事菓子営業部は、第1次3カ年計画を策定している。

84年（昭和59）年3月、江崎グリコの社長が自宅から誘拐され、身代金要求されたことから始まる「グリコ・森永事件」はロッテのライバルメーカーを混乱に巻き込んだ。幸い明治とロッテは直接の被害は確認されていないものの、模倣犯と裏取引をしたという風説が流布される事態に陥った。

この頃には日本のロッテの売上高は製菓業界トップを保っており、88（昭和63）年には2500億円にまで達していた。日本のロッテでは主要会社はすべて重光が代表取締役社長を務めていた。最後まで非上場のまま通し、代表権を持つ最高経営責任者として、自らの立場を鮮明に打ち出していた。製菓業界のトップ企業となってからも、絶対的なカリスマとしてワンマン経営を貫き、「重

9 藤井勇『ロッテの秘密』こう書房、1979年

光武雄商店」そのものだった。しかし、製菓業に並ぶような柱となる事業は育っていなかった。

一方、韓国のロッテグループの同時期の売上高は2兆3億ウォン、当時の為替レートで換算すると3700億円を超えていた。すでに規模的には韓国が日本を上回っている。ちなみに当期純利益は732億ウォン（約136億円）だった。

韓国のロッテは、実質的に日本より20年遅いスタートにもかかわらず、柱となる主力事業部門が複数育っていった。重光自身も、「すべての分野で企業が込み合う日本に比べて、創業の苦痛はあるかもしれないが、事業機会を得るのに良い韓国の方が、企業家としては確かに魅力がある」と晩年に言ったことがある。[*10]

「とにかく、よくも悪くもロッテは重光氏の個性のにじみ出た企業。これまではワンマン会社の良さを生かして変わり身の速い機動性のある経営をしてきた。すべて重光社長の采配一つで動いてきた。いわば〝重光武雄商店〟とさえ言ってよい。しかし、ロッテがここまで企業として成長してきた現在、もう個人商店的な経営ではすまなくなっている」[*11]

すでに半世紀近く前にこのような指摘を受けているが、少なくとも90歳を迎える頃まで「重光武雄商店」、韓国では「辛格浩商店」は、重光の完璧な掌握力の下でほぼ失敗がない成長を続けてきたといっていい。

それから30年後のインタビューではこのように語っている。[*12]

「私の強みは日本と韓国の両方を見てきたことだ。韓国にいると日本のことがよく分かるし、逆も

10 晩年のインタビューによる

11『日経ビジネス』1973年11月12日号

12『日経ビジネス』2005年7月18日号

ある。ずっと日本に住んでいると、日本のいいところ、悪いところが見えなくなる。第三者的に見ると見えてくるものがあるんですよ」

その後も、日韓ロッテの規模の差は拡大する一方だった。バブル経済崩壊後の「失われた20年」の間、日本経済は全般的に低迷した。2015（平成27）年で比較すると、日本側の売上高は3145億円だった。これに対して、韓国側は6兆4798億円と20倍以上の規模に膨らんでいる。

日本のロッテは韓国のロッテに絶えず投資してきた。日本は事業資金を融資する銀行であり、黄金の卵を産むガチョウだった。重光は、「海外投資残高はおよそ300億円。その90％は韓国に投下している」と言った上で、「日本の利益を日本の社員に還元しない」という社員からの批判に対して、このように続ける。[*13]

「ロッテの母体は日本にある。しかし、より大きなリターンを期待できるところに投資をするのは企業家の務めだ。内と外を区別して回収を急ごうとするのは、島国根性の日本人的発想ではないか。今の日本の状態がいつまでも続くわけはなく、将来は日本のロッテが助けてもらうこともある」

13『日経ビジネス』1989年8月28日号

V

＊

韓国有数の財閥への道

第13章　韓国第5位の財閥に

浮上する後継問題と持ち株

重光が還暦を過ぎた頃、当時、総務部長を務めていた松尾守人は大きな課題に直面した。重光の持ち株問題である。

一つはロッテオリオンズ球団との関係だった。日本プロフェッショナル野球協約の第28条（株主構成の届出と日本人以外の持株）第2項にこうある。「この協約により要求される発行済み資本の総額のうち、日本に国籍を有しないものの持株総計は資本総額の49パーセントを超えてはならない」。これは参加資格に規定されているもので、第27条には「この組織に参加する球団は、発行済み資本総額1億円以上の、日本国の法律に基づく株式会社でなければならない。ただし、1980年1月1日現在の既存球団はこの資金に関する制限から除外される」とある。

つまり、専ら重光のロッテでの持ち株比率が問題となった。それを49%以下に下げなければオーナー資格を喪失する。

もう一つは、相続の問題だった。相続対象となる資産がこの時点で1兆円を超えていた。そこで、

1984（昭和59）年頃から重光名義の持ち株をすべて他に割り振る作業が始められることになった。当時、2人の息子はまだロッテには入社していなかった。

85（昭和60）年には従業員持ち株会を作った。社員の帰属意識を高めようという意図もあった。従業員持ち株会の理事長は管理職がなるようにした。これが後年、禍根を残すことになるとは当時は全く思いもよらなかった。他に、役員持ち株会にも5～6％分を移している。

相続税対策もあって、持ち株会社「光潤社」の重光の持ち分が2人の息子に分け与えられた。「長男は後継者なので多くしてやってくれ」

重光の意に応えて松尾は、兄50％、弟37％と配分した。他にも、持ち株会社的な役割をする会社として、ファミリー、グリーンサービス、みどり商事などがあった。こちらも重光の持ち分を長男中心に移している。

重光は当時、2代目までは世襲とし、孫世代の3代目以降は世襲にこだわらないと言っていた。

松尾守人は37（昭和12）年福岡生まれ。早稲田大学文学部を出て日活に入社し、映画のプロデューサーをしていたが、父がロッテに勤務していたアシスタント・プロデューサーの紹介で71（昭和46）年にロッテに転職してきた。主に管理畑を歩き、経営企画や秘書、監査、労務など多様な業務を担う。86（昭和61）年に取締役に就任するが、労務部長と球団代表も兼ねていた。95（平成7）年には常務（本社管理部門）に就任している。のちにパシフィック野球連盟参与も務めた。重光と同じく、松尾もかつては小説家志望だった。

実はロッテには、各部署との会議はあったものの、86年まで取締役会という機能がなかったという。各担当役員が社長の意向を聞くのが基本だった。松尾が役員になったとき、重役会議の形式を整えた。

松尾は腹心の部下として、重光から「経営能力を判断してくれ」と2人の息子の教育係も任じられている。詳細は避けるが、その後の兄弟の争いを身近で見てきた幹部の一人である。重光は兄弟の性格も長所短所も把握していた。それでも肉親の情には勝てなかった。

その側近の目から見て、重光の最大の失敗は、兄弟を同時に昇進させていったことという。「これがいけなかった」と松尾は振り返る。

重光がある日ボソッと、「僕みたいなやつと15年、20年付き合うのは大変だろうな」と松尾につぶやいたことがある。

創業時から勤務していた古参社員が、再就職をちらつかされたのか、定年間際に担当会社に貸し込みをして焦げ付かせてしまった。これを知った重光は「クビにしろ」「退職金は払うな」と激怒した。剣幕に驚いた松尾だが、一計を案じた。重光宛の自らの窮状を訴える手紙を書いてあげて、それをその古参社員の妻の名前で送付させた。重光は「生活苦」という言葉に弱い。前言は撤回して「半分でいいからあげなさい」と指示してきた。結果として奥さんに払ったようなものだが、重光は情の人でもあることをうかがわせるエピソードだろう。

「どの分野も企業がひしめき合っている日本に比べ、創業の苦痛はあっても事業機会に恵まれた韓国の方が企業家にとって遥かに魅力がある」と言った重光は、韓国のマーケットに大きな可能性を感じ始めていたのかもしれない。[*1]

韓国グループ企業の拡大

90年代の韓国のロッテグループは成長に弾みがついていた。開館後15年を経た94(平成6)年、本館と別館合わせた客室数が2017室を数えたロッテホテルソウルは、この年だけで50万人弱の外国人観光客が宿泊し、3億3000万ドルを使った、世界でも十指に入るような大型ホテルとなっていた。

90年代にホテルや百貨店は多店舗展開に走っている。他にも、堰を切ったようにさまざまな分野への進出がこの頃から韓国では始まっている。

その結果、売上規模が拡大し、ロッテグループは十大財閥の仲間入りをするようになった。分野別に90年代からの20年間の流れを見ておこう。

まず食品関連では、2000(平成12)年7月に「ロッテアサヒ酒類」を設立、2009(平成21)年3月には斗山《ドゥサン》の酒類事業を買収することでロッテ七星《チルソン》飲料酒類部門「ロッテ酒類」が生まれている。

1『日経ビジネス』1989年8月28日号

この後に触れる流通関連では、98（平成10）年4月にディスカウントストア「ロッテマート」、99（平成11）年4月にはコンビニエンスストアの「コリアセブン」、2001（平成13）年5月に「ロッテスーパー」、同5月「ウリィホームショッピング」（現・ロッテホームショッピング）と小売業態を矢継ぎ早に立ち上げている。合弁事業では2004（平成16）年12月にユニクロと「エフアルエルコリア」を設立した。

金融関連では、95（平成7）年11月に「ロッテ割賦金融」（現・ロッテキャピタル）を、2002（平成14）年12月には東洋《トンヤン》カードを買収して「ロッテカード」、2007（平成19）年11月に「ロッテ資産開発」、2008（平成20）年2月に大韓火災海上を買収して「ロッテ損害保険」、同年にケイアイバンクを買収して「ロッテピエスネット」、2010（平成22）年10月にも「イビカード」を買収するなど、急速な金融関連事業の拡大が続いた。

レジャー・エンタメ関連では、97（平成9）年6月に「ロッテセガ」、同年9月に「ロッテシネマ」、2007（平成19）年5月に総合旅行会社「ロッテJTB」がそれぞれ設立されている。

情報通信その他では、90（平成2）年5月には釜山の地方紙「国際新聞《クッチェシンムン》」を買収した。この新聞は80（昭和55）年に強制廃刊となり、釜山日報と合併させられていたが、89（平成元）年に独立して復刊、ロッテの傘下に入った。その後、99（平成11）年には系列から分離している。93（平成5）年1月「ロッテ人材開発院」、96（平成8）年10月「ロッテロジスティックス」、同11月「ロッテ情報通信」、2000（平成12）年1月「ロッテドットコム」、2002（平成14）年4月「ロッテ未来戦略センター」ができている。

韓国が「先進国クラブ」と呼ばれる経済協力開発機構（ＯＥＣＤ）に加盟したのは96（平成8）年10月25日のことである。思い起こせば、朝鮮戦争後の世界最貧国の時代から、「5・16軍事クーデター」を経て、開発独裁下での「漢江《ハンガン》の奇跡」により、30年余りで先進国に仲間入りするほどの急激な経済成長を遂げてきた。

ところが、その内実は脆弱なものだったことが、ちょうど1年後に起きるアジア通貨危機で露呈する。

◉――「ＩＭＦ１９９７」危機後の飛躍

97（平成9）年、新年早々、危機の予兆はあった。当時、財閥ランキング14位だった韓宝《ハンボ》グループ傘下の韓宝鉄鋼（現・現代製鉄）が1月23日に不渡りを出した。

3月20日には中堅財閥である特殊鋼製造の三美《サンミ》が倒産する。食品の大農《デノン》やヘテ、焼酎で有名な真《ジン》露《ロ》（現・ハイト眞露）、下着など衣料品のサンバンウル、精密機器のテイルといった中堅財閥も不渡りを出して法定管理下に入っていった。韓国四大重工の一つ、双竜《サンヨン》重工業グループも解体された。

10月22日、財閥ランク6位の自動車メーカーである起亜《キア》自動車が法定管理を申請したことで、国内に衝撃が走る。

そして、企業の経営不振というレベルを超えて、韓国の国家としての信用が問われる事態に至る。米ムーディーズがＡ１だった韓国の国家格付け（長期国債）を12月21日には投資不適格を意味するBa１にまで下方修正、７月にタイから始まったアジア通貨危機が韓国にも波及した。

この間、株式市場が暴落を繰り返し、対ドルレートが初めて１０００ウォン突破するなどウォン安が進む。外資が一斉に引き揚げ、韓国中央銀行の外貨準備高不足が明らかになる。11月21日に韓国政府が国際通貨基金（ＩＭＦ）に資金支援を求め、12月３日覚書に署名したことで、韓国が実質的にＩＭＦの管理下に置かれてしまう。

危機の最中に行われた大統領選では金大中《キムデジュン》が勝利、翌98（平成10）年２月に金泳三《キムヨムサム》に代わり就任した。

この後数年に及ぶ韓国経済再建の過程で、財閥ランク１位の現代《ヒョンデ》もグループの再構築計画を余儀なくされ、主に兄弟によって分割された。国内最大の自動車メーカーとなった現代－起亜自動車、現代重工業、現代百貨店、現代海上火災保険といった具合だ。ランク２位の大宇《デウ》も、大宇自動車が主に米ＧＭ傘下となるなど解体されてしまった。

こうした一連の財閥再編の動きは、コア事業とは無関係な業種への進出のために借入金を用いて無謀な投資を行ったことに原因がある。

ここでロッテが浮上する。

「他の人に迷惑をかけないというのが私の哲学だ。失敗しても借金を返せる範囲内で投資をしてきた。不動産がその裏付けだ。失敗したらそれを売って返せばいい。韓国にはこれまでに3000億円近い投資をしてきたが、仮にこれが戦争でゼロになったとしても、どこにも迷惑をかけることはない。

日本の含み資産は1兆円を超すだろうし、韓国の不動産も相当な額になる。しかし、私は財テクや不動産を担保に借りたカネで他人の事業を買おうとは思わない。誰もやったことのない何か新規の思い切ったものを作り、自分の理想を実現したいと思う」[*2]

こうした重光の他の財閥とは全く異なる経営哲学も、IMF危機に巻き込まれずに済んだ理由の一つなのかもしれない。日本から資金を送ることができた点も強みだった。2000年代半ばには十大財閥の5位までランクアップしている。

韓国の公正取引委員会は、資産額上位企業集団を十大財閥として公表している。この10グループで国内総生産の7割を占めるほどの圧倒的な存在だ。三星《サムスン》を筆頭に、現代自動車、SK、LG、ロッテ、現代重工業、GS、韓進《ハンジン》、ハンファ（旧韓国火薬）、斗山と並んでいる。

ところで金大中大統領は、就任から程なく98（平成10）年7月1日に、公的企業の民営化案を発表した。その一つに、重光が煮え湯を飲まされた浦項《ポハン》総合製鉄（現・POSCO）も含まれていた。ロッテの潤沢な資金力に目をつけた政府から声がかかる。

「韓国がIMF管理下に置かれたとき、財閥で借金が一番少なかったのはロッテでした。IMF危機で韓国の主要産業は軒並み経営危機に陥り、浦項も例外ではなかったのです。重光会長も最後の

2『日経ビジネス』1989年8月28日号

最後まで買収することに意欲を燃やしていたのですが、出資条件は49％の株式取得。それで重光会長はこの話を断りました。これがもし51％だったら快諾していたと思います」[*3]

韓国のロッテはこの頃、流通部門で問題を抱えていた。そこに第二の「お雇い日本人」が現れる。『おにぎりの本多さん』という著書もある本多利範である。本多のミッションは、韓国のロッテのコンビニ事業の立て直しだった。

「韓国の流通を変えた男」秋山英一が導入に立ち会ったコンビニエンスストア事業は、当初、セブン-イレブンの運営会社である米サウスランドの要求するロイヤリティがあまりに高額なため自前での店舗展開に切り替え、「ロッテセブン」と名付けた3店舗が83（昭和58）年に立ち上がっていた。

夜間外出禁止令も廃止され、いいチャンスと思ったものの、3つの誤算が生じてしまう。以前の生活習慣から客が夜中に来ない。定価販売をしていたため、近所でより安い店を見つけると返品に来る。酷いときにはそれが売り上げの2割にも及んだ。そして、韓国の不動産の特徴でもある高額の権利金「プレミア」の存在。1年余りで、最初のコンビニ進出は中止となってしまった。94（平成6）年にはロッテがゼロックスからコリアセブンを買収し、再びこの事業に乗り出したところだった。この頃、秋山は、後述する理由でロッテを去った。

まずはコンビニの立て直しから

3 交渉に関与していた元幹部社員による

「金浦《キンポ》空港に着くと、いきなりキムチの臭いがする。道路はほこりまみれ。当時は漢字が厳禁で、英語も禁止。だからハングルだらけ。韓国経済が大混乱していて、IMFから大量に人が来ていた。彼らはロッテホテルにみな泊まっていたからそこだけはにぎわっていた。預金口座を銀行でつくったら、金利がなんと22～23％ぐらいだった。あのときもっと日本からお金を持ってくればよかったと思いましたよ（笑）」

凸凹の道路など、東京五輪大会前、60年代初頭の日本の風景を思い出した。これが、98（平成10）年5月にソウルの地を踏んだ本多利範の第一印象である。

49（昭和24）年神奈川生まれの本多は、明治大学経済学部卒業後、大和証券に入社。77（昭和52）年にセブン-イレブン・ジャパンに転職、「単品管理」「仮説検証の仕組み」「物流・情報システム」など、日本のコンビニストア業界の基礎を作り上げてきた同社元役員である。韓国からの帰国後も、スギ薬局、ラオックス、エーエム・ピーエム・ジャパン社長、ファミリーマート取締役専務執行役員と、日本の小売りの現場で活躍している。

95（平成7）年に1人当たりの国民所得が1万ドルを超えた韓国は、個人消費においても変わり目にあった。ただ、97（平成9）年秋からの通貨危機で、この時期には所得の減少も目立っていた。

本多がロッテにやって来る前にひと悶着あった。そもそもセブン-イレブンの出店を勧めたのは、訪韓して重光に会いに来た伊藤雅俊（イトーヨーカ堂創業者）だった。このとき重光は「韓国には市場《シジャン》があるから」と難色を示していた。にもかかわらず、数年後には「ロッテセブン」を自ら立ち上げたことに伊藤は不快な思いを抱いた。

実際には韓国政府から、「韓国ではまだ小売事業が根付いていない。百貨店に甘んじていないで、小売事業を先導しなさい」という要請がロッテに対してあったためだったのだが。

ゼロックスのコリアセブンはうまくいっていなかったが、ライバルのキヤノンと合弁会社を設立しているロッテへのコンビニ事業売却には難色を示していた。94（平成6）年になんとか買収したものの、今度は経営がうまくいかない。

そこで、セブン-イレブン・ジャパン社長の鈴木敏文に相談したものの、親会社イトーヨーカ堂の伊藤の件もあって協力を断られてしまう。困り果てていたところで仲介の労を取ったのが、鈴木と共にセブン-イレブン・ジャパンの創業メンバーである副会長の清水秀雄だった。重光とソウルで会談し、自らの右腕である本多を送り出してきたのだ。

着任早々、ロッテホテルの近くにある店舗に足を踏み入れた本多は、強烈な違和感に襲われた。イートインコーナーの汚さがまず目に飛び込んできた。客が入って来ても挨拶すらない。コンビニの基本である「クリンネス（清掃）」と「フレンドリー（接客）」が全くできていなかった。フードの管理もできておらず、おにぎりは〝死んでいた〟。前途の多難さを強く感じさせられた第一歩だった。

着任した本多がまず手掛けたのは経営危機に陥っていたコリアセブンの再建だった。当時はロッテリアの中のコンビニエンス事業部という位置づけだった。店舗数はわずか130。日本のセブン

－イレブンはすでに7000店を超えていた。現状は日本の草創期と同じであり、同一商圏内で多店舗展開するドミナント戦略で物流も効率よく回すことができる。まずは本多流のタイムマシーン経営から取り組みが始まった。

とはいえ、基本が全くできていない店舗をどのように変えていけばいいのか。店員やオーナーにも問題はあったが、フランチャイズビジネスの鍵を握る店舗指導員（FC）のレベルに問題があると本多は考えた。

コリアセブンの本社は当時、大学路《テヘンロ》の店舗2階にあった。移転前のソウル大学があった街で、小劇場が多くあり、東京でいえば下北沢のような印象の若者の多い街だ。

この本社下の店舗で本多は最初の取り組みを始める。品揃えがロッテ製品に偏っており、市場占有率の高いメーカーが出す小売店にありがちなプロダクトアウト的な発想、それが経営不調の理由の一つと見て取った。ロッテ七星《チルソン》が作るペプシコーラのみで、コカ・コーラを置いていない点がその象徴だった。

こうした現状を目にした本多は、重光に直言した。「私はロッテの売店をやりに来たわけじゃない。コンビニエンスストアをやりに来たんだ」と。

韓国のコンビニの売り上げトップはタバコで、実に40％を占めるほどだった。日本ではコンビニの収益を支える大切なおにぎりなどファストフードはわずか7％であり、こうした売り上げ構成を変えていくとともに、「お店はお客様のためにある」というサービス業の基本を浸透させる意識改革が進められていく。

小売りの現場から生産を変えていく

本多が手掛けたおにぎりをはじめとする一連の商品改革など、詳しくは著書『おにぎりの本多さん』をご参照いただきたい。マーケティングの実践例として学ぶことの多い書だ。

90年代の韓国コンビニ業界は二強時代だった。日本のファミリーマートとライセンス契約を結んで出店を始めた普光《ポグワン》グループ（2014年からCUブランドで独自展開に変更）と、LGグループが自力で展開したLG25（現・GS25）で、いずれも90（平成2）年にスタートしている。

業界で「デイリー」と呼ばれる弁当などフード類は当時、コンビニ各社の製品を同じ工場が手掛けていたため、新商品を開発しても別のコンビニにすぐ真似されてしまうなど弊害が大きかった。そこで本多は、ロッテ中央研究所とロッテサムガンの支援の下、専用デイリーメーカーとしてロッテフレッシュデリカを99（平成11）年に設立した。韓国のロッテの食品事業はM＆Aによるものが多いが、こうして新しい仕組みを作ったことは、韓国での流通事業を変革する上でも大きく寄与することになる。

2000（平成12）年にコーロングループから韓国ローソンを買収した。そのうちの3割の店舗は使い物にならなかったというが、コリアセブンの店舗数は一挙に倍増、二強と肩を並べるほどになった。とはいえ500店規模でささやかなものだが、年内には店舗数でトップになり、翌2001（平成13）年12月には1000店舗を達成、その後、店舗数は5年間で本多の着任時の10倍以上に拡大していく。

「間近で見る辛格浩《シンキョクホ》会長は、年齢を感じさせない肌艶に、優しい瞳を持っていた。しかし、そこにはなんとも形容し難い威厳があった。それは私が長年身近に接してきたセブン-イレブン・ジャパンの鈴木敏文氏とはまた違う、底知れぬ迫力だった」[*4]

これが本多の70歳代半ばになっていた重光への初印象で、三国志に登場する覇王を想起させられたという。その〝覇王〟に本多は毎月1回会っては現状を報告することになる。

「会長の表情はいつもにこにこしていましたが、やはり厳しかった。数字は全部分析しているし、僕が前にいったことは全部覚えている。『本多さん、あれどうなっているの』『いつになったら黒字になるの』と聞いてこられるわけです。僕は3年で黒字化できると思っていた。しかし現実はそう甘くはなかった」と本多は当時を振り返る。

最終的には米本社からロイヤリティを少しまけてもらい黒字化、その後の多店舗展開でコリアセブンの立て直しにはメドがついた。

コンビニと並行する形で次に本多が手掛けたのが小売業の新業態の開発である。ここでもタイムマシーン経営が生きるのだが、当時の韓国は大型量販店（GMS）の黎明期であり、「割引店《ハリンジョム》」と呼ばれて、郊外での出店が進んでいた。

4 本多利範『おにぎりの本多さん』プレジデント社、2016年韓国のロッテも大型量販店「ロッテマグネット」（現・ロッテマート）の全国展開を始めていた。しかし、街中に大型店は作れないことから、補充策として新たに生鮮スーパー事業を本多が立ち上げることになった。雨漏りするような百貨店の屋上の片隅に作られた事務所で、いろいろな部署から寄せ集められた10人からのスタートだった。

「事業として成功するなんて信用していなかったのかもしれません」と本多は言うが、その本多自身にもスーパーマーケット事業の経験はなかった。勝手知ったるコンビニ事業との相違点を考えながら、従来のスーパーの概念に縛られない自分流の店づくりを考える。

2001（平成13）年6月、ソウル市立大学に近い典農洞《ジョンノンドン》（東大門区《トンデンモン》）商店街に「レモン」（現・ロッテスーパー）と名付けたスーパーの一号店が開店した。東京でいえば上野のようなターミナル駅清涼里《チョンニャンニ》が近い下町の住宅街である。スーパーを市場の発展形態ととらえた本多は、市場に負けない鮮度感を特徴として打ち出す。続く店舗は抱川《ポチョン》市（8月）、広州《クァンジュ》市（11月）と、ソウル近郊の京畿道《キョンギド》に出店した。

買い物客のニーズに即した時間帯別の売り場作り、外部業者が入っていた総菜売り場を店内調理にするなど、鮮度感を大切にした運営を行っていく。1日に3回も配送があるコンビニとは違う時間軸をはっきりさせ、それをロッテの社内に理解させたことは大きい。特に、韓国で初めてフルーツの糖度保証制度を打ち出したことに対しては、「本多さん、あれはいいことだ」と重光も褒めている。重光はスイカが好きで、日本で同様の表示があることを知っていた。

復活したロッテ建設

サウジアラビア、ロッテワールドとハードな現場に責任者として送り込まれてきた林勝男《イムスンナム》は、98（平成10）年、また重光に呼び出される。

「ロッテ建設はもう30年以上経っているが、金ばかり食う。問題ばかり起こしているこんな企業はもうだめだ。あれを全部、整理したらどうだろう」

重光からこのように引導を渡された林は、4月、ロッテ建設に社長として乗り込んだ。全体的にIMFの影響は少なかったロッテグループだが、不動産開発事業を進めていたロッテ建設は例外だった。林は社長として社内の内情を見る。売上高5000億ウォンに対して借入金が6000億ウォンと厳しい状況にあった。

林は重光にこう報告した。「半年間、精査してきましたが、やはりこの会社を整理することはできません」。在籍する1200人の社員をどうするか。建設会社の社員にホテルやショッピングセンターでサービス業をやらせるのも、製菓会社に入れるのも難しい。林は重光にこのように約束した。「3年だけ時間をいただければ売り上げを5倍にして赤字を一掃し、一流企業にします」。このとき林が再建の切り札として考え、重光の了解を得た新規事業が「ロッテキャッスル」だった。高級分譲マンション、韓国風にいうと分譲アパートである。

高級分譲マンションを展開する「ロッテキャッスル」

ソウル市民の半分はアパート住まいだが、特徴的なのは「現代」「三星」「大林《テリム》」といった分譲企業名が壁面にでかでかと書かれている点だろう。これがブランドの代わりになっているのだが、林の発想は社名とは別に、ホテルのような高級イメージをコンセプトに「キャッスル」というアパートのブランドを打ち出した点にある。

ここでロッテワールドの建設で苦労した経験が生きた。屋外施設に城があり、そこで新婚カップルが記念写真を撮る。新居の決定権を握ることが多い女性はお城のような夢のあるものが大好きだ。ロッテ製菓での経験からもブランディングの重要性を理解していた林らしい発想だった。

約束通り3年で売り上げは5倍になった。20位台だった業界ランキングを7位にまで引き上げることで、累積赤字も一掃することができた。一方で、「アパートの価格を引き上げた〝犯人〟」という政府からの陰口も叩かれてしまうのだが。

去りゆく功労者と変わりゆく家族

ロッテ百貨店の成功によって韓国の流通を変えたロッテショッピング副社長の秋山英一は、95（平成7）年3月、突然の退任勧告を受けた。総務部長曰く「実は秋山さんに副社長を辞めていただきなさいと、（重光）オーナーから言われました。一年間常任顧問として残っていただき、今のご自宅にもそのままいらっしゃって結構です」[*5]。

予兆は2年前にあった。93（平成5）年5月、社長直属の監査室課長が通訳を連れて乗り込んできた。百貨店のテナントからリベートを貰っている嫌疑で調査していたが、その疑いは晴れた、というのだ。コネ重視で「贈り物」が当たり前の韓国社会で、それを突き返す変わり者として通っていた秋山に対して、たぶん同業者が社長に虚偽の報告をしたらしい。この話には後日譚があり、このときの課長が人を疑う仕事に嫌気がさして退職し、牧師になってしまったという。

秋山が傍で見ていた重光は、韓国にいるときは毎日のように報告や戦略の会議に出席し、その指示は極めて具体的で、細かい。建設工事なら大理石の床の模様まで発言するほどこだわりもある。会議の合間にはホテルや百貨店の店内を歩き回り、給水機のコップが切れているとその場で注意す

5 藤井通彦『秋山英一聞書 韓国流通を変えた男』西日本新聞社、2006年

るなど目配りも鋭い。

その一方で、あまり自分に知識がなくて現場に任せた方がいいと思う場合は、担当者の説明を聞いた後、「分かった」と短く了承することも多い。この点では他にも多くの関係者から同様の指摘があった。稟議も何も必要のない即断即決がオーナーである重光の持ち味といえた。

また、当初から5年間と本人は決めていたこともあったが、本多利範も2003（平成15）年に帰国している。

林勝男がロッテを去ったのは2004（平成16）年10月のことである。思い起こせば、延世《ヨンセ》大学（化学工業専攻）卒の林がソウル大学出身の5人と共に、大卒一期生として入社したのは64（昭和39）年のことだった。当時の林は日本語ができなかった。

このとき日本でも初めて大卒者の新卒採用が行われた。翌65（昭和40）年1月、新宿工場にあった社長室で初めて重光に会った林は、「背が高く美男子でびっくりした」と言うが、そのまま浦和工場に配属され、チョコレート作りの現場に入った。新宿のガム工場とそれぞれ1年半務め、その間、日本語の勉強も兼ねて通った東京大学の大学院で修士号も取得する。

68〜69（昭和43〜44）年、新生韓国ロッテ製菓の誕生でソウルに戻った頃には、ライバルのヘテとロッテは売上高50億ウォンと75億ウォンで激しく競い合っていた。70年代には劉《ユ》彰順《チャンスン》会長の秘書も務めたことがある。劉は軍事政権に反対で、とてもお金関係がきれいな人だったと林は振り返る。買収により食品事業が拡大する過程もつぶさに見てきた。

「重光会長は、自分にとって神のような存在だった」と振り返る林だが、辞任に至った経緯は語らない。ただ、秋山のときと同様、社内の雰囲気が変化していたことは間違いない。

通常は1年間の慰労金が3年間支給されたのは、重光も林の功績に報いる気持ちがあったからかもしれない。

これまでにも、重光の4人の弟は各所で登場していた。二男の轍浩《チョルホ》は60年代にいち早く去った。三男の春浩《チュンホ》はそれに続き、78（昭和53）年には農心《ノンシム》を設立し、自ら経営していた。四男の重光宣浩はロッテに13年間いた後、製麺製造販売のサンサス商事を立ち上げて経営している。五男の俊浩《ジュンホ》は乳製品のプルミルの会長を務めている。このように、いずれもロッテとは切り離された。

重光は他人に接する以上に兄弟に対しては厳しかった。「俺が全部を分けて何不自由なくやっているんだから、俺の言うとおりやれって、そういう考えですから」と重光宣浩は振り返るが、そうした家長的なふるまいも結局は兄弟の誰もロッテに残らなかった理由の一つなのかもしれない。

重光の長女の英子《ヨンジャ》は、ロッテホテル入社後、ロッテショッピングで役員を務め、免税店の経営にも関与した。ロッテ奨学財団の理事長でもあり、韓国では半世紀近く、重光の傍でロッテグループにかかわり続けた唯一の家族でもある。

長男と二男については後述する。二女の由美《ユミ》は日本での生活も長いが、ロッテホテルの顧問などを務めていた。

重光の妻であるハツ子が、韓国のマスコミに初めて大々的に取り上げられたのはロッテワールドの屋外施設マジックアイランドでテープカットをした90（平成2）年のときだった。[*6]
「濃い青緑色のツーピース姿で夫と並んでテープを切ったハツ子夫人は、終始顔に穏やかな笑みを浮かべて夫の事業の中で大きな役割を占める『マジックアイランド』の隅々を興味深く見て回った。（中略）マジックアイランドを一周した辛会長と来賓たちが出口へ出ると、ハツ子夫人は記者に頭を下げてお別れの挨拶をした。最後の挨拶が少し意外だった。『韓国語ができなくて申し訳ありません。次はぜひ習ってきます』。苦手だけど、確かに韓国語でそう言って手を振った」
このあと、「韓国に住みたいとの考えはありませんか」という記者の質問に対して、ハツ子は「ずいぶん前からその考えをずっと持ってきました。時が来たら韓国に居を定めて暮らしたいです。私は必ず韓国の地に骨を埋めるつもりです」と答えている。
そうなることは結局なかった。2010年代に起きた一連の騒動で、重光の一族はすっかりバラバラになってしまった。

6『主婦生活』1990年4月号

第14章　重光武雄の見果てぬ夢

ロッテワールドは重光の集大成

前年7月にロッテワールドの屋内施設「アドベンチャー」が開業し、1990（平成2）年3月に屋外施設「マジックアイランド」の開業を控えた頃、重光はこんな本音も覗かせていた。[*1]

「まずロッテワールドのそばにシーワールドをつくって、次にニューヨークにもつくりたいと思っています」と語った後で、「化粧品からはじまって食べ物そしてアミューズメント施設とみていくと、ご自身が楽しいことがお好きなのですか」と問われると、「本当は自動車とか電気製品をつくりたかったんです。でも、しょうがない。性に合わないけれども、やむを得ないですよ」。

すでに日韓両国で製菓業や流通業を中心に大きく事業展開していたものの、製造業の本流と重光が考えるところの自動車やエレクトロニクスへの想いは断ち切れていないところが興味深い。

それでも、歴史に残る作品として、このロッテワールドは重光の珠玉のプロジェクトであることは間違いない。

ソウルに続いてロッテワールドを計画したのは故郷の蔚山《ウルサン》広域市にも近い、第二の故郷といって

1『日経産業新聞』1990年2月24日付

いい釜山《プサン》広域市だった。ロッテ・ジャイアンツのホームタウンであり、海辺に100階建て超えのタワーマンションが建つなど勢いを感じさせる韓国第二の都市だ。

97（平成9）年3月、釜山ロッテワールド開館式のテープカットに日本の元首相が並んだ。福田赳夫、中曽根康弘、竹下登らで、世代交代はあるものの、日韓関係のキーパーソンである重光の晴れの場に参集している。

この釜山のプロジェクトは総投資額約800億円。重光の夢だった「都市の中の都市」を実現するもので、観光と流通を一体としてとらえる重光独自のビジネスモデルの集大成とされていた。盧《ノ》武鉉《ムヒョン》元大統領の母校である釜山商高跡地に92（平成4）年から着工し、95（平成7）年12月には一部先行開業、ホテルのグランドオープンに合わせて開館式のセレモニーが行われている。市の中心地である地下鉄西面《セミョン》駅直結のロッテホテル釜山とロッテ百貨店釜山本店を中心とした免税店なども入る複合開発ビルである。2006（平成18）年6月には、韓国観光公社の子会社が運営する「セブンラックカジノ」も入っている。

その後、ライバルである新世界《シンセゲ》百貨店が、世界最大の百貨店として2009（平成21）年にギネスに認定されたセンタムシティ店を釜山に出店した。飛行場跡地を再開発した広大な敷地にある施設で、地下鉄センタムシティ駅直結、スパ、アイスリンク、ゴルフ練習場、映画館、文化ホール、そして免税店まである複合施設だ。ロッテワールドの優位を揺るがす存在として立ち現れた。

そんなこともあってか、ロッテは新たな開発を今度は98（平成10）年に移転した市庁舎跡地（中

釜山ロッテワールド開館式のテープカット（1997年3月）

区中央洞《チュンアンドン》）で進めた。ここはチャガルチ市場も近い地下鉄南浦《ナンポ》駅に直結した利便性の極めて高い旧市街地である。当初は「釜山第2ロッテワールド」と呼ばれたプロジェクトだったが、のちに「釜山ロッテタウン」と改められ、「第2ロッテワールド」の名称はソウルのロッテワールド隣接地に譲られた。

計画案では、43階建て総客室数900室、コンベンションセンターに11の宴会場を備えたリゾートからビジネスまで幅広いニーズに対応できる大型ホテルが核になっていた。ホテル3階には世界最高水準のエンターテインメントを楽しめる「ラスベガスシアター」（約1000席）という世界最先端の舞台装置も検討していた。ホテルの隣には韓国最大規模となる11階建てのロッテ百貨店が付属する。故郷に錦を飾るプロジェクトだが、テーマパーク的な機能が欠けていた。

最初に完成したのはロッテ百貨店光復《クァンボク》店で、２００９（平成21）年のことである。同店のアクアモールは翌年に完成、次いで、ロッテマートやロッテシネマなどが入るエンターテインメント棟は２０１４（平成26）年に開業した。

仕上げとなる高さ５１０メートル（１０７階建て）の超高層タワー棟「ロッテタウンタワー」の計画は二転三転する。直立した船のイメージの建物に、最高級ホテル、オフィスや文化施設を組み込む計画だったが、延期に次ぐ延期で、２０１９（平成31）年1月には高さ３００メートルの釜山ロッテタワーに計画自体が変更されている。

その背景には、ソウルの第2ロッテワールド計画があった。２０００（平成12）年から着手され、当初の36階建て複合開発ビルの建設計画が次第に拡大されていき、１２３階建ての超高層ビル「ロッテワールドタワー」へと昇華したことが挙げられる。

重光は、このタワーにかけた思いを雑誌のインタビューでこう語っている。[*2]

「外国人が韓国に来る。けれども韓国に見るべきものがない。それで私が何かつくるべきだと考えた。超高層建築物はすべての経費が3倍かかる。収支が合わなくて建てられない。この高層建築物（ロッテワールドタワー）がこの世界で一番高いじゃない。宣伝になるだろう。韓国に誇るべきものが何もないじゃないか。これでも一つつくれば良いという考えだった」

すでに90代半ばでもあり、発言には繰り返しも多い。重光がこのような建造物を初めて構想した

2『月刊朝鮮』2017年1月号

のは80年代前半のことだった。ソウル五輪大会開催以前で、まだ韓国に対する世界での認知度と好感度があまり高くなく、韓国を認めさせたいという夢がその根底にはあった。

10年余りに及ぶ建築工事では基礎構造のトラブルなど問題が相次いだが、2017（平成29）年4月3日にグランドオープンしている。5月3日には重光はハツ子ら家族でロッテワールドタワーを訪れた。展望台に上った重光は、「ここは世界で何番目に高い建物か」「人は多く訪れているのか」などと質問してきた。宏之が「世界で3番目に高い展望台で、1日平均20万人程度が訪問しています」と答えると、ようやく満足した表情を見せたという。このタワーが、重光にとって夢が形になった最後の作品ということなのだろう。

収益を考えたら超高層マンションを建てた方がはるかに儲かるし、実際、取締役会でもそうした意見が強かったが、世界最高層ビルに固執した重光が押し切った。現在、中東や中国でさらに高層のビルとが建ったため、高さ555メートルのロッテワールドタワーは2020（令和2）年11月時点で世界第6位の高さとなっている。

挫折したロッテワールド東京

ソウルでロッテワールドに取り組み始めた頃、重光は東京の江戸川区に目を付けていた。自らジェットボートに乗り込んで視察したともいわれるこの土地は、東京都が進めていた葛西沖再開発事

ロッテワールド東京の模型

業の一部だった。対象地域の半分が地盤沈下で水没した民有地で、漁業権も伴う残り半分と共に70～80年代に埋め立てられた。
　ロッテが取得した22街区、のちに臨海町2丁目となる土地には、重光がロッテワールド東京を計画していた。この葛西地区から江戸川を挟んだ対岸、浦安市舞浜には、夢と魔法の王国「東京ディズニーランド」が83（昭和58）年4月に開業していた。
　ロッテ創業50周年を前にした97（平成9）年12月、ロッテワールド東京の建設計画を発表する。東京都には環境アセスメントを提出しており、当初は5年後に完成予定だった。
　社史『ロッテ50年のあゆみ』でも、21世紀への新しい夢として、完成予想図も添えて巻頭で取り上げている。敷地19・2万平方メートル、テーマミュージアム、商業施設、ホテルからなる床面積63万平方メートルの複合都市開発である。

重光は「日本で最後の一大投資」と意気込み、雑誌のインタビューにこう答えている。[*3]

「十年以上前から、構想をあたためてきたプロジェクトですからね。韓国・ソウルでのロッテワールドでは、年間六百万人を集めているし、ある程度の自信がつきました。日本国内の経済状況は悪いときですが、基本設計はできている。やりますよ」

「この不況下3500億円を投資する」というタイトルに続いて、以下のような構想が披露されている。このK-プロジェクトは、直径300メートルと世界最大の全天候型ドーム内に造られるテーマパーク、ショッピングセンター、高さ210メートルのグランドタワーホテル、テーマパークホテル、ラグジュアリーホテルなどからなる（うち1棟は計画途中で断念）。テーマパークは内部をエアカーテンで区切り、夏と冬を一緒に楽しめる。日本初のエンターテインメント型アーバンリゾートシティとして、当時の東京ディズニーランドと同様に年間1500万人の集客をもくろんでいた。6000人とも8000人ともいう雇用を生み出す点も強調されていた。

のちに「失われた20年」と呼ばれる不況の真っただ中だった当時、東京湾岸域ではレゴランド幕張（2002年）、手塚治虫ワールド（2003年／川崎市浮島地区）など、開発計画はいろいろ打ち出されていた。いずれも実現していないが、東京ディズニーシーが2001（平成13）年9月に開業、ディズニーリゾートも立ち上がるという強力なライバルの出現により、重光の夢は頓挫してしまう。ロッテワールド東京の計画は2001（平成13）年に凍結が発表されている。

3『財界』1999年4月13日号

計画予定地には、ロッテ不動産が開業した250ヤード、300打席、24時間営業という国内最大級のゴルフ練習場「ロッテ葛西ゴルフ」が現在も営業を続けている。

この他にも、現在は中断しているが、中国ではロッテワールド瀋陽《シンヨウ》のプロジェクトが動いている。他にも、以前、ニューヨークに出張した重光は、ここにもロッテワールドを造ろうとヘリコプターで候補地を視察、危うく土地を買わされそうになったというエピソードも残る。

●兄弟分立の後継体制

兄である重光宏之は日本、弟である重光昭夫は韓国。これが重光の下した、2人の息子のロッテグループにおける守備範囲だった。

1歳違いの2人は、いまは敷地跡が楽天創業者の自宅になっている松濤幼稚園から青山学院の小中高と進み、大学こそ理工学部と経済学部に分かれたが、同じような足跡をたどる。兄は三菱商事に就職し、時折米国に出張、ロサンゼルスで伴侶を見つけた。弟は米国留学後、野村證券に就職、ロンドンに駐在する。

兄は87（昭和62）年にロッテ商事に入社、課長として大阪に赴任する。このとき大阪の統括支店長だった細川好司は重光から「宏之、そっちにあれするからよろしく頼む。特別扱いするなよ」と指示されている。「重い荷物を背負わされた」と感じたと当時の心情を語るが無理もない。まだグ

幻のロッテワールド予定地だった「ロッテ葛西ゴルフ」

リコ・森永の事件から日も浅く、御曹司のセキュリティの点でも気を遣うことは多かったからだ。ただ、重光の、息子に仕事を覚えてもらいたいという率直な気持ちも受け止めていた。

宏之は社内的には課長職だったが、翌88（昭和63）年に登記上の同社取締役となる。この年の12月、重光から電話で「アメリカに行け」と指示を受け、年が明けた3月、元号が平成に変わった後にロッテ海外事業に異動し、工場のあるミシガン州バトルクリークに赴任することとなる。91（平成3）年にはロッテ本社の常務取締役、2001（平成13）年同社副社長となっている。

弟の昭夫は翌88年にやはりロッテ商事に入社、名古屋に配属される。91年にロッテオリオンズ球団社長代行、ロッテリア専務を歴任する。その後、韓国のロッテに移る。

2007（平成19）年4月1日、ロッテはロッテホールディングス（ロッテHD）に改称し、持株会社に移行した。

重光は2009（平成21）年に社長を退き、会長になった。これより重光は、日本では会長あるいはオーナーと呼ばれるようになった。代わってロッテ本社の社長となったのは、住友銀行出身でロイヤルホテル社長を務めていた佃孝之である。以前、ロンドンに赴任していたときに重光と知り合い、その後、重光が口説き落とした。日本のロッテ社長に親族以外が就くのはもちろん初めてのことである。

2011（平成23）年、重光は59（昭和34）年12月設立以来務めてきたロッテ商事の社長の座を宏之に譲り、宏之はロッテHD代表取締役副会長兼ロッテ商事社長に就任した。日本のロッテは長男に、という既定路線通りの動きだった。

昭夫は、2004（平成16）年に韓国ロッテの政策本部長と湖南《ホナム》石油化学（現・ロッテケミカル）CEOとなり、2011（平成23）年には韓国ロッテグループの会長に就いている。重光はグループ各社を束ねるという意味で総括会長と呼ばれるようになった。

2人の息子を日韓ロッテのしかるべき地位につけた後、重光自身は日韓を行き来しながら、引き続き経営の最高責任者の役割を担い続けた。この頃は半分冗談にせよ、120歳まで生きて経営すると語ったりもしていた。ロッテの世界展開への意欲を持ち続けていたからだ。

とはいえ、すでに80代後半である。2010年代は重光にとって長い晩年にあたる。特に、ソウル滞在中の２０１１（平成23）年３月11日に東日本大震災が起き、重光の足はすっかり日本から遠のいた。揺れるのが嫌いであり、余震が収まるまでは韓国にとどまることになった。その後の９年弱で日本を訪れたことはわずかに４回しかない。

振り返ってみれば、この頃から水面下で、重光の影響力を牽制する動きが強まっていったのだろう。それに拍車をかける出来事が起きた。

２０１３（平成25）年11月、重光はロッテホテル内の洗面所で倒れ、腰骨を折った。居住スペースだったため、発見が遅れたことも災いし、生命にかかわるからと緊急手術が行われた。90歳を過ぎてからの全身麻酔をかけた股関節手術が心身に与えたダメージは大きかった。それでも意志の強い重光はリハビリに励み、年明けには杖を突いて歩けるまでに回復している。

はじめにで記したように、２０１４（平成26）年４月中旬に起きたセウォル号沈没事故により43年間欠かさず開かれていた故郷での祭りが取りやめとなり、再び開かれることはなかった。この事故への対応の不備は、朴正熙《パクチョンヒ》の娘であり、韓国史上初の女性大統領となった朴槿恵《パククネ》の政権を揺るがす。

この頃、ロッテの社内では別の事態が進行していた。ロッテＨＤ副会長である宏之の追い落としである。

ソウルにいる重光の下に、ロッテＨＤの役員が通い、宏之肝いりの新規事業で数億円の損失が発生したと報告した。ソウルから動かなかった重光には日本の正確な情報が入らず、こうした説明を徐々に信じるようになっていった。

この年の10月29日、ついに「宏之をくびにしろ！」とロッテHDの役員を前に、重光が口にしたという。これを受けて、ハツ子にはこのようなメモが渡されている。

「総合的に判断してロッテのために総括会長が解任をご決断されたと理解しております。（中略）御奥様から宏之副会長に辞任をいただけますよう、お話いただければ幸いに存じます」

12月19日、重光は宏之の解任に同意した。それから事態は急速に進む。22日のロッテHD取締役会で、宏之は取締役の辞任を求められる。26日の取締役会では宏之に対する副会長解職決議が成立、その後、グループ各社の取締役解任が進められていく。その数は26社にも上った。

◉——「総括会長」からの解任

2015（平成27）年は重光にとって人生最悪の年になった。手塩にかけて育ててきた日本のロッテグループのトップの座から、事実上引きずり降ろされたからである。

1月8日に開かれたロッテHDの臨時株主総会で、宏之は取締役を解任された。

その後、ロッテHD役員による説明が実際は不正確なもので、著しい誇張を含んでいたことを重光は認識するに至る。

7月3日、宏之に関する虚偽の報告を自分にしてきたことを理由に、重光はソウルを訪れたこの役員2人に対して、取締役を辞任するよう通告している。

その場で2人は、一度は辞任する旨を回答したものの、ここから巻き返しが始まった。7月15日付けで昭夫がロッテHDの代表取締役に就任する。父の決めた兄は日本、弟は韓国という守備範囲を超えた瞬間だった。

これを耳にした重光の怒りは激しかった。「昭夫ら全員を刑務所にぶち込め」と声を荒らげたという。

そして重光は、7月27日に宏之らを伴って来日する。ところが、ロッテHD本社を訪れた際、佃が応対した後、取締役は社長室から出てこない。そこで人事部長に現役員の解職と新たに4人の執行役員の任命を指示、社内イントラネットで開示された。夕方、社員食堂に300人ほどいた本社の社員を集め、重光は現任取締役6人の任を解き、宏之を中心とする新体制を宣言する。創業者の姿を初めて見た社員も多く、会場では拍手も沸き起こったというが、これは法的な手続きを経たものではなかった。

翌28日、シャッターを閉じた本社で開かれたロッテHD取締役会は、重光の会長職を解き、代表権のない名誉会長に据える決議を行った。そして、8月17日の臨時株主総会で、重光の役員としての権限を事実上奪うことになる。

10月2日、重光はロッテHDに対して取締役会決議の無効確認訴訟を提起した。これまで兄弟による経営権争いととらえられてきた一連の事態は、創業者である父をも巻き込む事態にエスカレートしていった。

11月には、「私を追い出した役員の策謀」と題した記事が掲載され[*4]、11月9日付の重光の署名入り手記が公開される。

ここで描かれた一連の事態の流れはこのようになっている。重光のスカウトで社長に就いた佃と昭夫は、当初こそぶつかることも多かったが、「三年ほど前から二人は急接近し始めたのです。さらに昭夫氏の韓国でのM&Aビジネスの右腕である三和銀行出身の小林正元氏がCFO(最高財務責任者)に就任、昭夫氏を後押しする体制ができていったのです」。

こうして、日韓共にロッテグループのトップには、父に代わって二男の昭夫が就いた。

2016(平成28)年8月31日、ソウルの家庭裁判所は重光に対する後見開始の判断を下した。二男の昭夫と重光の四番目の妹である貞淑《ジョンスク》が申請した成年後見人開始の審判請求により審理が始まったが、正常な事務処理能力が不足しているとして、限定後見人に社団法人「ソン」を選んでいる。翌年1月には宏之方が申し立てた控訴が棄却され、この判断は確定した。

家裁が決定した限定後見は、日本の成年後見人制度の「後見」よりは軽度とされる「保佐」に近い。それでも、本人の自由な意思で財産の処分などができないし、取締役に就任できない欠格事由にもなる。その後重光は、長年住み慣れた活動拠点でもあるロッテホテルから、開業したばかりのロッテワールドタワーに転居することになる。

2017(平成29)年6月24日、ロッテHDの株主総会で重光は取締役を解任され、グループ経

4『週刊文春』2015年11月26日号

営から完全に排除された。48（昭和23）年6月28日に10人の社員で株式会社ロッテを設立してから、70年の節目を迎えようというわずか4日前の出来事だった。

●国家による辛父子への断罪

重光に対する後見人の審理が進められていた2016（平成28）年6月10日、系列会社間の取引の過程で数億円規模の裏金が作られたとして、韓国のロッテグループに検察の家宅捜索が入る。

7月8日に、まず背任収財や横領などの疑いで逮捕・起訴されたのは重光の長女で、ロッテショッピングの社長としてロッテグループの流通事業を牽引してきた、ロッテ奨学財団理事長の英子《ヨンジャ》だった。

韓国のロッテグループ会長の昭夫も在宅起訴される。翌2017（平成29）年12月22日にソウル中央地裁は、懲役1年8月、執行猶予2年の判決を下した。

今度は重光自身が、内縁関係にある女性と娘にグループ株を不法に贈与した脱税の疑いで起訴されてしまう。収監はされなかったものの、最終的に懲役3年が確定した。

業務実態がないにもかかわらず400億ウォンに上る巨額の報酬を受け取っていた横領容疑で宏之も在宅起訴されたが、こちらは無罪となった。

崔順実《チェスンシル》による朴政権を利用した収賄事件など不祥事の連鎖で、史上初めて弾劾裁判により、任期

別荘（蔚山）で撮影した辛一族の写真

を1年ほど残して朴槿恵は大統領職を罷免された。２０１７（平成29）年3月10日のことである。罷免された朴槿恵は3月31日に逮捕され、翌月起訴される。

この流れで、昭夫は起訴される。容疑は免税店の運営権を政府から取得するため、崔順実の財団に約70億ウォンを拠出したことに対する贈収賄で、こちらは２０１８（平成30）年2月13日、ソウル中央地裁で懲役2年6月（求刑懲役4年）の実刑判決となった。前判決の執行猶予が取り消され、刑期は合計4年2月となり、昭夫は即日収監された。10月5日、ソウル高裁は、刑期は変わらないまま執行猶予4年を言い渡した。昭夫は即日釈放されたものの、8カ月弱の間、獄中にあった。同じ頃、英子も釈放されている。２０１９（令和元）年10月17日、大法院で高裁判決が確定した。

事業の方は、２０１４（平成26）年に一期工事が完成し、ショッピングモールが営業を開始。続いて二期工事のテーマパーク、オフィスビルの建設が始まったロッテワールド瀋陽《しんよう》。中国国内初のロッテワールドは、戦前に奉天と呼ばれていた遼寧《りょうねい》省の省都である瀋陽市で進められていた。ところが、中韓関係の悪化で２０１６（平成28）年に工事許可を取り消されてしまう。

この背景には、米国の地上配備型迎撃システム「高高度防衛ミサイル（ＴＨＡＡＤ）」の配備をロッテのゴルフ場「ロッテスカイヒル星州《ソンジュ》カントリークラブ」で受け入れると表明したことがある。その後、ロッテの中国事業は全般的に苦境に陥り、撤退も始まっている。

重光が日本ロッテの社長を退いてから起きた韓国での贈賄や軍事への協力といった一連の出来事は、創業者である重光の戒めてきたことである。その後、韓国国内ではロッテ製品の不買運動も起きる。新型コロナウイルスの影響で韓国での業績は不振に陥り、四半世紀にわたって韓国での昭夫の右腕だった副会長も解任されるなど変調をきたしている。

重光は雇用を大切にしてきた。韓国での負の連鎖が行き着く先はどうなるのだろうか。

第15章　重光武雄の経営論

重光の経営哲学

重光ほど大きな足跡を日本と韓国、そして世界に残しながら、その実像がよく知られていない経営者も珍しいかもしれない。

そこで最後に、「重光武雄の経営論」に触れておきたい。経営哲学と経営原則についてまず見ておく。その上で、その経営手法をリーダーシップ、マーケティング、ストラテジーという3つの視点から分析する。

重光の経営哲学の根底には「人に迷惑をかけない」ことがある。『在日韓国人三百六十人集：在日同胞現代小史』という韓日問題研究所が編纂した600ページに及ぶ大著がある。重光がこの本のインタビューを受けたのは60代半ばの頃で、ソウル五輪大会を控え、ロッテワールドの建設に奔走していた時期である。この中から重光のコメントをいくつか拾ってみよう。

「私のモットーは、あくまでも信用、信頼される人です」

「人の世の中、どこの社会でも同じですが、真面目に働いて、周囲から信用されることです」

「絶対に、他人には迷惑をかけない、これが私の基本です。こつこつ真面目にやりながら、最善をつくすことが大切です」

「事業をする人にとって、信用は生命であり、金です」

青雲の志を胸に玄界灘を渡り、早稲田に学びながら必死に働いていた頃から、重光が生涯追求したのは、「信頼される人間になること」だった。これは成功の秘訣であり、生涯を通じて追い求めたテーマでもある。

そして、事業家として最も重視したこと。それは雇用だった。晩年の重光は認知症も見られたが、韓国の雑誌でインタビューをした記者はこのように記している。[*1]

「会長は質問を受ける途中、隣に座っていた弁護士に『ロッテの役職員は何人か』と尋ねた。『20万人です』という回答を聞くと再び話を続けた。『(従業員が)20万人が超えるじゃないか。その人々の生活があるじゃない。ロッテがなくなったら失業者になるだろう。それはいけない。責任があるじゃない。(だからロッテは)熱心にしている』」

この記事では、「重光会長のリーダーシップは『父親精神』と感じられた。私がすべてを決定する、私が従え、私が責任を取るという確固たる考えがあった」と続けている。自分がロッテの全役職員の責任を負わなければならないという考えは、重光の頭の中から生涯消えなかったことをうかがわせる。

「自分を自慢するのが好きな人、自分を宣伝する人がたくさんいる。しかし私は自慢することが好

1『月刊朝鮮』2017年1月号

きではない。だから自分の本を出すのも嫌だ。私には自慢するものが何もない」と家族に漏らしていた重光だが、唯一の自慢話が、雇用に関することだったという。

いわゆるリストラを重光は一度も行わなかった。会社の業績が厳しかったときには生産現場の社員を営業に異動して乗り越えている。

自分が目立つことを嫌ったこともあるが、ベースアップ交渉のとき労務担当者に「ベア額を業界の2、3番手に抑えてくれ」と指示を出している。ここで目立ち、「オタクは儲かっているんだから」と営業担当者が取引先からリベートを要求されるのを防ぎたかったというのがそのときの説明だった。その代わり、「誕生日」「〇〇周年」といった具合に、いろいろな名目で社員には金一封を出した。固定給の抑制が主目的にも思えるが、重光らしい発想ともいえる。

ロッテの退職金規定もユニークだった。社歴15年目までは明治、森永と同じ支給率にしていたが、「俺と何十年も付き合ってくれたやつを大事にしよう」といって、それ以降は明治、森永の7割増しに設定したという。

そんな重光が弱音を吐いたことがある。ロッテに労働組合が結成され、総評の傘下になり、団体交渉を求められたときのことである。当時の様子を手塚七五郎が語る。

「俺は団交には出ないって言うわけよ。俺はもうね、会社辞めると。昔は屑拾いをやった経験もある。何やったって食っていけるんだって。そんな短気を起こさないでくださいと苦労して説得して、組合のことは、私が工場の若い連中とかいろいろ説得して、よく話し合いをして何とかするから、何とか会社辞めないでねと」

重光は人前に出ることも、自慢話をすることも嫌った。自身のことも含め、釈明や弁明も嫌った。真実はいつか明らかになるという信念を持っていたようだが、残念なことに、必ずしもそのようにならなかったことはこれまで見てきたとおりだ。

これは社員に対しても同様で、創立記念の辞など直接読んだこともほとんどない。正月は韓国で過ごすから、新年の辞を社員が直接聞く機会もない。顔を見たことがないという幹部社員が福岡のホテルのロビーに集まった話などもその延長にある。

役職員から報告を受けるときにも、売り上げ・純利益・順位など数値について簡単に聞くだけで、業務指示を冗長に述べたりしない。数字は小数点以下もきっちり覚えていたが、自分の自慢話などはしない。

生涯に幾度か受賞の機会があった。重光が血と肉と汗をつぎ込んで作りあげたロッテホテルの功績に対して、韓国政府から授与された金塔産業勲章（1等級）は本人も喜んで受けた。しかし、それ以外の業界紙などの賞は拒んだ。受けるにしても、長男に代わりに行かせている。

◉重光の経営原則

重光の経営者としての行動原則が2つある。責任経営主義と会社優先主義である。

責任経営主義は「人に迷惑をかけない」という経営哲学とも関係するものだが、ロッテグループの最高責任者として、系列会社に赤字が発生すると自ら責任を取った。2000年代に韓国のロッテグループの系列会社で赤字が発生したとき、自分の所有する約3617億ウォン相当の株式を贈与したのもその実践である。

会社優先主義はロッテグループ各社の持分所有構造と関連がある。株主の変更が頻繁に発生すると経営陣も揺れやすく、長期的かつ安定的な経営が難しくなる可能性が大きい。そこで、重光個人が手放すときにはグループの法人に株を移転していった。

2000年代に個人名義で所有していた韓国のロッテグループ系列会社の株式約2785億ウォン相当を資金的に余力のあるグループ会社に売却したことがその実践だった。

1966（昭和41）年頃から少しずつ日本ロッテの持分構造を変更した。相続を視野に入れた行動が、意に反した形で自らを追い込んでしまったことは見てきたとおりだ。

日本のロッテ副会長として、重光の経営を間近に見てきた長男の重光宏之は、その経営原則を大きく4つにまとめている。順に見ていこう。

一、無配当または配当最小化

会社の利益を株主に配当するより、ロッテグループのため各社内で留保した。これはグループ最大の個人株主だった重光が、自らの利益より会社の利益を優先したということでもある。

二、株式非上場

重光は上場を非常に嫌がった。株主総会でひな壇に上るようなことは好きではないし、日本で上場すれば、日本の会社になってしまうという信念からでもあった。業績について言い訳をするのも嫌だし、責任は自分で取ればいいと考えていたからでもある。現在も、日本ロッテのグループ会社に上場企業は一社もない。

一方、韓国のグループ会社の中には上場企業が8社ある。重光は韓国政府の要請によって、ロッテ製菓（73年）、湖南《ホナム》石油化学（91年／現・ロッテケミカル）を上場したことがある。2006（平成18）年には重光昭夫の説得でロッテショッピングを上場した。残りの5社は、すでに上場されていた企業を買収しただけだ。

三、韓国の利益を日本に送らない

基本的に、効果のあるところに投資するのが大原則だった。その点で、少なくとも20世紀の間は日本よりも韓国の方に機会は多かったし、その後は海外に目を向けたこともある。

66（昭和41）年から韓国のロッテに莫大な投資を始めたが、日本ロッテは2000（平成12）年まで1ウォンも配当を受けていなかった。すると、日本の国税当局は利益配当金が全くない事実、韓国のロッテが「ロッテ」という商標を使用しているのにその使用料を受け取っていないという理由を挙げて、日本のロッテに税務調査を実施した。

これ以降、2005（平成17）年頃から韓国のロッテグループは最小限の配当金を日本のロッテに送金するようになった。

四、節税はしても脱税は絶対しない

2016(平成28)年9月7日、韓国の検察当局は、重光に対する訊問が可能かどうか判断するため、ロッテホテルの会長執務室と居室がある34階に検事を派遣した。この席上、重光は次のような発言をした。90代半ばで、発言に不明瞭な点もあったので、言葉を少し補ってある。

「脱税をしろと、私がそんなことを指示したことはなく、絶対にそんなことはしていない。なんでも合法的にしなさいと(言ってきた)。ちょっとでも脱税をすると、発覚したとき社会的な問題になる。それが新聞に出るようになると、非常に恥ずべきことじゃない(ですか)。ロッテは脱税したことがない。もしうちの社員が脱税したならば、後で分かるようになったら本人も罰せられるじゃない(ですか)」

重光は税に関する知識は豊富だった。韓国の税法を整える際にはアドバイスをしていたほどで、脱税などといわれることは心外だったに違いない。ただ、国家間の二重課税の問題に対しては、「税の精神に反する」とよく言っていた。右のポケットか左のポケットかの違いというたとえをしながら、国際企業にとって、どこで使うかはそのときの判断なのだというのである。

◉——重光のリーダーシップ

経営者は、企業組織のリーダーである。リーダーは強大な権限を持つわけだが、人を動かすには権限だけでは十分とはいえない。範囲と規模の差こそあれ、経営者は同じような権限を持つが、人に与える影響力には大きな違いがある。ハーバード・ビジネススクールの松下幸之助記念リーダーシップ講座教授、ジョン・P・コッターによれば、それは権力の行使の差だという。[*2]

では、権力の使い方を心得ているリーダーと、そうでないリーダーとの違いは何か。その答えは、重光の経営原則の中にはっきりとうかがうことができる。すなわち、権限に伴う「責任の自覚」である。

社員を大切にする家族的経営というのがロッテの社風である。82（昭和57）年に初めて売上高が前年度割れしたことがある。このときは、「首切りも含めて再建策を考える」と腹心の部下に言いはしたが、そのようなことをすれば人心が荒れることも分かっているから、実施策を検討しろとは言わない。少なくとも「人員整理」という言葉は上がらず、工場の人員を営業にまわしてしのいでいる。

創業期には工場兼本社に泊まり込みで働いた。韓国銀行東京支店にいまの10億円に相当するような預金をしていながら、支店長の劉彰順《ユチャンスン》が重光のバラック然とした事務所を見て驚愕したように、

2 John P. Kotter, "Power, Dependence, and Management," *Havard Business Review*, Jul-Aug 1977.（邦訳「権力と影響力」『DIAMONDハーバード・ビジネス・レビュー』2008年2月号）

学んだ早実の校是を体現するような生き方だった。

ワンマンでカリスマ的な経営といえば独善性が目立つ、というのが一般的だ。重光にも実際にそういう面はあったが、失敗したときは自ら責任を取っている。時には部下に当たり散らすこともあったようだが、大卒採用一期生の林勝男《イムスンナム》は、「私たちに対する信頼の裏返しだった」と入社間もない当時を振り返る。

林同様、元役員で20年近く秘書室から重光に接してきた磯部哲、たびたび言及してきた手塚、細川らロッテ生え抜き社員の証言には共通点がある。重光というリーダーに仕え、育ててもらったことへの感謝の念である。これは、重光が「人を見る目」を備えていたこと、すなわち、適材適所のポストを与え自立的な育成をマネジメントしたことの証左でもある。

振り返れば、重光の「右腕」であり番頭役の幹部社員は時々に替わっていった。最初期は、種村誠治、藤岡鬼十郎、能仲久夫、あるいは種羊場長だった大津隆紹といった大陸から引き揚げてきた自分より年長の社員だった。花光《はなみつ》老人の子息である利幸や大津の姪の恵子《しげこ》などゆかりのある人物の縁故も目立つ。工場の責任者だった小川港一も古参社員だ。

ハツ子と結婚してからは、のちにロッテ中央研究所専務取締役所長となるハツ子の弟の竹森俊雄、ロッテ商事副社長となるハツ子の妹の婿である諸田哲生も加わる。

『ロッテのあゆみ』が出た65（昭和40）年の経営陣を見てみると、ロッテ本社取締役には社長の重光、支配人の種村誠治、製造部長の小川港一、資材部長の佐藤忠一、経理部長の塩坂仁雄、浦和工場長の重光宣浩、監査役の大津隆紹が名を連ねている。研究室長は蝶ネクタイがトレードマークの手塚七五郎であった。ロッテ商事取締役は、本社取締役も兼ねる副社長の井上長治、専務の能仲久夫、総務部長の小松福美、営業部長兼企画室長の乙守秀隆、名古屋支社長の井上勝治、広島支店長の伊賀忠之といった具合だ。

『ロッテのあゆみ40年』（88年刊）には、ロッテグループ代表取締役社長の重光に次いで、金庫番である松井静郎が取締役副社長として巻頭で挨拶している。当時ロッテグループは19社あったが、うち18社の取締役社長は重光で、ロッテオリオンズ球団だけが松井になっている。

創業から製菓業ナンバーワン企業にまで上り詰めた40年間は、重光のワンマン体制の下で「責任と人材育成」を基軸とするリーダーシップスタイルが保たれてきた。

重光が日本で成功を築き上げた時代は、日本に強力なカリスマ性を備えたオーナー経営者が数多いた。松下幸之助、盛田昭夫、小倉昌男などの評伝を読めば、重光同様、「人を見る目」が経営者にとって大切な資質の一つであることが分かる。どんなにワンマンであっても、一人で経営はできない。会社は社員なしでは回らない。そういう当たり前のことをつい忘れてしまう。そこを重光は嫌った。だから自慢話はしなかった。

90年代は韓国のロッテが十大財閥の仲間入りをした時期でもあり、日韓ロッテの力関係が逆転した時期でもある。

67（昭和42）年に設立したロッテ製菓以来、ホテルロッテでもそうだが、韓国で重光は必ずしも社長に就いているわけではない。むしろ、韓国の軍官政財界のしかるべき人物を据えている。ここは日韓での大きなガバナンスの差であり、78（昭和53）年の機構改革以来、グループ各社の会長を兼ねる「総括会長」的な役割に徹している。これは韓国の財閥の企業統治のスタイルを自らも取り入れたと見ることもできる。

グループの拡大につれ、重光は日韓双方に君臨する（総括）会長となる。定期的に業務報告を受ける場では、少し神経痛を患っていた重光のために夏は冷房が控えられ、担当役員は汗だくになって報告をしていたという。カリスマの威厳はまだ保たれていた。取締役会はあったが、基本は重光がすべてを決めていた。このやり方が、徐々に崩れていくことで、グループ内が変質していく。「重光会長のリーダーシップは『父親精神』と感じられた。私がすべてを決定する、私が従え、私が責任を取るという確固たる考えがあった」と韓国の記者が記したあり方は、終わりが近づいてきたのだ。

創業60周年を控えた2007（平成19）年4月1日の持ち株制への移行で、ロッテHDに改称したことが転機となる。その目的はトップダウン型組織からの脱却であり、「重光武雄商店」から普通の大企業への変革だった。

その2年後、重光はロッテ本社の社長を退き会長になった。代わって社長に就いたのが佃孝之で、重光と共に代表権を持つ。後継者と目した長男の宏之は副会長になる。二男の昭夫が韓国のロッテグループ会長となるのは2011（平成23）年のことだ。

古参社員は、この頃から社内の雰囲気が徐々に変わっていったと指摘する。

晩年、さすがの重光も老いた。判断力は低下し、リーダーシップにも衰えが見えてくる。世襲や肉親の情についてはここでは語らない。ただ一つ、「後継者指名」という、経営トップにとって最大の使命を完遂できなかったことが、重光のリーダーシップの唯一の汚点となったことは残念でならない。

重光のマーケティング

マーケティングという言葉はいろいろな使われ方をする。狭義には販売的な観点から市場を分析するニュアンスだが、マーケティングと販売は字義以上に大きく異なる。ハーバード・ビジネススクール教授や『Harvard Business Review』の編集長として70～80年代のマーケティングブームを創造・牽引した立役者であり、マーケティング思想家のセオドア・レビットは、「販売は売り手のニーズに、マーケティングは買い手のニーズに重点が置かれている。販売は製品を現金に替えたいという売り手のニーズが中心だが、マーケティングは製品を創造し、配送し、最終的に消費させることによって、顧客のニーズを満足させようというアイデアが中心である」と喝破した。[*3]

事業を顧客の視点で見直し、マーケティングの考え方を事業展開と経営全般に貫徹する。それこそがマーケティングである。重光は、レビットの登場と同時期にそのセオリーを経営の中心に据え

3 Theodore Levitt, "Marketing Myopia," *Harvard Business Review*, Jul-Aug 1960.（邦訳「マーケティング近視眼」『Diamondハーバード・ビジネス・レビュー』2001年11月号）

ていた。重光流経営の際立つ特徴の一つが、マーケティングを基軸とする経営戦略である。

これについて、ここでは、新商品の開発、販売戦略、販売促進・宣伝、流通対策までも含めて考えたい。最後の流通対策は重光流経営の肝でもあるので、次の「重光のストラテジー」で扱いたい。

応用化学の技術者である重光にとって、ものづくりは第一の関心事である。その点では製品開発に対する関心は尽きることがなかった。とはいえ、菓子のそれぞれの専門的な知識があるわけでもないので、それは専門技術者に委ねるのだが、開発の方向性については適切な判断をしてきた。

菓子については「おいしい」が基本である。もちろん、経営的には「品質本位」という言い方をしているが、その判断は消費者がロッテの製品を「おいしい」と思って食べてくれるかに尽きる。

一方で、「おいしい」という味覚は人により千差万別である。とらえ方に差があるものをどのように扱えばいいのか。その答えの一つは「本物」となる。ガムについていえば、サッカリンやズルチンといった代用甘味料ではなく砂糖であり、酢酸ビニルではなく天然チクルである。後者については噛み心地という口腔の感覚からとらえた。こうした「食感」もおいしさには欠かせない要素だろう。

次に投入したチョコレートについては、王道の板チョコから参入したが、ミルクチョコレートを主力に据え「スイスの味」という訴求をしている。こちらも滑らかな舌ざわりという食感にかなり注意を払っている。のちにマイクログラインド製法を確立して、さらに滑らかさを追求した。

ビスケットでは全粒粉を基本に据えた。一方で、本来は乳脂肪分の多い「アイスクリーム」がアイスクリームの王道だが、ここは既存大手との差別化で植物性脂肪の「ラクトアイス」を主力にしている。

ファストフードのロッテリアでは、同業他社が軒並み撤退する中で踏ん張ることができたのは、えびバーガーのような日本人の味覚に応えた新製品を投入できたことが大きい。

ここで思い出されるのが、レビットの指摘である。[*4]

「真のマーケット・マインドを持った企業は、消費者が買いたくなるような値打ちのある製品やサービスを創造しようとする。売ろうとするのは、製品やサービスそのものだけではない。それがどのようなかたちで、いつ、どのような状況下で、どのような取引条件により、どのように顧客に提供されるのか、ということも含めて、すべて売ろうとするのだ」

まさしくこれは、重光流経営における新製品マーケティングそのものである。まず、重光は自ら試作品に関与している。特に、いまに続くロングセラー「クールミントガム」では、パッケージデザイン案として、ペンギンと三日月のラフまで自ら描いている。まだガム専業の時代だったとはいえ、ここまで関与する創業者は珍しいだろう。「ガーナミルクチョコレート」の鮮烈な赤いパッケージなど、先発大手との差別化については考え抜いている。

重光の指示はシンプルなものだが、それにロッテの社員は応えてきた。クロロフィル入りのガムなどはその際たるものかもしれない。それが他社とは異なるオリジナリティの源泉となっている。

ここにはもう一つ、他社の既存商品と似ているけれどもだいぶ違うという商品開発のあり方も含

4 セオドア・レビット『T.レビット マーケティング論』ダイヤモンド社、2007年

められる。グリコの「ポッキー」は自社製品「プリッツ」の外側をチョコレートでコーティングしたロングセラーだが、ロッテは「トッポ」でチョコレートを中に入れてしまった。この中に入れるという工夫はガムでも実例があるように、ロッテのお家芸的なものだ。

また、製品の季節性を打破するような新製品の企画力もロッテの特徴だろう。チョコレートは秋から春先、アイスクリームは夏が圧倒的といった常識を覆す、例えば「パイの実」や「コアラのマーチ」といったチョコとビスケットの融合的な商品を開発し、「雪見だいふく」という冬だからこそ食べたくなるようなネーミングの商品を出して、給食にも採用されるといった広がりを実現している。

重光は「マーケティングの鬼才」という異名を取るほど、卓越したセールスプロモーションを展開した。その特徴は、思い切った懸賞の実施、媒体の広告と街頭での人や車を使ったデモンストレーションなどとの立体的な展開に大きな特徴がある。

話題を呼んだキャンペーンとしては、新聞を騒がせたミスロッテ選び、1000万円懸賞、そしてチョコレート参入時の週500本TVスポット広告の投入だろう。いかに効果的に印象付けるかという点で、ワンマンの威力を発揮している。

そしてコピーの選び方でもその才能を発揮している。「お口の恋人」は創業から70年を経たいまでもロッテのコーポレートアイデンティティといっていいフレーズだが、これを「ロッテ歌のアルバム」というNHKのど自慢の裏番組としてぶつけることで、日本中に染みわたらせることに成功している。

「消費者が買いたくなるような値打ちのある製品」を創造するだけでなく、「消費者が買いたくなるような値打ちのあるサービスの創造までが経営」ととらえていたことと、その実践躬行に、経営者重光の「特異性」が浮かび上がる。

重光のマーケティング戦略は「顧客重視」に尽きる。彼が最初に辣腕を振るった時代から半世紀を経たいま、顧客重視は企業経営の要諦となっている。それが真実ならば、企業経営はあまねく盤石であるはずだが、現実はそうではない。重光の「経営的」マーケティング思想と実践には、「企業経営はマーケティング活動そのものである」という強固な意志が込められている。

重光のストラテジー

自分の会社の現状をどのようにとらえ、業界内で位置づけるのか。適切なポジショニングも戦略を立てる上では不可欠となる。競争戦略は企業経営の核である。それを構築する上で、重光には2つのハンデがあった。菓子業界の後発者であり、在日韓国人であることだ。この2つは、日本でも韓国でも綾をなすように重光にまとわりついてきた。

もし重光が在日二世だったら、そのようなしがらみはなかっただろう。はじめにでも触れたように、成功した在日一世として、重光の人生における大きな部分が故郷に錦を飾る「衣錦還郷《いきんかんきょう》」と青年期までの「朝鮮儒教」の骨身に染みた教育で動かされていたと見受けられるからだ。

ほぼ70年間、重光はロッテを経営してきた。ここではその期間を4つのフェイズに分け、マーケティングで積み上げた流通対策についても織り交ぜて考えてみよう。

第1のフェイズは、46〜61（昭和21〜36）年が該当する。荻窪で「ひかり特殊化学研究所」の看板を掲げて油脂製品を製造し、ヤミ市で資本の本源的蓄積を終え、ガム市場に競争の場を見出した時期である。フーセンガムづくりから市場に参入するが、ここでの競争は子どもの心をつかめるかにかかっていた。小売りの現場は駄菓子屋のような小商いが中心で、初期は商店主が自ら買い求めに来たが、競争の激化につれ自ら配送も手掛けるようになる。とはいえ、自転車やリヤカーなど、人力頼みが基本であり、さほど遠くに製品を行きわたらせることはできない。

このときは何百もあるようなメーカーの一つだったが、浮き上がる要因としては、口に入れるものである以上、製品の安全性がまずあった上での遊べる要素の演出だった。最初期のヒット商品は噛み終わったガムのベースにストローを差し込んで膨らませるという玩具色の強いものだった。

世の中が安定するにつれ、製品のネーミングとパッケージデザイン、当たり付きといった子どもの心をとらえるマーケティングに移行していく。最初の大ヒット商品が米国からやってきた西部劇を模した「カーボーイガム」というのがそれを物語っている。

しかし、フーセンガムだけでは企業の成長はすぐ頭打ちになる。単価の高い大人向けの板ガムへの進出がこの事態を打破するカギとなる。書の達者な製造責任者の小川港一が、「打倒ハリス」と

独自の販売促進、流通戦略（ロッテクラブ）

流通構造（商流）	流通段階ごとの流通戦略	営業力の強化
	“ロッテクラブ：フレンド会・ファミリー会・天チククラブ”結成	
特約店（大手元卸店）	特約店を対象とした「フレンド会」の結成 卸店店員を対象とした「天チククラブ」の結成	販売部門の独立 ロッテ商事設立 1959年
仲卸店（二次店）	仲卸店を対象とした「ファミリー会」の結成	関西地区強化 大阪屋の 買収傘下へ
小売店	LHP制度、自転車直販部隊による ネットワーク作りと消費者情報の収集	
顧客		

書いた垂れ幕を社内に吊り下げ気勢を上げる、そんなベンチャー企業感満載のロッテにとって、板ガム作りで当時のガリバー企業であるハリスに打ち勝つためには、米リグレーと同じ天然チクルを原材料に使用するという目標を重光が明確にし、それに向けて機会をとらえることがこの頃の競争戦略の要となる。

砂糖の統制解除後、高度成長期に向かう中で直面したのが流通網の壁だった。ハリスは菓子業界の帝王である森永製菓の流通網に乗せて、全国津々浦々に製品を送り込んでいる。

一方のロッテは、食玩扱いで大手の問屋は相手にしてくれない。このとき、この事態を打破するため特約店による「ロッテ会」を55（昭和30）年から組織し始める。ロッテ＝天然チクルの認識を行きわたらせることと、小売店からの指名買いを増やすことが目的だが、それが実際の売り上げにはなかなか結び付かない。

この打開策が、誰もが不可能だと考えていたお菓子の小売店の把握である。51（昭和26）年に組織した自転車直売部隊の経験を全国化し、「お得意様カード」を作成してしらみ潰しにあたる国勢調査めいた動きを本格的に始めた。顧客との接点である小売店から直接情報を収集するという「人力ＰＯＳ」的なマーケティングは斬新なあり方だった。

さらに、ロッテ商事を分社化してロッテ本社と対等の扱いにすることで、この市場志向的な動きは格段に強化されていく。これに加えてロッテの「くノ一部隊」といわれたＬＨＰ（ロッテ・ホーム・プロパー）が取り組んだ「常全多前」という戦術がある。自社製品ができるだけ大量に顧客の目に触れるように小売りの現場を形作っていく、まさに人海戦術だが、小売りの顔が見える状態を確保した上で、ダメ押しとなったのが61（昭和36）年の「１０００万円懸賞」だった。これでガム業界トップの座を手に入れ、第1フェイズは終わる。

競争戦略の次のフェイズ

トップシェアを取ったとはいえ、大手メーカーや異業種企業からのガム市場への参入はロッテの地位を揺らがせるのに十分な動きだった。

第2のフェイズは、62～79（昭和37～54）年が該当する。この時期は高度成長の頂点から2度のオイルショックを経て安定成長に向かう経済情勢の中で、ロッテは2つの成長戦略を並行することになる。一つは総合菓子メーカーへの道と外資との戦いであり、もう一つは韓国への投資である。

前者はまず、チョコレート、キャンディ、アイスクリーム、ビスケットへの参入である。いずれも優秀な外国人技術者と最新の機械設備の投入によって、短期間に市場で一定の地歩を築くことができた。ここには高収益のガムでトップシェアを取っていたことが大いに貢献する。ガムの製造原価は他の菓子の半分程度でキャッシュフローは潤沢だった。

ここでも流通対策は進化している。LHPに加えて、70年代前半には新規小売店開拓のための組織MFP（マーケティング・フィールド・プロモーター）も立ち上げて、アイスクリームの売り場の確保と占有率の向上なども仕掛けていく。

こうした新アイテムへの参入と並行して、圧倒的に生産性が高い米リグレーとの競争に備える形で生産現場での合理化も進められた。

日韓国交正常化後、重光は本国投資を加速していく。石油化学や製鉄という重化学分野への進出は韓国政府に反故にされて、結局、菓子類での参入から始まることになった。ここでは「タイムマシーン経営」が威力を発揮する。ものづくりは元より、新製品の投入や販売促進でも日本での経験が時間差を伴いながら生かされていくからだ。

これこそが、重光の競争優位戦略である。数多の強豪を相手に、日本市場を制した戦略性とその着眼、発想、実践は、韓国メーカーが日本メーカーの模倣の上に築こうとする戦略とはレベルも意味も異なる。この点で、オリジナルである重光の競争戦略は、韓国において圧倒的な優位性を保つことができた。重光は、日韓市場を股にかけた「真のタイムマシーン経営」を成功させた先駆けである。

もう一つ、本国投資で重要な点は、政権の意向で決まることであり、高級ホテルという縁もゆかりもない分野を朴大統領から委ねられた重光は、自力でノウハウを獲得していく一方で、計画当初はホテルの付属施設扱いだったショッピングセンターを百貨店に構想変更することで、観光と流通という複合施設のひな型を手に入れる。この分野は韓国ではほとんどブルーオーシャンといっていい状態であり、80年代の韓国のロッテにとって最大の成長分野をつかむことで、十大財閥入りの基礎となる。

第3のフェイズは、80～97（昭和55～平成9）年が該当する。日本では80年代前半に製菓業界トップの座を獲得している。しかし、韓国のように多角化はあまり進まず、ロッテグループの日韓の企業規模が逆転していく時期にあたる。

日本での流通対策はガムの消費減という切実な問題から始まる。新製品の投入では、オリジナリティがこれまで以上に求められた。ここで注目すべきは、製品の選択と集中を着実に行っていることで、菓子全商品にバーコードを印刷、主力製品を83（昭和58）年に34品種に絞った。ガムの時代にも主力3品目に経営資源を集中したことがあった。

韓国では、棚ぼた的に石油化学分野へ進出することになった。また、これも他社が持て余した土地を手に入れることで、ソウル五輪大会に向け、メイン会場至近のロッテワールドを手掛けることができた。90年代の韓国のロッテは、海外投資も盛んに行っていく。

そして、98（平成10）年から現在に続く第４フェイズである。日本のロッテは製菓業界の中で安定した地位は築いたものの、やはり多角的な展開はできずにいる。

一方で、韓国では97（平成９）年のいわゆるＩＭＦ危機で、上位財閥が数社潰れ、ランクトップだった現代《ヒョンデ》が分割されるなど大きな地殻変動があった。このとき以降、三星《サムスン》は韓国のＧＮＰを左右するほど抜きんでた存在になる一方で、ロッテも徐々にランクアップし、ついには上位５位財閥に浮上した。その背景には日韓を股にかけているため、金融面で優位な施策を取れたことが大きい。

観光と流通プラス建設という韓国のロッテグループのコア事業の集大成となるロッテワールドは、重光の夢でもあり、ソウルに続き、釜山《プサン》、東京、ソウル第2、瀋陽《しんよう》（中国・遼寧《りょうねい》省）と計画が動くが、東京は断念、瀋陽は政治問題化して凍結状態と厳しい。ソウルの第2ロッテワールドは世界最高層のロッテワールドタワーが２０１７（平成29）年に開業することでランドマークとなった。

現在、ロッテグループのシンボルマークは、一見するとLの小文字の筆記体「ℓ」一文字となっている。実際には、Ｌ・Ｖ・Ｃの小文字とも読み取れる形で、左下にある点は生活の出発点を意味し、そこから延びる線はロッテと共に歩む生活を表現、Lifetime Value Creatorとしてのビジョンが込められているのだという。

78（昭和53）年９月から２０１２（平成24）年４月に変更されるまでの30年余、「スリーエルマーク」と呼ばれた韓国で使われたグループのシンボルマークが重光の理念そのものといっていい。愛（Love）、自由（Liberty）、豊かな暮らし（Life）の3つのLである。

ここにもし付け加えるとするならば、平和（Peace）という言葉が当てはまりそうだ。ロッテという会社は、平和産業である。これは重光が譲らなかったことであり、韓国に投資を勧められたとき、当時国中がそれで潤っていたベトナム戦争の軍需関連業務への進出を断っていることからも明らかだ。儲かることが分かっていても手を出さないのが、経営者としての重光の矜持だったといえる。

●重光の発想を支えたもの

重光は沈思黙考することを好んだ。もともとが寡黙なタイプだが、何か考え込むと徹夜してひたすらアイデアを探った。日本のロッテでは、マーケティングには自ら必ず関与していた。新製品の試食はもちろん、ネーミング、パッケージデザイン、セールスプロモーションなど、一貫して携わっている。

新製品の場合、試作段階から重光は試食を繰り返し、最後に納得したらＯＫを出す。この点では絶対に妥協しなかった。重光がＯＫを出さず、発売日が変更となった商品は少なくない。

ロッテのヒット商品の一つに「雪見だいふく」がある。毎年11月くらいから定番品と異なるフレーバーの商品を出してきたが、ある年はセンター部分にイチゴジャムを入れることになっていた。ところが、このイチゴジャムの味が気に入らず、「誰が許可したんだ」と重光が怒り出したことがある。発売日も迫っており、すでに40トン、価格にして4000万円分のジャムが準備されていた。味を改良する過程でその一部は混ぜ込むことで使用できたが、準備したものの8割以上が廃棄となってしまう。それほど味へのこだわりは強かった。

味覚の問題は難しい。重光が特別鋭敏な舌を持っていたというわけではない。むしろ、一般人の味覚から離れすぎると逆に良くない、1～2段上の鋭さくらいがちょうどいいという意識もあったようだ。

日本と韓国とでは味覚に違いがある。一般に韓国の方が甘い傾向にある。

これは重光のユニークな点でもあるのだが、日本ではコストダウンをしっかり行うことを第一に指示していたが、韓国では品質を下げるなということを繰り返し語った。これは両国の国民性にもかかわることで、重光自身にも言えることだが、日本では品質を追求するあまりコスト面がおろそかになるきらいがある一方で、韓国でコストダウンを強調すると品質を落としてでも実現してしまうという傾向を見抜いていたのだ。

味の調整というのは、香料の配合を変えるだけではない。その菓子の形状も影響する。溶けやすさなどで味わいが変わってくるからだ。原料価格が高騰したときなどは、価格を変えずに製品の重量で調整するようなときもある。こうした場合にも、大きさの変化に合わせた味覚の調整は欠かせない。こうした調整を絶えず行っていたのだ。

2000（平成12）年頃から、ロッテではブランドマネジメントを日本の菓子メーカーとしてはいち早く導入している。米国に駐在していた重光宏之が、ケロッグ社で見せてもらったブランドブックがその端緒となっている。マーケットリサーチを行うロッテ総合研究所を設立し、宏之はその責任者となる。

製品ごとに置いたブランド担当者が変わっても製品やキャラクターの設定などにブレが生じないようにという引き継ぎ書の側面もある。定番商品に加えて、消費者が飽きたときの気分転換に季節限定の商品を投入することで、同じブランド内での回遊を促す。

生産部の責任は原料の調達、製造、配送までの一連の過程にある。飲むアイス「クーリッシュ」の開発を例にとると、12月下旬の商品会議で、「夏に出すぞ」という重光からの号令が発せられた。容器も含めてどのような仕様なのか未定なので、製造機械についても決まっていない。そんな状況から半年後の6月に発売にこぎつけている。現場の負担は大きいが、このスピード感もロッテの持ち味なのだ。このときは発売から2週間で在庫不足となり、お詫び広告を打つほどヒットした。

重光自身はかなり慎重な性格で、新規分野への進出の際には、徹底的に研究している。

韓国のコリアセブンを立て直した本多は、重光の決断の仕方をこのように語る。

「決めるときは静かでした。しつこくて、自分の中で自信ができるまで、何回も報告させたりするのは鈴木さん（敏文・セブン-イレブン元社長）に似ているところがある。決断した後は、『本多さん、

趙治勲と歓談する晩年の重光武雄（2015年）

それをお願いします』って静かに言う。部屋を出たとき、にこっとして（笑）」

一発で決断という感じではないが、いざ打って出るときには大胆な発想と行動力で果敢に踏み切っている。その背景には何があるのか。

重光は生涯読書を好んだ。郷里で作家を夢見、早実高校で学ぶ頃にはジャーナリストでもいい、筆で身を立てたいという想いもあった。社名の由来がゲーテの小説のヒロインの名前からということは有名である。こうした読書の蓄積が発想力の根底にあったことは容易に想像がつく。実際、カバンの中にはいつも数冊の本が入っていたという。

もう一つ、本人は直接このことを語ってはいないが、子どもの頃から趣味として挙げていた囲碁も、経営者としての資質を磨くのに寄与したのではないかと思われる。

囲碁とは陣取りゲームである。陣地のことを囲碁では「地《じ》」と呼ぶ。自分の石の色の地をどれだけ増やすか。加えて、「相手の石の四方を囲むと、その石が取れる」というルールに則って、攻撃を加える。序盤戦で、要所へ配置する石のことを布石という。最初に大まかに自分の陣地となりそうな境界域に石を置いていき、その後、緻密に詰めていく。

では、どこで勝敗は決するのか。

それは、効率性である。先手《せんて》と後手《ごて》は交互に石を打つが、地を確保する上でどれだけ効果的に置けたのかで結果が左右される。まさにマーケットでのシェア争いであり、そのための効果的な手の打ち方が問われる経営そのものだ。

おわりに

重光武雄の足跡

本書に取り組み始めたのは、2019(令和元)年夏のことだった。

重光武雄の長男である重光宏之が著した『私の父、重光武雄』というハングルで書かれた未訳の本がそのきっかけだった。韓国でまず発行される予定で、主要紙に紹介記事まで出ていたのだが、発売直前に取りやめとなった。2017(平成29)年8月のことである。

そこには、日本ではほとんど知られていなかったロッテ創業者である重光武雄/辛格浩《シンキョクホ》の生い立ちから晩年までのエピソードが綴られていた。韓国でも、第5位の財閥となったロッテの創業者のことは、現代《ヒョンデ》や三星《サムスン》の経営者ほど詳しくは知られていない。それは、日韓にまたがる巨大企業を作り上げた経営者は重光だけだからでもある。残念なことに2つの国の狭間で、印象が薄れてしまっている。

刊行がかなわず宙に浮いていたこの本を、このまま埋もれさせてしまうのはあまりにもったいない。そこで、関係者に対する補足取材を行うことで、より充実した内容に仕上げていこうと秋口から動き出した。

『私の父、重光武雄』の副題には、「事業に国境はないが、企業家の祖国はある」と記されている。各章のタイトルを見ると、よりイメージがつかみやすいかもしれない。

第1章　貧しい故郷
第2章　作家を夢見て
第3章　日本ガム業界制覇
第4章　ある帰郷
第5章　祖国に残した芸術作品
第6章　父のリーダーシップ

本書との相違点もお分かりいただけるだろう。

重光武雄という人間

残念ながら、重光本人へのインタビューはかなわなかった。代わりに、生前語っていたことを読み解くことで、その人物像に触れることにした。

ロッテの多くの社員にとっては滅多にその姿を目にすることのないカリスマ創業者であり、身近で働く社員にとっては「会長が笑った」ことが口コミで広がるほど、感情を露わにすることが少ない寡黙な経営者でもあった。

これは在日一世の宿命でもあるが、故郷に錦を飾ることが行動の大きな部分を占めているようにも見える。40年以上も毎年故郷で住人を集めて宴を催してきたこともそうであるし、何度も煮え湯を飲まされながらも、理不尽な韓国政府の要望に応えてきたことも同様だ。

鼻炎気味で頭痛もちで、還暦を過ぎた頃から少し神経痛の症状が出たようだが、基本的に壮健で、子どもの頃に毎日かなりの距離を歩いて通ったことをいつもトレーナーに自慢げに語ったという。重光の父方の一族は長寿の傾向にある。80歳の頃、分厚いビーフステーキをぺろりと平らげる様子を見て、戦後生まれの社員が舌を巻くほどでもあった。

家族が見ていた重光の姿は、いつも働く時間が足りず、生活のある部分では手を抜いていた。例えば、時間がもったいないと3週に1回散髪に行くときしか洗髪しなかったこともあった。平日の帰宅時間は午後11時から午前零時くらいと遅く、金曜の夜から日曜の夜までは行方不明という時期もあった。それくらい事業にのめり込んでいた。

これは職業病に入るのだろうか、工場の生産ラインで出来立ての熱い製品を試食し、砂糖を取りすぎたこともあってか、歯は悪くしていた。歯磨きも昔は簡素だったこともあるようだが、虫歯の治療で口を大きく開けすぎて、顎が外れたことがあった。それに懲りたのか、歯磨きには20分ほど時間をかけるようになった。生涯入れ歯のお世話になることもなかった。

ソウルで晩年に受けたインタビューで、こんなやりとりがあった。

「ロッテについて韓国の人々はどんな感情を持っていますか。良く見ているのか、悪く見ているのか」と重光が問うと、記者は「幼い頃、ロッテワールドで楽しく遊んだ思い出があります」と答えた。重光は安心したように笑みを漏らした。

2020（令和2）年1月19日、日曜日に重光武雄は1世紀に近い生涯を終えた。

その頃から中国武漢発の新型コロナウイルスの感染拡大が始まり、韓国への渡航がままならなくなっていく。日本国内でも同様で、高齢の関係者へのインタビューにも支障をきたすようになっていったが、なんとか年内に刊行がかなうことになった。関係各位に改めて深く感謝申し上げる。


2020年11月吉日、重光武雄（辛格浩）生誕99周年

未訳文献
辛春浩『哲学を持つ者は幸せだ』
孫楨睦『ソウル都市計画物語』
鄭淳台『辛格浩の秘密』

写真提供:クラシエフーズ（p111)、手塚七五郎氏（p123、p126、p215)、重光宣浩氏（p118)、重光宏之氏（p6、p11、p31、p49、p52、p81、p97、p128、p179、p243、p259、p272、p288、p316、p349、p362)

主要参考文献

『ロッテのあゆみ』只野研究所、1965年
『ロッテのあゆみ30年』ロッテ、1978年
『ロッテのあゆみ40年』ロッテ、1988年
『重光社長語録 第一集』ロッテ商事、1989年
『重光社長語録 第二集』ロッテ商事、1990年
『重光社長語録 第三集』ロッテ商事、1991年
『ロッテ50年のあゆみ』ロッテ、1998年
『「お口の恋人」70年の歩み』ロッテホールディングス、2018年

イザベラ・バード『朝鮮奥地紀行2』平凡社、1994年
梶山季之『夢の超特急 新幹線汚職事件』角川文庫、1975年
韓国研究院、国際関係共同研究所『韓国にとって日本とは何か』国書刊行会、1977年
韓日問題研究所『在日韓国人三百六十人集：在日同胞現代小史』1987年
貴志謙介『戦後ゼロ年東京ブラックホール』NHK出版、2018年
金容旭、崔學圭『新しい韓国・親族相続法』日本加除出版、1992年
清武英利『サラリーマン球団社長』文藝春秋、2020年
小玉敏彦『韓国工業化と企業集団』学文社、1995年
城内康伸『猛牛と呼ばれた男』新潮社、2009年
セオドア・レビット『T・レビット マーケティング論』ダイヤモンド社、2007年
朝鮮日報経済部『韓国財閥25時』同友館、1985年
手塚七五郎『チューインガム工業』只野研究所、1964年
日本ゲーテ協会編『ゲーテ年鑑 日本版48』2006年
河智海『ロッテ 際限なき成長の秘密』実業之日本社、2012年
河明生「日本におけるマイノリティの起業者活動 在日一世朝鮮人の事例分析」『経営史学』30巻40号、1996年1月
橋本明『韓国研究の魁 崔書勉』未知谷、2017年
藤井勇『ロッテの秘密』こう書房、1979年
藤井通彦『秋山英一聞書 韓国流通を変えた男』西日本新聞社、2006年
許永中『海峡に立つ』小学館、2019年
本多利範『おにぎりの本多さん』プレジデント社、2016年
間部洋一『日本経済をゆさぶる在日韓商パワー』徳間書店、1988年
宮田浩人『65万人 在日朝鮮人』すずさわ書店、1977年
民団新宿支部編『民団新宿60年の歩み』彩流社、2009年
山室寛之『1988年のパ・リーグ』新潮社、2019年
梁先姫「韓国財閥の歴史的発展と構造改革」『四天王寺国際仏教大学紀要』第45号、2008年3月
柳時敏『ボクの韓国現代史』三一書房、2016年
早稲田大学系属早稲田実業学校『百年を彩る人びと』2001年
渡辺一雄『熱血商人』徳間文庫、1993年

［著者］
松崎隆司（まつざき・たかし）
経済ジャーナリスト。中央大学法学部を卒業。経済専門出版社、パブリックリレーションのコンサルティング会社を経て、2000年、経済ジャーナリストとして独立。企業経営やM&A、雇用問題、事業承継、ビジネスモデルの研究、経済事件などを取材。『エコノミスト』『プレジデント』『サンケイビジネスアイ』などに寄稿。日本ペンクラブ会員。著書に『教養として知っておきたい昭和の名経営者』（三笠書房）、『東芝崩壊』（宝島社）、『どん底から這い上がった起業家列伝』『堤清二と昭和の大物』（いずれも光文社）など多数。

ロッテを創った男 重光武雄論

2020年11月24日　第1刷発行

著　者――松崎隆司
発行所――ダイヤモンド社
〒150-8409　東京都渋谷区神宮前6-12-17
https://www.diamond.co.jp/
電話／03･5778･7235（編集）　03･5778･7240（販売）
ブックデザイン―遠藤陽一（デザインワークショップジン）
チャートデザイン―高岩美智（デザインワークショップジン）
製作進行――ダイヤモンド・グラフィック社
印刷／製本――勇進印刷
校正――ディクション
編集担当――花岡則夫、小出康成、榎本佐智子

ISBN 978-4-478-10955-7